Philippe Brenot

Le génie et la folie
en peinture, musique, littérature

PLON

ISBN 2-259-00326-5

Le papier blanc, l'encre, la plume m'effrayent, disait Cocteau. Je sais qu'ils se liguent contre ma volonté d'écrire. La feuille blanche du Génie et de la Folie *aura eu pour moi la même malice puisqu'il m'a fallu user d'un puissant subterfuge pour écrire ces lignes qui ne le doivent qu'à la seule écoute inlassable des vingt-quatre préludes et fugues de Dimitri Chostakovitch.*

P.B.

INTRODUCTION

« Alors selon vous, docteur, tous les romanciers, hommes et femmes, sont des névrosés ? » interroge André Maurois dans *Terre promise*. « Plus exactement, répond-il, tous *seraient* des névrosés s'ils n'étaient des romanciers... La névrose fait l'artiste, et l'art guérit la névrose. »

Le grand mystère du génie et de la folie apparaît comme une idée reçue que Maurois résume par cette élégante formule de la névrose qui fait l'artiste. Il faut rappeler que *Terre promise* est un roman moraliste qu'il publie en 1943 au milieu d'une longue série de biographies d'hommes illustres, *La Vie de Shelley* en 1923, *Disraeli* en 1927, *Byron* en 1931, *Marcel Proust* en 1949, *George Sand* en 1952, *Victor Hugo* en 1955 et *Balzac* en 1965. Ce regard d'historien et de biographe semble le mener à l'évidence de l'originalité de la démarche artistique.

Cette question du génie et de la folie est ancienne : Aristote la pose déjà dans un texte célèbre, son *Problème XXX*, que l'on a bien voulu récemment sous-titrer *L'Homme de génie et la mélancolie*. Il se demande en substance pourquoi les hommes d'exception sont si souvent mélancoliques. Par mélancolie, Aristote entendait cette tristesse songeuse attachée à l'image de l'artiste, que l'on retrouvera à la Renaissance ou à l'époque du romantisme, mais aussi cette notion antique du mélange des humeurs qui signe la complexion de la personnalité. C'est ensuite Diderot, reprenant Aristote, qui sera l'auteur de ce lieu commun, *le génie proche de la folie,* que discuteront les premiers psychiatres au XIXe siècle. Cette « différence » des êtres hors du commun est une idée largement répandue, selon laquelle le créateur, le génie, est un caractériel, original, instable, obsédé par son œuvre et, à l'extrême, proche de la folie.

Dans le même temps viennent d'autres interrogations – qu'est-ce que le génie ? qu'est-ce que la folie ? – qui rendent cette réflexion particulièrement sensible. Quelle image avons-nous du génie ? Celle du pur héros auquel on rend un culte ? Celle du don divin de ses capacités innées ? Et de la folie ? Quelle folie ? Le délire, la dépression ? Quelle représentation avons-nous de notre propre folie ?

Mais quand l'œil de la culture rejoint celui de la médecine, défions-nous de cette manie des médecins à voir des malades partout. J'ai récemment relevé de très sérieuses études médicales sur la pathologie des grands hommes, qui pourraient prêter à sourire si l'on réduisait l'image que nous avons d'eux à ces aléas de la santé, très naturels chez chacun d'entre nous. Je pense à la néphrite de Mozart, aux rhumatismes de Christophe Colomb, à l'« accident » de Ravel, à la cécité de John Milton, aux vertiges de Luther, à la dermatose d'Oscar Wilde, au parkinson de Hitler, à l'asthme de Sénèque, à l'anorexie de Kafka, à l'alzheimer de Swift, à la dyslexie de Dickens... Ces affections supposées, ou parfois avérées, ont cependant toutes un fondement, mais n'expliquent en définitive ni la vie ni l'œuvre. Les mêmes critiques doivent s'appliquer aux affects et au domaine mental, en aucun cas l'œuvre n'est réductible à une pathologie. L'art ou le génie procèdent de multiples composantes qui conserveront toujours une part de mystère.

Cette vieille idée de la parenté entre génie et folie trouve cependant aujourd'hui des arguments de réponse dans une nouvelle conception psychiatrique des troubles de l'humeur qui éclaire le mystère de la créativité et enrichit la lecture psychanalytique du mouvement créatif. L'œuvre semble naître d'un savant mélange de la difficulté d'être et d'un facteur énergétique constitutionnel, celui-là même qui a animé tous les créateurs d'univers, tous les aventuriers de l'impossible, poètes, mages, prophètes, peintres, inventeurs, musiciens, politiques... Rimbaud, Schumann, Goethe, Van Gogh, Mozart, Hemingway, Balzac, Flaubert, Nietzsche, Michel-Ange, Rousseau, Simenon, Picasso...

Biographies, autobiographies, pathobiographies, nous livrent ainsi des témoignages directs, des analyses, des opinions psychiatriques qui corroborent l'intuition d'Aristote. L'exaltation créatrice est très proche de la mélancolie, sœur de la dépression, fille de la manie, mais aussi proche parente de la folie quand l'œuvre ne parvient plus à contenir tous les affects. Alors cette lecture sans concession des destinées hors du commun nous livre des conclusions surprenantes : l'humeur géniale semble se distribuer très différemment entre les arts du langage – poésie, littérature – et les arts non verbaux – plastiques et musicaux.

Les premiers connaissent une grande proximité avec les troubles mentaux, la dépression en est un mécanisme. L'écrivain s'origine de lui-même et prend un pseudonyme. L'écriture est un meurtre pour prétendre à l'existence.

Les seconds ont peu de liens avec la folie, la dépression y est peu fréquente et il est surprenant de constater que pratiquement aucun peintre ni musicien ne porte de pseudo. La littérature toucherait-elle à un fruit défendu, ou bien l'œil et l'oreille protégeraient-ils de la folie ?

Au-delà des critiques que peut soulever – et que soulèvera – une telle analyse des êtres d'exception, la cohérence des faits est suffisamment explicite pour susciter la réflexion et accepter l'évidence d'un facteur propre au génie, que j'ai nommé *« facteur humain »*, et d'une fonction sociale que je qualifierai de « *fonction chamanique* », tant l'originalité de la démarche créatrice connaît de points communs avec le rôle provocateur et catalyseur de la société, qui est celui du chaman dans les tribus nomades de l'ancien monde qui subsistent encore aujourd'hui comme un témoin de l'origine, comme une trace fossile des chasseurs-cueilleurs dont nous sommes les derniers héritiers.

Le génie domine les siècles et transcende l'humanité. Il est un héritage de notre histoire et toujours l'une des grandes interrogations de notre esprit.

I

HISTOIRE D'UNE IDÉE

« Oh ! que le génie et la folie se touchent de bien près, nous dit avec assurance Diderot. Ceux que le ciel a signés en bien ou en mal sont sujets plus ou moins à ces symptômes, ils les ont plus ou moins fréquents, plus ou moins violents. On les enferme et on les enchaîne ou alors on leur élève des statues. » Cette vieille idée de la proximité, ou de la parenté, du génie et de la folie nous parvient sous cette forme de sentence érigée en lieu commun sous la plume de l'encyclopédiste. Elle n'est cependant qu'une longue suite d'emprunts à l'idée première d'Aristote qui trouve une certaine validité au fil des siècles et de l'expérience renouvelée. Qu'est-ce que le génie ? Qu'est-ce que la folie ? Et en quoi sont-ils intimement liés ?

1. La notion de génie

Peu de termes ont une acception aussi large que celui de *génie*, du fait paradoxal de son très rare usage et, dans le même temps, de la banalisation de l'adjectif : *génial !* Ce terme est ainsi très différemment entendu selon les milieux sociaux, selon les représentations que l'on se fait de la création et, en définitive, selon l'époque à laquelle on fait référence : le *genius* des Romains n'était déjà plus le *daimon* intérieur des philosophes grecs, comme l'*inspiration* romantique est si différente du *génie* des encyclopédistes.

Le prototype grec du *génie* connaît déjà une parenté avec la démence : c'est le *démon* de Socrate, qui servira de modèle à la psychiatrie du XIXe siècle pour argumenter son discours sur la proximité du génie et de la folie. Cette voix intérieure que Socrate appelle son *daimon*, son esprit, est un génie familier pour la société grecque qui croit à l'existence des dieux et des démons, c'est une muse capable d'inspiration pour le philosophe et le poète, c'est une hallucination auditive pour la psychiatrie classificatoire : « La ferveur céleste m'a accordé un don merveilleux qui ne m'a pas quitté depuis mon enfance, précise Socrate ; c'est une voix qui, lorsqu'elle se fait entendre, me détourne de ce que je vais faire, et ne m'y pousse jamais... » (Platon, *Premier Alcibiade*). Socrate eut une telle influence sur ses élèves que sa pensée, érigée en dogme, devint un modèle de sagesse à travers les écrits de Platon, Diogène, Plutarque ou Xénophon. Le dieu intérieur devint ainsi un génie familier, générateur d'inspiration, qui contribua tout particulièrement à former la notion moderne de *génie*, à l'encontre du *genius* latin qui désigne seulement l'âme humaine, au sens animiste de la force vitale. Platon nous précise, dans *Phèdre*, que le poète est un être sacré, car possédé des dieux : « Il n'est pas en état de créer avant d'être inspiré par un dieu, hors de lui, et de n'avoir plus sa raison. » Cette vénération du délire extatique que l'on retrouve dans toutes les sociétés de la tradition, est ici associée à la poésie qui semble entretenir des rapports tout particuliers avec le monde des dieux. « Toute l'Antiquité, nous dit Zilsel, conçoit la poésie comme une inspiration divine et le poète comme un prophète. »

Ce statut très privilégié du poète grec déclinera après la grande période du Ve siècle, pour perdre sa dimension divine et redevenir en quelque sorte profane. Sous l'influence de la Grèce, le poète latin retrouvera son prestige perdu et, pour une part, l'enthousiasme divin du démon platonicien. Mais seule la poésie semble alors digne d'*inspiration*, la peinture et la sculpture ne relevant que d'une *technique*.

Toujours au Ve siècle avant notre ère, deux idées complémentaires vont accompagner le *daimon* pour fonder la notion de génie : l'idée que le talent serait inné et l'avènement du culte des grands hommes. Aux héros mythologiques s'associent maintenant des figures historiques en quelque sorte divinisées, qui passeront à la postérité de la culture européenne sous le terme de *génies* : Sophocle, Homère, Epicure... sont ainsi héroïsés de leur vivant par leurs contemporains. La notion de *génie* émerge peu à peu de sa gangue d'histoire et parvient presque intacte à la Renaissance qui lui accorde une nouvelle gloire.

Les lettrés et les humanistes adoptent alors une conception élitiste de la vie qui érige la culture occidentale en valeur universelle. C'est Jérôme Cardan tout d'abord, dans son *De vita propria,* en 1663, qui plaide pour l'immortalité du nom propre – « merveilleuse invention », dit-il en parlant de César, d'Alexandre ou d'Hannibal. Le renom et l'immortalité commencent à s'imposer comme les vertus d'un monde assoiffé d'honneurs et de gloire, s'opposant à l'idéal médiéval d'humilité. La vanité de Dante sera par exemple dénoncée par Boccace qui atténue son propos en ces termes : « Quelle vie [il parle de Dante] est en effet trop basse pour ne pas être sensible à la douceur de la gloire ? » (Cité par Zilsel.)

Au cours de la longue Renaissance du monde occidental, marquée par le foisonnement des arts et la richesse des inventions, dominée par la renommée, *fama,* et la gloire, *gloria,* pendant cette longue période le *genius* des Anciens est absent. L'idéal de la gloire semble alors bien répondre au besoin de vénération des artistes et des grands navigateurs assoiffés d'horizons. Magellan, Colomb, Léonard, Michel-Ange sont les nouveaux prophètes d'un monde conquérant. Ramusio dira de Colomb qu'« il fut l'homme qui donna au monde un autre monde, un exploit infiniment plus grand que ceux d'autrefois ». Le monde est en train de changer, les héros d'aujourd'hui dépassent en magnificence les gloires éternelles.

Dans l'ordre du mérite littéraire, un nouveau genre fait recette, celui du recueil biographique des hommes illustres, avec le classique *De viris illustribus* de Plutarque, que l'on redécouvre, ou *Le Sort des nobles hommes et femmes* de Boccace. Des rivalités se réveillent, qui voudraient établir une échelle des valeurs entre les arts, entre les écoles, entre les hommes. La hiérarchie des grands noms conforte les idées reçues et pérennise un ordre profondément subjectif des arts, des lettres et des sciences. En 1390, dans son *Livre de l'art*, Cennini conteste la prépondérance que certains voudraient attribuer aux lettres : « La peinture mérite de s'asseoir au second rang après la science et de recevoir la couronne des mains de la poésie. » (Cité par Zilsel.) Quelque temps plus tard, dans son *Traité de la peinture*, Léonard de Vinci réaffirmera la prééminence de la peinture sur la poésie car, dira-t-il, l'œil est supérieur à l'oreille. Dans sa remarquable étude sur le génie à la Renaissance, Edgar Zilsel analyse finement la pensée de Léonard de Vinci qu'il juge « bien loin de la notion moderne du génie », alors que « cet être exceptionnel, au-dessus de son métier, était capable de s'exprimer au même titre dans tous les domaines de la vie et de l'art ». Il nous montre un Léonard affairé de gloire et soucieux de rivalité sociale, encore occupé à montrer la suprématie de la peinture sur la sculpture qui, elle-même, ne serait qu'un art mécanique *di minore ingenio*, c'est-à-dire un art qui demanderait moins d'effort de l'esprit. Le *genius* laisse place à l'*ingenium*, la réflexion subtile qui s'applique tout autant aux sciences qu'aux arts. Nous sommes déjà au début de l'ère de la technique.

Le culte des grands hommes connaîtra son apogée avec l'image de Michel-Ange glorifiée par Antonio Francesco Doni, dans *Il Disegno* en 1549, puis en 1550 dans la formidable somme des *Vies des meilleurs peintres, sculpteurs et architectes* de Giorgio Vasari, qui dresse une large fresque des artistes de la Renaissance – ouvrage aujourd'hui encore de grand intérêt. Les recueils biographiques vont désormais se succéder pendant plusieurs siècles pour vanter la suprématie de l'un, la valeur de l'autre, la grandeur d'un art ou encore les mérites d'une ville aux vertus telles qu'il y vient au monde des génies. C'est Filippo Villani qui écrit en 1375 à la gloire de Florence, et Savonarole quelques années plus tard en l'honneur de Padoue. Ces recueils explorent maintenant largement les arts mais aussi les sciences. Savonarole, par exemple, fait état de six théologiens, deux philosophes, quatre poètes et historiens, quelques hommes de guerre, dix-neuf juristes, vingt médecins, quelques notables de la cité et enfin sept peintres et architectes, et s'excuse de ne pas mentionner les musiciens dont il loue tout de même les mérites. Quelques années plus tard et toujours au XVe siècle, le traité *Des illustres Florentins* d'Ugolino Verini mentionnera cinq théologiens, des poètes et lettrés dont quatorze contemporains, cinq juristes, huit médecins, un mathématicien et un astronome. Le caractère fortement subjectif de ces choix biographiques reflète cependant un esprit de caste et le goût d'une époque. Certains privilégient les arts, d'autres les sciences, d'autres encore glorifient un doge vénitien, des négociants, quelques rois, des papes, un général, une princesse... En 1557, l'*Elogia doctorum virorum* de Paul Jove ne recense pas moins de cent quarante-six érudits parmi les gloires du passé, plaçant en tête Albert le Grand et Saint Thomas d'Aquin puis Machiavel, Dante, Pétrarque, Thomas More... Il ne citera parmi eux que dix-huit lettrés contemporains dont les noms ne sont pas passés à la postérité, et complétera cet aréopage de seulement quelques artistes – Raphaël, Michel-Ange, Léonard de Vinci –, mais ajoutera surtout une longue liste de cent trente-sept héros militaires.

Sur un total de 967 personnages illustres mentionnés par les différents auteurs de la Renaissance, Zilsel recense 49 % de lettrés, 30 % de personnalités politiques ou militaires, 10 % d'ecclésiastiques, 6,5 % de médecins et seulement 4,5 % d'artistes, peintres et sculpteurs. Se mêlent aux « génies » et aux personnalités d'exception les notables de la cité et les savants de toutes notoriétés, ce qui déclenchera les protestations de Pétrarque au XIVe siècle, puis d'Alberti au XVe, qui s'élèveront violemment contre cette banalisation de la notion d'exception.

Ce « don de Dieu », cet *ingenium*, que seuls possèdent quelques peintres et poètes, ne doit pas être confondu avec l'habileté artisanale de leurs contemporains. Dans ses *Quatre dialogues sur la peinture*, François De Hollanda précisera cette rareté du don divin en parlant des « maîtres illustres qui ne naissent qu'à de longues années d'intervalle ». La nature produit ses génies avec parcimonie, dans une sorte de régularité qui jalonne les siècles de personnalités d'exception.

Le XVIIIe siècle hérite de cette notion dans l'enthousiasme de la connaissance et les lumières de l'*Encyclopédie*. « L'étendue de l'esprit, la force de l'imagination et l'activité de l'âme, voilà *le génie* » (*Encyclopédie*, 7, 582). Par cette longue réflexion – l'article « génie » occupe six pages de *l'Encyclopédie* et de ses suppléments – Diderot façonne et impose l'idée moderne du génie. Le génie s'oppose au goût et au simple talent qui ne sont qu'œuvres humaines, produits de l'apprentissage et du labeur. « Le génie est un pur don de la nature.... il ne se borne pas à voir, il est ému... dans les Arts, dans les Sciences, dans les affaires, le *génie* semble changer la nature des choses, son caractère se répand sur tout ce qu'il touche et ses lumières s'élançant au-delà du passé et du présent éclairent l'avenir : il devance son siècle qui ne peut le suivre » (*op. cit.*). *Le génie est un être hors du commun, hors du moment, hors de son temps.* La grande lucidité de son regard unique en fait un visionnaire.

A la même époque, Emmanuel Kant insistera sur « l'originalité exemplaire du génie dans le libre usage de ses facultés de connaissance ». Sa clairvoyance est un don de la nature qui l'élève au-dessus de ses contemporains par l'acuité de sa perception et l'originalité de son discernement : « Il semble dérober à la nature des secrets qu'elle n'a révélés qu'à lui (...) Le commun des hommes regarde sans voir, l'homme de génie voit si rapidement que c'est presque sans regarder » (Diderot, *op. cit.*). Diderot nomme Shakespeare, Racine, Virgile, Homère, mais aussi Platon, Descartes, Bacon ou Leibniz, la culture classique se trouve encore renforcée dans la valeur immuable des *Vies des hommes illustres*, et en quelque sorte autovalidée par les tenants d'un certain académisme et du règne de la raison.

Avec le préromantisme et le mouvement littéraire allemand du *Sturm und Drang*, la fin du XVIIIe siècle puis le XIXe renouvellent cette image du génie en la rapprochant de la spontanéité de la création. Goethe, Klinger, Schiller, en Allemagne, s'opposent à la philosophie des Lumières dans un anticonformisme qui rejette la tradition et tente d'imposer l'esthétique spontanée du génie. Le retour aux sources, à l'inspiration naturelle et à la poésie considérée comme la matrice première de la création, impose la seule règle, nous dit Grappin, celle « d'écouter son cœur, d'être sincère et aussi d'être fort. L'originalité compte plus que tout, et celui qui ne sent pas en lui des émotions nouvelles, qui ne forme pas des pensées inédites, celui-là n'a rien à faire dans la poésie ».

Ce « temps des génies », comme le nomme encore Grappin, fait le lit d'un romantisme qui cultivera la spontanéité de l'imagination créatrice. Reprenant l'éternelle opposition du génie au talent, Jürgen Mayer précise que « le talent se connaît lui-même ; il sait ce qui l'a conduit à telle ou telle idée précise, tandis que le génie, qui obéit à une terrible impulsion, ne le sait jamais clairement » (Panizza). La manifestation du génie est un moment de grâce, un don du ciel, une inspiration de la nature, une découverte spontanée et imprévisible. Nous sommes au XIXe siècle, la poésie, la littérature, puis la peinture et la musique se libèrent des chaînes de l'académisme en cultivant la spontanéité du symbolisme, de l'impressionnisme, puis d'un certain réalisme. La notion de génie s'étend alors à celle de la création spontanée et de la libération des forces génératrices de la personnalité. Mais apparaît toujours au premier plan cette notion d'une particularité donnée à la naissance. Paul-Emile Littré définit ainsi le génie en 1886 : « Talent inné, disposition naturelle à certaines choses... Ce terme de *génie* semble devoir désigner non pas indistinctement les grands talents, mais ceux dans lesquels il entre de l'invention. »

Nous sommes toujours dans la classique dichotomie du génie et du talent, de l'inspiration et de l'imagination, de l'invention et de l'imitation. Le génie est en rupture avec son temps et en rupture avec l'histoire. Son inspiration renouvelle les arts, les sciences, les lettres, à la manière d'une mutation qui oriente profondément et durablement les modes de penser. En 1891, dans sa célèbre conférence sur *Génie et folie*, Oskar Panizza insistera sur le caractère fulgurant et extraordinaire de l'œuvre géniale : « Nous demandons à un génie que cela même qui fait son génie ne se rattache en rien ni à ses contemporains ni à ses prédécesseurs. Un génie purement littéraire doit assembler ses mots et construire ses phrases, user en général des vertus du langage comme aucun autre écrivain avant lui... » Le génie doit faire l'effet d'une révélation et Panizza nous en donne des exemples dans le monde de la musique : Wagner pour l'harmonisation, « Meyerber pour la puissance des moyens orchestraux, Weber pour l'invention mélodique et Berlioz dans l'art de faire brutalement éclater la forme musicale traditionnelle » (*op. cit.*). Le génie est fulgurance, il est révolution, il a soudain une dimension surhumaine.

A l'approche de la mort et conscient de sa haute stature, Victor Hugo nous brosse le portrait prédestiné et la mission divine du génie, dans ce texte posthume du *Post-scriptum de ma vie* : « Il y a de certains hommes mystérieux qui ne peuvent faire autrement que d'être grands... Pourquoi ces hommes sont-ils grands en effet ? Ils ne le savent point eux-mêmes. Celui-là le sait qui les a envoyés ? Leur stature fait partie de leur fonction. Ils ont dans la prunelle quelque vision redoutable qu'ils emportent sous leur sourcil. Ils ont vu l'Océan comme Homère, le Caucase comme Eschyle, la douleur comme Job, Babylone comme Jérémie, Rome comme Juvénal, l'enfer comme Dante, le paradis comme Milton, l'homme comme Shakespeare, Pan comme Lucrèce, Jehovah comme Isaïe. Ils ont, ivres de rêve et d'intuition, dans leur marche presque inconsciente sur les eaux de l'abîme, traversé le rayon étrange de l'idéal, et ils en sont à jamais pénétrés... Ils ont sur la face une pâle sueur de lumière. L'âme leur sort par les pores. Quelle âme ? Dieu. »

La fulgurance divine de l'inspiration du poète semble une caractéristique du XIXe siècle qui – pensons à Byron parcourant l'Europe de ses interrogations angoissées – renouvelle la notion de génie enrichie des langueurs monotones du tourment intérieur. Si les Lumières ont théorisé ce concept, le XIXe l'a assurément romantisé.

Enfin, à la même époque et dans le mouvement de la psychiatrie naissante, apparaît l'image scientifique moderne du génie. C'est Lélut puis Moreau de Tours dans leur analyse psychopathologique. C'est Francis Galton avec sa notion héréditaire du génie, *Hereditary Genius*, en 1869. C'est surtout Cesare Lombroso, en 1877, avec *L'Homme de génie*, qui est à l'origine de toutes les études modernes sur cette notion, bien que son point de vue soit très critiquable et aujourd'hui dépassé. Fort curieusement, Lombroso n'en donne aucune définition, mais s'attache seulement, et dès les premières pages de ce volumineux travail, à décrire le caractère dégénératif et maladif des personnages d'exception. Au fil du texte, on peut comprendre que cette notion du génie est pour lui si évidente qu'il accepte, pleinement et sans critique, les inventaires classiques des Vies des hommes illustres : Pascal, Luther, Horace, Aristote, Platon, Diogène, Archimède, Epictète ; Montaigne, Spinoza, Balzac, Lulli ; Adolphe Thiers, Jonathan Swift, Attila, Napoléon ; Titus, Charles Martel, Cromwell, Nelson ; Voltaire et Michel-Ange ; Calvin, Erasme, Volta, Bismarck ; Dumas, Pétrarque, Flaubert, Esope ; Scarron, Byron, Talleyrand, Cicéron ; Descartes, Newton, Ibsen, Dostoïevski ; Darwin, Bichat, Kant et Périclès ; Schiller, Humboldt, Dante et Tourgueniev... parmi les plus connus. On pourrait poursuivre à l'infini cet inventaire « à la Prévert » qu'il modulait à volonté selon les besoins de sa démonstration.

En 1896, en préface à l'édition française du livre de Lombroso, Charles Richet en donne cependant une claire définition : « Il est assez difficile de définir *l'homme de génie.* Personne ne saurait établir une limite absolue, une démarcation formelle entre l'homme de génie, l'homme de talent et l'homme médiocre... Il me paraît que ce qui caractérise ces grands hommes, c'est qu'ils diffèrent du milieu qui les entoure. Ils émettent des idées que les hommes vivant à côté d'eux n'ont pas eues et ne pouvaient pas avoir. Ils sont des initiateurs, des originaux. Pour moi, la vraie et l'unique marque des hommes de génie semble être l'originalité. Ils voient plus, mieux et surtout autrement que le commun des hommes. »

L'homme de génie est *autre* que ses contemporains, il sort de la norme, il est une exception, ce qui incitera souvent à le rapprocher de l'aliénation – littéralement le fait de *devenir autre* –, et de la folie. Il nous faut cependant insister sur ce caractère d'originalité de l'homme de génie qui mène à l'acte de création : *le génie est créateur*, de pensée, de technique, d'événement. Cette notion sera reprise dès le début du XXe siècle et jusqu'à aujourd'hui par toutes les études sur la créativité.

Avec cinq textes successifs, *Le Mot d'esprit et ses rapports avec l'inconscient* en 1905, *Délires et Rêves dans la Gradiva de Jensen* en 1907, *La Création littéraire et le rêve éveillé* en 1908, *Un souvenir d'enfance de Léonard de Vinci* en 1910 et *Le Moïse de Michel-Ange* en 1914, Freud ouvre la voie de la psychanalyse des œuvres, projet d'une systématique auquel participeront de nombreux analystes, Karl Abraham, Ernest Jones, Otto Rank... dans une perspective psychopathologique d'étude de l'œuvre, d'analyse des biographies, mais aussi de définition de l'artiste, du créateur et de la création. Freud envisage plutôt l'œuvre en termes d'organisation libidinale et recherche en réalité les pulsions primitives et universelles qui concourent à cette génialité du créateur.

L'approche de la notion de génie se poursuit dans le domaine de la psychologie clinique avec, en 1926, l'essai de Havelock Ellis sur le génie britannique, *A Study of British*

Genius, dictionnaire biographique de plus de mille personnalités d'exception, et en Allemagne, en 1929, avec *Les Hommes de génie* d'Ernest Kretschmer. Cette remarquable et fine analyse du père de la psychiatrie constitutionnelle est certainement le travail le plus abouti sur ce sujet. Kretschmer, qui tente une analyse multidimensionnelle de la notion de génie et de ses rapports aux processus mentaux, nous en donne une définition opératoire : « Le titre de génie sera justifié en premier lieu d'après les qualités personnelles de son porteur et non d'après la conjoncture sociologique... cela signifie que des qualités spécifiques existent dans la personnalité du " génie " lui-même et dans les œuvres qui portent son sceau, qualités auxquelles la société doit de façon régulière réagir par des jugements de valeur positifs. Nous qualifierons donc de " génies " les personnalités qui sont capables d'inspirer ces jugements de valeur positifs à un important groupe humain, de façon durable et à un degré élevé rarement atteint, mais à condition que ces valeurs aient jailli nécessairement de la structure psychologique particulière de son porteur et non quand elles lui sont échues essentiellement à la suite d'un hasard heureux ou de la conjoncture. »

Ces nombreuses restrictions à la définition du génie permettent à Kretschmer de le distinguer nettement de la cohorte des héros et des grands hommes, souvent liée au contexte social et à un idéal moral ou esthétique. Le génie suppose invention et reconnaissance, ce qui, une fois de plus, met à mal l'idée généreuse mais peu réaliste du génie méconnu.

Enfin, s'il définit essentiellement le génie par « une performance nouvelle originale » et la « création de valeurs particulières », Kretschmer précise ce qui est, à ses yeux, une ultime condition : « Il est, de par ses dispositions héréditaires, en possession d'un appareil psychique très particulier qui lui permet de produire à un degré plus élevé que d'autres des valeurs positives qui portent le sceau d'une personnalité rare et originale. »

Cette opinion très personnelle, version moderne de la

croyance ancestrale dans le don inné de l'artiste créateur, sera au centre de cette discussion du génie et la folie et leurs multiples déterminants. La position de Kretschmer reste la seule à être aussi ouvertement déterministe : « La tâche exclusive de notre étude sera de décrire les lois du génie lui-même dans ses dispositions héréditaires et dans les événements qui agissent sur celles-ci. »

En 1930, dans *Le Problème du génie*, un psychiatre français du nom de Segond pondère la thèse de l'hérédité et plaide de façon très moderne pour une profonde « imprégnation embryonnaire » de sensibilité et d'aptitudes exceptionnelles. Le génie est pour lui une personnalité créatrice originale exceptionnellement douée. Dès lors s'impose la notion de « créativité » qui éclipse le terme de *génie* dans la deuxième moitié du XXe siècle. Le terme de *créativité* apparaît dans la langue française en 1946 sous l'influence des travaux anglo-saxons de psychologie et de sociologie. Dans le même temps, la linguistique générative de Noam Chomsky utilisera la notion de « *creativity* » pour désigner la capacité innée des humains à générer du langage à l'infini. L'étude des potentialités créatrices, initiée par Guiford puis Osborn aux Etats-Unis, Beaudot ou Astruc en France, débouche à la fois sur l'évaluation du potentiel créateur chez l'enfant et l'adolescent, mais aussi, en psychopathologie, chez les malades mentaux, et sera à l'origine du renouveau de l'art-thérapie.

C'est à la jonction de ce courant de la créativité et de l'analyse de l'œuvre que se situe l'approche théorique de Didier Anzieu à travers *Psychanalyse du génie créateur*, en 1974, et *Le Corps de l'œuvre*, en 1981. La créativité met en jeu un processus pulsionnel particulier mobilisant les représentations mentales pour permettre des associations inhabituelles génératrices d'idées nouvelles. C'est en d'autres termes un renforcement et une validation du caractère créateur et novateur du génie, notion que nous avons déjà rencontrée à plusieurs reprises.

Au terme de ce parcours historique il nous faut prendre conscience de l'évolution récente du concept de génie. Il me semble ainsi difficile de parler de *génie*, terme peu utilisé aujourd'hui, et préférable d'évoquer la notion plus moderne de *personnalité créatrice originale*, en s'accordant sur la valeur novatrice de l'œuvre et ses conséquences pour l'héritage culturel de l'humanité. En cela, les *êtres d'exception* sont toujours des créateurs, d'une idée, d'une technique, d'un moment, et notre réflexion sur la nature du génie rejoint celle de l'*être créateur* que nous pourrions définir par cinq points fondamentaux :

– le caractère particulièrement innovant de l'œuvre
– une œuvre en rupture avec celle de ses contemporains
– une reconnaissance publique, large et durable
– l'hypothèse d'un appareil psychique particulier
– l'existence ou non de prédispositions.

Ces critères assez restrictifs n'accorderaient que peu de valeur aux classiques listes mondaines sur lesquelles sont habituellement fondées les études sur le « génie ». Par commodité, certains auteurs anglo-saxons ont utilisé le *Who's who* comme source de recrutement des personnalités d'exception – ce qui n'est pas très différent du caractère mondain des *Vies illustres* –, d'autres ont compilé des listes encyclopédiques d'artistes reconnus, d'autres encore l'annuaire des prix Nobel. Nous serons donc amenés à accepter, mais critiquer, certains recrutements parfois subjectifs ou quelque peu spécieux dans l'analyse des études sur le génie et, en définitive, discuter autant des créateurs que des êtres d'exception. Enfin pour plus de liberté d'écriture et pour éviter les redondances, nous utiliserons plusieurs termes en tant que synonymes de cette notion : personnages hors du commun, génie créateur, êtres d'exception... Car, comme l'affirme Philippe Sollers dans sa *Théorie des exceptions* : « *Exception* : telle est la règle en art et en littérature... »

En 1977, dans sa thèse sur *Orphelinage et Créativité*, Jean-Michel Porret sélectionne comme population créatrice trente-cinq écrivains français du XIXe siècle : Balzac, Nerval,

Hugo, Renan, Rimbaud, Loti... Un an plus tard et poursuivant la même idée, un psychologue américain, Malvin Eisenstadt, constituera un groupe de six cent quatre-vingt-dix-neuf personnages d'exception sur le seul critère de la taille suffisamment respectable de leur notice biographique dans les *Encyclopedia Britannica* et *Americana*. Son classement éminemment subjectif et profondément anglo-saxon présente ainsi les « génies » dans l'ordre suivant : 1. William Shakespeare ; 2. Platon ; 3. Abraham Lincoln ; 4. Jésus-Christ ; 5. Napoléon ; 6. John Milton ; 7. Samuel Jonhson ; 8. Saint Paul ; 9. Léonard de Vinci... Le caractère arbitraire et profondément personnel d'un tel palmarès saute évidemment aux yeux des moins prévenus.

Dans le même genre littéraire, l'inventaire par des diplomates européens de cinquante personnages illustres ayant marqué la civilisation occidentale s'accorde peut-être mieux avec cette notion du génie mais soulève la même critique de son choix arbitraire : 1. William Shakespeare ; 2. Léonard de Vinci ; 3. Charlemagne ; 4. Beethoven ; 5. Rembrandt ; 6. Goethe ; 7. Erasme ; 8. Christophe Colomb ; 9. René Descartes ; 10. Jean-Jacques Rousseau ; 11. Michel-Ange ; 12. Jean-Sebastien Bach ; 13. Galilée ; 14. Gutenberg ; 15. Isaac Newton ; 16. Saint Thomas d'Aquin ; 17. Karl Marx ; 18. Voltaire ; 19. Dante ; 20. Charles Darwin ; 21. Sören Kierkegaard ; 22. Albert Einstein... (*Le Point*, n° 349).

Tableau I

Palmarès des génies selon Salvador Dali
(d'après S. Dali, *Le Journal d'un génie*, La Table ronde, 1964)

	Technique	*Inspiration*	*Couleur*	*Sujet*	*Génie*	*Composition*	*Originalité*	*Mystère*	*Authenticité*
Léonard de Vinci	17	18	15	19	20	18	19	20	20
Meissonier	5	0	1	3	0	1	2	17	18
Ingres	15	12	11	15	0	6	6	10	20
Velasquez	20	19	20	19	20	20	20	15	20
Bouguereau	11	1	1	1	0	0	0	0	15
Dali	12	17	10	17	19	18	17	19	19
Picasso	9	19	9	18	20	16	7	2	7
Raphael	19	19	18	20	20	20	20	20	20
Manet	3	1	6	4	0	4	5	0	14
Vermeer de Delft	20	20	20	20	20	20	19	20	20
Mondrian	0	0	0	0	0	1	1/2	0	3,5

On pourrait multiplier les exemples à l'infini, la notion de génie reste malgré tout personnelle, fortement culturelle et subjective. Ainsi, dans son facétieux *Journal d'un génie*, Salvador Dali tourne-t-il au ridicule le classement des grands artistes de l'histoire de l'art (tableau I) en attribuant une note de génie : 20 à Léonard, 0 à Mondrian !

2. La notion de folie

Le terme populaire de *folie* recouvre des réalités bien différentes au fil des siècles, plus encore depuis quelques années. Le *follis* latin est tout d'abord un « soufflet pour le feu », une outre, un ballon, qui suggérera le sens métaphorique de l'homme « soufflé », c'est-à-dire du sot ou de l'idiot. Mais, dès le XIIe siècle dans le sens commun, le *fol* est un malade mental. En 1694, le *Dictionnaire de l'Académie* nous dit encore que *fol* ou *fou* est celui « qui a perdu le sens, l'esprit, qui est tombé en démence ». C'est la grande époque de l'internement de la folie dont Michel Foucault fera une nouvelle lèpre : « En fait le véritable héritage de la lèpre, ce n'est pas là (dans la maladie vénérienne) qu'il faut le chercher, mais dans un phénomène fort complexe, et que la médecine mettra bien longtemps à s'approprier. Ce phénomène, c'est la folie » (*Histoire de la folie*).

L'édit royal du 27 avril 1656, édit de création de l'hôpital général, marque le début du grand « renfermement », il isole et interne tous ceux – mendiants, oisifs, fainéants, ivrognes, menteurs, impudiques.... – qui dépravent la société. Le paradoxe de la folie et de son caractère incompréhensible suscitera jusqu'à aujourd'hui des attitudes contradictoires. Parmi la bonne et la mauvaise pauvreté, nous dit Michel Foucault, « la première accepte l'internement et y trouve son repos ; la seconde le refuse, et par conséquent le mérite » (*op. cit.*). Ce raisonnement paradoxal n'est pas très différent de la remarque ironique mais longtemps pratiquée dans les Maisons de fous au XIXe siècle : « Celui-là est bien fou puisqu'il dit qu'il ne l'est pas. »

De la « nef des fous » à l'asile psychiatrique, le raisonnement de l'exclusion est toujours le même : il est bien fou celui qui offense les règles de la morale, du bien penser et de la société. Contrairement à l'hôpital général où l'admission relevait toujours d'un diagnostic médical, l'entrée à l'hôpital psychiatrique semblait il y a encore quelques années dépendre d'un critère plus social que clinique, puisque y étaient admis, outre les malades mentaux, tous ceux – délinquants, éthyliques, toxicomanes ou vagabonds – dont le comportement gênait l'ordre social. Ce critère d'étrangeté, c'est l'aliénation si bien nommée, puisqu'elle vient du latin *alienus* (autre) et signifie en réalité : *devenir autre.* Ce fourre-tout de la folie recouvrera au fil des siècles les frénétiques et les lunatiques, les sots, les idiots et les imbéciles, les insensés, les niais, furieux ou incurables, et puis les illuminés et les visionnaires, toutes réalités mentales qui sont des différences cliniques les unes de degré, les autres de nature et nous mènent insensiblement en marge de la normalité sociale. Il n'est que de rappeler combien, de par le monde, les opposants politiques ou les marginaux ont été internés, parfois même psychiatrisés. Dans quelle mesure, alors, les illuminés et les visionnaires sont-ils des fous ou bien des prophètes ? Le prophète lui-même ne serait-il pas un fou qui a réussi ? Oskar Panizza nous rappelle que pour de nombreuses cultures traditionnelles, et dans l'Antiquité, la folie est une inspiration divine. Le mot hébreu *navi* désignait ainsi à la fois le prophète et le fou. « Les Turcs nommaient les malades mentaux « fils de Dieu »... les prêtresses de l'oracle de Delphes étaient soit folles, soit conduites à l'extase par des moyens artificiels » (*op. cit.*).

Et puis encore à lisière de la maladie et de la société viennent d'autres catégories : le débauché et le déraisonnable, le libertin et l'homosexuel, le magicien et le blasphémateur. La psychiatrie moderne qui ne juge plus et n'en fait pas un tableau clinique, pourra parfois faire des diagnostics de personnalité pour comprendre les évolutions marginales qui ne relèvent fondamentalement pas de la psychiatrie mais posent question à l'ordre social. Si les sociétés de la tradition font de la folie l'autre face de la raison, l'Occident rationnel et « positif » n'accepte que des catégories sans ambiguïté. La rupture est consommée avec la pensée traditionnelle, d'un côté se trouve le bon droit, la loi et la raison, de l'autre le mal, le crime et la déraison, car « le fou ne peut penser et la pensée ne peut être folle » (A. De Waelhens).

L'évolution rapide de la psychiatrie aux XIXe et XXe siècle, a profondément transformé le sens du terme *folie,* qui ne se dit plus aujourd'hui qu'en parler populaire. La clinique médicale lui a substitué les termes de *névrose*, de *psychose*, de *mélancolie* ou de *dépression.* Jean-Pierre Brouat, qui s'est intéressé aux représentations populaires de la folie, nous montre comment ce terme de la *folie* recouvre plutôt aujourd'hui la réalité clinique de la *psychose*, maladie mentale habituellement grave qui procède de la structure psychique et qui est populairement bien distincte de la dépression. « La folie, nous dit Jean-Pierre Brouat, est une affaire de nature, alors que la dépression est un événement passager. Le « dépressif » est fréquentable, le fou ne l'est jamais. »

Cette image moderne de la folie opposée à la dépression est si vraie que ces deux termes ont souvent été utilisés l'un pour l'autre, soit pour majorer la folie, soit encore pour l'excuser. On a ainsi traité les dépressifs de fous pour mieux les rejeter et nommé dépressifs les fous délirants pour en gommer la maladie.

La clinique psychiatrique est une tout autre réalité, c'est celle de la douleur morale et de la souffrance mentale que rencontrent tous les médecins, et au premier rang les médecins psychiatres. Contrairement à une idée reçue, il ne s'agit pas de troubles imaginaires ni d'une position philosophique de l'esprit. Quelles qu'en soient les conceptions, les maladies psychologiques et mentales sont des maladies, c'est-à-dire qu'elles reflètent une altération de l'état de santé mental, une perturbation des fonctions psychologiques et des modifications plus ou moins spécifiques du fonctionnement neurobiologique. Comme telles, elles nécessitent un diagnostic et la mise en jeu de stratégies thérapeutiques appropriées qui associent souvent une approche psychologique et relationnelle, dite psychothérapie, et des médications spécifiques, dites chimiothérapie, lorsque c'est nécessaire. Il est important de lever une idée reçue qui est aujourd'hui une idée fausse et selon laquelle les faibles se soigneraient avec des médicaments et les forts avec la parole de la psychothérapie. Il y a des indications pour l'un et des indications pour l'autre, il y en a également pour l'association des deux, en fonction de la nature et de l'évolution de la maladie pour mener, lorsque cela est possible, à la guérison que Michael Balint définissait comme le « retour à l'autonomie ».

Un siècle de psychiatrie a vu apparaître des courants de pensée, et des conceptions différentes de la maladie, a vu découvrir des médications et des modes psychothérapiques, mais aussi se modifier la clinique avec l'évolution des traitements. Le XIXe siècle médical connaît encore les deux représentations de la folie et de la mélancolie souvent réduites respectivement à la fureur et à la tristesse. La mélancolie existe depuis la nuit des temps, elle est la fille de l'ancienne théorie des humeurs qui prêtait à la bile noire – littéralement bile (colie) noire (mélan) – le pouvoir d'engendrer la tristesse. Le système des quatre humeurs naturelles – le sang, la pituite, la bile jaune et la bile noire – permettait, par leur subtil mélange, de décrire quatre types de caractère – le sanguin, le colérique, le flegmatique et le mélancolique – et d'expliquer ainsi de nombreuses maladies, de l'épilepsie à l'hypocondrie en passant par la fureur agressive ou la grande tristesse. Et pendant plus de deux mille ans, la mélancolie suivra le goût de l'époque. La Grèce classique du Ve siècle avant J.-C. façonne pour longtemps la nosographie médicale au travers des *Aphorismes* hippocratiques : « Quand la crainte et la tristesse persistent longtemps, c'est un état mélancolique », affirme Hippocrate. Avec Homère, le mélancolique sera condamné à la solitude et au chagrin dévorant. Jean Starobinski fait ainsi une lecture très moderne du chant VI de l'*Iliade* et de la dépression de Bellérophon, dont le malheur résulte de sa disgrâce devant les dieux. Quelques siècles plus tard, Galien impose sa vision de la maladie humorale, qui se nomme *mélancolie* lorsqu'elle touche l'esprit et *hypocondrie* lorsqu'elle débute dans les entrailles. Ce sont enfin les grandes époques passionnelles de la Renaissance et du romantisme qui feront de la vieille mélancolie un état d'âme sinon une façon d'être. Les différents états de la *Melencolia* d'Albrecht Dürer n'ont rien à envier à la *Graziella* de Lamartine, à *Aurelia* de Nerval ou au *Spleen* de Baudelaire. Le mélancolico-romantique conjugue la tristesse au quotidien et contemple sa douleur dans la profonde solitude du repli sur soi-même. « La mélancolie, c'est le bonheur d'être triste », ajoute Victor Hugo dans *Les Travailleurs de la mer*. Se mêlent très intimement une attitude philosophique, la recherche poétique, et la maladie dépressive que connaîtront douloureusement ces insatiables rêveurs d'absolu. Arrivent ainsi à l'aube de la période moderne une folie débarrassée de ses chaînes et une mélancolie mêlée de philosophie qui disparaît de l'observation clinique tant les délires et l'excitation maniaque occupent l'attention des médecins. Au milieu du XIXe siècle et de façon remarquable la même année, 1854, deux grands cliniciens français décrivent une articulation de ces deux concepts, de la folie et de la mélancolie : Baillarger présente une *Note sur un genre de folie dont les accès sont caractérisés par deux périodes régulières, l'une de dépression, l'autre d'excitation* et Jules Falret publie sa *Folie circulaire* qui fait état d'une cyclothymie régulière entre dépression et excitation. Ce tableau clinique fondamental de l'alternance entre mélancolie et folie maniaque deviendra *folie maniaco-dépressive* puis *psychose maniaco-dépressive* avec Kraepelin en 1915, *maladie maniaco-dépressive* à la fin des années 1970 et *trouble bipolaire de l'humeur* selon les critères diagnostiques de l'American Psychiatric Association. (DSM III en 1980.) L'alternance maniaco-dépressive n'est plus une folie, n'est plus une psychose, elle est un trouble particulier des variations de l'humeur entre dépression et excitation, un trouble qui semble particulièrement fréquent chez les créateurs et les personnages d'exception, comme nous serons amenés à le constater au cours de cette réflexion.

Dans le même temps, la révolution freudienne imposait sa conception psychodynamique des troubles mentaux opposant névroses et psychoses. La psychanalyse élabore ainsi depuis près d'un siècle une irremplaçable connaissance des mécanismes du fonctionnement de l'appareil psychique, que ne démentent pas les apports récents de la biologie. Ces deux approches sont profondément complémentaires malgré le déni de certains fondamentalistes de la biologie ou de la psychanalyse qui réduisent la connaissance au seul champ de leur pratique.

La seconde révolution de ce siècle est sans nul doute celle de l'invention des médicaments psychotropes avec la première utilisation d'un neuroleptique, la *chlorpromazine* en 1952 par Henri Laborit, puis par Jean Delay et Pierre Deniker. La recherche psychopharmacologique fit de tels progrès en quelques dizaines d'années que furent découverts tour à tour les neuroleptiques, les tranquillisants, les anxiolytiques et les hypnotiques, les antidépresseurs et les normothymiques, médicaments régulateurs de l'humeur. La meilleure compréhension de leurs mécanismes d'action permit dans le même temps de proposer des modèles biologiques de la psychose et de la dépression.

Enfin, la toute récente évolution est celle de la clinique qui se transforme au fur et à mesure que ces états pathologiques sont mieux connus et mieux soignés. La progressive stabilisation des délires psychotiques qui ne s'expriment plus ouvertement depuis qu'ils sont soignés par les neuroleptiques, a laissé la place au champ immense de la dépression qui était partiellement masqué par la « folie ». La meilleure prise en charge thérapeutique des patients psychotiques a elle-même mis en évidence la vraisemblable grande fréquence de la maladie maniaco-dépressive. Son récent traitement par les sels de lithium et les normothymiques, médicaments stabilisateurs du moral, a ainsi permis de prendre conscience que, dans de nombreux cas, il ne s'agissait pas d'une psychose, mais de variations de l'humeur qui donnaient lieu à une expression délirante dans les moments d'exaltation, comme le faisaient jadis les fièvres ou les épisodes infectieux lorsqu'ils n'étaient pas soignés. Ainsi, de nombreux états autrefois considérés comme psychotiques, dont certaines formes de schizophrénie et de maladie maniaco-dépressive, seraient en réalité l'expression de troubles de l'humeur dont on connaît le caractère de prédisposition souvent familiale. La dépression – et par ce terme j'entendrai les états dépressifs majeurs – est aujourd'hui comprise comme la phase biologique auto-entretenue d'une décompensation du système nerveux, d'une déstabilisation du système neuromodulateur, quelle qu'en soit l'origine, qu'elle soit prédisposée ou acquise par un conflit psychologique dans l'enfance. C'est la permanence de l'angoisse et les conséquences au long cours des tensions créées par le conflit psychologique qui déclenchent la maladie dépressive. En cela les psychothérapies sont indiquées avant la phase de dépression pour éviter qu'elle ne survienne, tandis que les médicaments antidépresseurs sont la thérapeutique de la phase dépressive. Il faut enfin savoir que le recours aux traitements médicamenteux s'impose en raison du risque de suicide qui n'est jamais négligeable.

Ce long développement d'idées souvent controversées m'a semblé nécessaire pour faire comprendre cette articulation du génie et de la folie qui empruntera souvent le chemin de la dépression et de la maladie maniaco-dépressive. Les exemples historiques et littéraires que je développerai n'avaient alors ni les mêmes références ni les mêmes résonances qu'aujourd'hui. Encore une fois, pour la commodité de l'écriture, le terme *folie* pourra être utilisé dans tous les sens que permet la langue, et notamment dans son sens populaire d'extravagance hors du commun. Il est bien évident que le contexte lèvera toute ambiguïté.

3. Le génie et la folie

Cette belle idée que le génie est proche de la folie, mentionnée sous cette forme au XVIIIe siècle, est en réalité une invention de l'Antiquité. Il semble que ce soit Platon, le premier, qui l'énonce dans *Phèdre* et dans le *Théétète,* en affirmant que les hommes de génie s'emportent facilement et sont habituellement « hors d'eux-mêmes ». Mais c'est Aristote qui l'immortalise magistralement en introduisant ainsi son *Problème XXX* : « Pour quelle raison tous ceux qui ont été des hommes d'exception, en ce qui regarde la philosophie, la science de l'État, la poésie ou les arts, sont-ils manifestement mélancoliques, et certains au point même d'être saisis par des maux dont la bile noire est l'origine... ? »

Cette excellente et récente traduction d'Aristote par Jackie Pigeaud met en évidence, dans ce texte fondateur, l'absence directe des deux termes *génie* et *folie,* qui ne sont en réalité qu'une formulation datant du XVIIIe siècle et notamment de Diderot. Nous verrons combien cette vision de l'Antiquité est, en définitive, plus proche de nos conceptions actuelles que ne l'a été celle des siècles passés. A la place de *génie,* Aristote utilise les termes *peritoi andres,* que Pigeaud traduit par *les hommes d'exception,* en précisant que *peritoi* signifie « excessif, extraordinaire », « qui dépasse la normale », emploi attesté à cette époque pour qualifier les êtres exceptionnels. Cela rejoint notre conception moderne du génie avec tout de même cette notion particulière de l'exubérance et de l'excès des comportements qui laisse entrevoir une personnalité à l'humeur expansive. A la place de *folie,* Aristote mentionne la *mélancolie,* qui désignait alors ce mélange des humeurs qui, lorsqu'il est en excès, affecte le corps ou le moral. La conception aristotélicienne de la mélancolie est, elle aussi, très moderne dans la mesure où elle est considérée comme une tendance, comme une prédisposition – « tous les mélancoliques sont donc des êtres d'exception, et cela non par maladie, mais par nature » –, prédisposition qui peut secondairement devenir maladive et provoquer une affection corporelle ou même la folie.

Aristote nous propose ici une intéressante lecture clinique lorsqu'il brosse un éventail très large de cette mélancolie, depuis la tendance non maladive à la méditation jusqu'à l'accès dépressif et au risque suicidaire – « c'est pourquoi les suicides par pendaison se rencontrent surtout chez les jeunes ; mais on en voit aussi chez les vieux. Beaucoup se suicident après avoir bu » –, mélancolie qui peut aussi confiner à la folie, désignée ici par deux termes : *mania*, la manie, excitation et exubérance de l'humeur, le pôle positif de la dépression ; et *ekstasis*, l'extase, qui signifie littéralement sortir de soi-même (*ek-stasis*) et qui image très bien le dédoublement de la folie ou de la création, l'égarement de l'esprit halluciné, illuminé ou inspiré, selon le contexte dans lequel il s'exprime. Aristote précise ainsi la tonalité morale des personnages d'exception entre manie et dépression mélancolique, selon le mélange des humeurs et sa concentration en bile noire : « Si l'état du mélange est tout à fait concentré, ils sont mélancoliques au plus haut degré ; mais si la concentration est un peu atténuée, voilà des êtres d'exception. »

Ce court texte fondateur énonce déjà de nombreux points dont nous relèverons la pertinence dans notre développement. Pour Aristote, les êtres d'exception restent en deçà de la mélancolie, qui est cependant leur nature profonde. Cette idée force traversera les siècles sous la plume de tous les commentateurs de la pensée classique. Cicéron la reprend dans ses *Tusculanes* (I, 33), Sénèque dans *De tranquillitate animi* (15), ainsi que Plutarque ou Galien. Mais déjà un proverbe latin immortalise cette idée : « Nullum est magnum ingenium sine mixtura dementiae » (Il n'y a pas de grand esprit sans un grain de folie).

Cette image réapparaît ensuite au XVe siècle chez Marcile Ficin dans son *De vita triplice*, en 1494, avec la notion de l'influence de Saturne sur le comportement génial. La mélancolie saturnienne est un don du ciel qui, seul, permet l'enthousiasme créateur dont parlent les anciens. Cette conception médico-astrologique fut adoptée par le monde de la Renaissance qui reconnaîtra du génie à ces mélancoliques nés sous le signe de Saturne. Au XVIe siècle, la valorisation culturelle et sociale du comportement mélancolique – excentrique, instable, solitaire – amplifia une tendance naturelle de l'expression artistique. L'idée se retrouve encore chez Montaigne (*Essais*, II, 2) mais surtout chez Huarte de San Juan dans son *Examen des esprits* en 1575, ouvrage qui eut beaucoup d'influence dans toute l'Europe et fit réellement connaître la pensée d'Aristote.

Au XVIIIe siècle, Diderot et l'*Encyclopédie* forgent cette idée reçue du génie et de la folie, une idée maintenant fortement ancrée dans les esprits. En 1750, par exemple, Boerhave, le grand médecin de l'École de Vienne, énonce cet aphorisme comme une vérité : « Il y a toujours un certain délire dans les grands esprits. »

Mais c'est essentiellement le XIXe siècle et les premiers psychiatres qui vont confirmer ce rapport intime du génie et de la folie en l'illustrant de cas cliniques et de raisonnements encore empiriques. En 1820, dans son célèbre article *De la lypémanie ou mélancolie*, le grand psychiatre qu'est Jean-Etienne Esquirol précise qu'il préfère le terme de *lypémanie* à celui de *mélancolie*, « trop populaire et maintenant perverti », pour exprimer l'emprise nostalgique de la douleur morale. Il retrouve ce trait pathologique chez Mahomet, Luther, Caton, Pascal, Rousseau... et surtout, précise-t-il, dans les arts et les sciences. Lélut, un psychiatre moins connu, reprendra cette idée dans ses deux célèbres pathobiographies, *Du Démon de Socrate* en 1836 et *L'Amulette de Pascal*, sous-titré *pour servir à l'histoire des hallucinations*, en 1846. Au risque de la critique – il sera vertement repris par Sainte Beuve – Lélut touche à l'image sacrée de la culture classique et propose une lecture sans concession des hallucinations de Socrate et des obsessions de Pascal. En 1859, Moreau de Tours fera une même analyse de l'excitation maniaque cyclique de Gérard de Nerval en rapprochant l'excitation créatrice de l'état maniaque.

Ce concept du rapport entre génie et folie ne sera jamais abandonné. En 1869, c'est Francis Galton, le propre cousin de Darwin, qui développe l'idée de la transmission héréditaire des capacités intellectuelles, dans son ouvrage *Hereditary Genius*, à travers l'étude de nombreux personnages de familles illustres. Ses arguments, qui ne sont plus aujourd'hui très convaincants, auront une puissante influence, en France sur Théodule Ribot qui publie son *Hérédité psychologique* en 1878, et en Italie sur Cesare Lombroso dont *L'Homme de génie*, en 1877, sera l'une des réflexions les plus controversées, mais aussi les plus novatrices. Lombroso, qui sera par la suite le nosographe de la criminalité et de la folie, aura cependant eu le mérite d'appliquer une démarche clinique à son raisonnement sur le génie et notamment d'avoir mis en évidence le caractère saisonnier de l'œuvre de certains créateurs et sa relation avec le caractère cyclique de l'humeur.

La controverse étant permanente, de nombreux psychiatres tenteront une synthèse de cette question sensible. C'est Xavier Francotte avec *Le Génie et la Folie,* en 1890. C'est Oskar Panizza dans sa célèbre conférence *Génie et Folie,* en 1891. Le siècle se termine sur la conviction d'une profonde parenté entre le génie et la folie. Panizza parle ainsi de Martin Luther : « ... Sans la crise de mélancolie dans la cellule du cloître d'Erfurt, pas de Réforme ! »

Au début du XXe siècle et autour de Freud, la psychanalyse de l'œuvre abandonnera le concept de folie pour préciser plus finement la psychodynamique du mouvement créateur. L'Ecole psychiatrique allemande, quant à elle, développera la notion de « pathobiographie », analyse clinique de la biographie, avec Möbius, Lange-Eichbaum, et enfin Ernest Kretschmer dont *Les Hommes de génie,* en 1929, constituent aujourd'hui encore le travail le plus élaboré sur cette question.

Le courant de pensée anglo-saxon, dès le début du siècle, privilégia les études statistiques : ainsi Catell, *A Statistical Study of Eminent Men* en 1903, et Havelock Ellis, *A Study of British Genius* en 1923, qui passe en revue plus de mille personnages illustres provenant de dictionnaires biographiques. Les récents travaux d'Andreasen, Simonton, Akiskal, Iremonger... poursuivent cette méthode de l'analyse biographique avec de meilleurs recrutements et une approche clinique évidemment très différente, mettant aujourd'hui l'accent sur la grande fréquence des troubles bipolaires de l'humeur – que l'on nommait autrefois maniaco-dépressifs – chez les personnages d'exception ou dans leur famille proche.

L'idée a ainsi fait son chemin, sans s'éloigner toutefois de l'observation première et très pertinente d'Aristote. Je dirai plutôt qu'elle s'en est rapprochée.

II

LA NATURE DU GÉNIE

Pour le sens commun, le génie a des caractères propres : il est fulgurant, intuitif et spontané – c'est le « génie à l'état sauvage » –, il est calme, serein et persévérant – c'est le génie laborieux –, il est enfin profondément asocial dans un mode de vie qui confine souvent à l'isolement, à l'ascèse, à la marginalité. Car pour tous le génie est un être curieux, un original, c'est un fou !

Ces quatre facettes que le sens populaire attribue aux personnages hors du commun constituent en quelque sorte *la nature du génie*, une idée reçue dont on peut tout de même discuter la réalité.

1. Le génie à l'état sauvage

C'est Paul Claudel qui, en 1912, dans sa préface aux *Œuvres complètes* de Rimbaud, voit en lui le prototype du génie sauvage : « Arthur Rimbaud fut un mystique *à l'état sauvage*, une source perdue qui ressort d'un sol saturé. » Il fut suivi quelques années plus tard par Cocteau dans sa *Poésie critique* : « Rimbaud satisfait exactement l'idée dramatique, fulgurante et courte, que les gens se font du génie » (I, p 82), ou encore dans *Opium* en 1930 : « Rimbaud a volé ses diamants ; mais où ? Voilà l'énigme. »

Quand il s'agit du génie, les opinions sont multiples, les uns veulent l'abaisser, les autres tentent de l'élever davantage en gommant des faits inavouables et en forgeant de lui une image idéale qu'il est ensuite bien délicat de critiquer. C'est ici la plus grande difficulté que j'ai pu rencontrer au cours de ce travail, pour parvenir à une juste lecture de la vie et de l'œuvre. Même à travers l'opinion de plusieurs biographes, critiques ou analystes, des pans entiers de la vie ou de l'œuvre des êtres d'exception peuvent ainsi rester dans l'ombre au seul profit de la sauvegarde quasi religieuse d'une image officielle jalousement préservée par la famille ou le biographe exclusif. C'est par exemple le suicide de Rudolf Diesel habilement dissimulé par son seul biographe de fils, c'est celui de Tchaïkovski, déguisé en choléra, c'est l'homosexualité de François Mauriac évoquée par Roger Peyrefitte et absente de ses biographies, c'est la liaison d'Alain-Fournier avec Simone, son « cœur pur », gommée par sa sœur Isabelle, c'est la tentative de suicide de Paul Gauguin, parfois oubliée dans sa biographie, c'est le suicide de Nerval ou celui de Roussel dont on parle comme d'un crime, c'est...

Avec Rimbaud, c'est l'image parfaite du « poète maudit » inspiré par la grâce divine que nous impose Claudel dans sa célèbre préface et qui reste présente à notre esprit :

« Arthur Rimbaud apparaît en 1870, à l'un des moments les plus tristes de notre histoire... Il se lève tout à coup " comme Jeanne d'Arc ! "... Est-il donc si téméraire de penser que c'est une volonté supérieure qui le suscite ? » (*op. cit.*). Claudel statufie Rimbaud en mystique sauvage à la « pureté édénique ». Or tout vient le contredire : ses fugues et ses soûleries, ses errances et ses amours libertines, lui Arthur le révolutionnaire anticlérical, l'aventurier trafiquant d'armes. Il est vrai que la première biographie de Rimbaud fut celle de Paterne Berrichon, son propre beau-frère, époux de sa sœur Isabelle, qui présentait une chronologie peut-être volontairement erronée. « S'il faut considérer comme exemplaire la vie de Rimbaud, nous dit Etiemble, autant canoniser tous ceux qui, tourmentés par leur puberté, habiles à transposer en apocalypse révolutionnaire leurs difficultés charnelles, se réconcilient à vingt-cinq ans avec les valeurs les moins sûres de la société qu'adolescents ils honnissaient à juste titre. » « Comme ils mentent sur Rimbaud, renchérit André Suarès. Quels sots. Chacun le tire à soi et Rimbaud n'est nulle part, ici ni là » (cité par Etiemble). Suarès aura encore des mots plus durs envers Claudel dont il mentionne « l'absurde préface ».

Il me semble fondamental d'insister sur le cas Rimbaud qui peut nous fournir l'une des clés pour comprendre cette articulation entre génie et folie. Rimbaud représente tout à la fois la fulgurance et la précocité, mais aussi, dans le même temps, la prescience de sa folie et la fuite préservatrice. Son œuvre révolutionnaire est tout entière écrite en quatre années, de 1870 à 1873, c'est-à-dire de seize à dix-neuf ans, au cours desquelles Arthur accède au plus profond de lui-même et « invente » la poésie moderne : « Il ne connaissait aucun frein, précise Stefan Zweig, dans sa préface à la première édition allemande, rien ne lui liait les mains, rien pour lui n'était sacré » (cité par Colombat). Et puis c'est la fuite en avant, le départ de sa maison de Roche, le départ de Charleville, l'abandon de l'œuvre et son déni, qui ont eu très certainement une vertu thérapeutique. Dans *Une saison en enfer,* qui apparaît comme un testament littéraire, Rimbaud décrit très lucidement cette prise de conscience des hallucinations innombrables, de la folie qui le guette, et peut-être de la tentation du suicide lorsqu'il commence ainsi *La Nuit de l'enfer* : « J'ai avalé une fameuse gorgée de poison... un homme qui veut se mutiler est bien damné, n'est-ce pas ? Je me crois en enfer, j'y suis. »

Tel un météore, Rimbaud traverse sa vie comme il marque son siècle. En cela, il reste ce *génie à l'état sauvage* dont il incarne le modèle – début précoce, fulgurance de la création, fin prématurée – et dont on a tant de fois vu briller l'étincelle aveuglante sur l'immensité océanique du silence intérieur. Car le génie réclame du silence. « Je vous ai prié de m'indiquer des occupations peu absorbantes, rappelle Rimbaud à

Paul Demeny le 28 août 1871, parce que la pensée réclame de larges tranches de temps. »

Alors sur ce silence surgit la création, singulière, imprévue, fascinante, inouïe. Pour Proust, le génie était cet « inattendu » qui survient comme une soudaine illumination, ce que Saint-John Perse nommera « la foudre vierge du génie » et Cocteau « cette minute flamboyante de lyrisme », ou encore Victor Hugo : « L'éclair de l'immense, quelque chose qui resplendit et qui est brusquement surhumain, voilà le génie » (*Post-scriptum de ma vie).* Tous les grands créateurs parlent ainsi de cette brusque irruption des idées au moment où ils l'attendent le moins.

Cette manifestation « sauvage » de l'idée créatrice semble particulièrement juste en ce qui concerne les musiciens qui disent recevoir sous leurs doigts ou dans leur esprit une œuvre en fait déjà écrite. Le grand oratorio de Joseph Haydn, *La Création*, qu'il compose à Vienne en 1795 à son retour du voyage de Londres, lui aurait été inspiré par une grâce divine : « Quand mon ouvrage n'allait pas, confie-t-il, je me retirais dans mon oratoire avec mon chapelet, je récitais un Ave et les idées me revenaient tout de suite. » Pour Frédéric Chopin, l'inspiration venait subitement lorsqu'il était au piano et s'écrivait d'un trait sous sa plume. Le grand Hoffmann, qui inspirera ses *Contes* à Offenbach, ne disait pas autre chose : « Pour composer, je me mets au piano, je ferme les yeux et je copie ce que je m'entends dicter du dehors » (Schilling, cité par Lombroso).

Combien de grands peintres ont témoigné n'avoir qu'à reproduire une œuvre qui s'impose à leur esprit ou qui semble tout droit sortie de la mémoire ? Mais il est vrai que les grandes écoles de peinture s'accommodaient peu de la fulgurance du trait et privilégiaient plutôt la lente et longue élaboration de l'atelier. Ce « génie pur » dans la peinture se révèle chez des solitaires comme Michel-Ange ou Goya, mais surtout dans l'art moderne qui est une discipline plus individualiste.

De nombreux écrivains disent aussi le caractère spontané

du travail de l'écriture. Mauriac dans *Vues sur mes romans* : « Je n'observe pas, je ne décris pas, je retrouve » ou encore Lamartine : « Ce n'est pas moi qui pense, ce sont mes idées qui pensent pour moi. »

D'autres ont cultivé la spontanéité du trait, comme Henri Matisse, qui dessinait très rapidement sans contrôler son dessin, sinon le soir, en fin de journée. Jean-Michel Folon parle d'une longue série de portraits que Matisse fit d'Aragon et Montherlant : « Il était assis avec un gros cahier et regardait tellement ses modèles qu'il n'observait pas le dessin. Il laissait libre sa main, tandis que l'autre tournait les pages du cahier. Matisse allait aussi vite que la vie et que son regard sur la vie. Il était la vie, et je ne lui vois pas d'équivalent. »

Le surgissement de l'idée géniale a souvent lieu au décours d'une crise, au sortir du sommeil et du rêve, dans des états de somnambulisme, d'hallucination ou de ce que l'on a encore appelé le rêve éveillé. De nombreux créateurs – De Quincey, Nietzsche, Baudelaire, Sartre, Michaux... – tenteront ainsi de faciliter l'accès à cette conscience géniale par des drogues ou toxiques qui ne font en définitive qu'activer la pensée et accélérer les processus d'association, à l'image de certains mécanismes pathologiques d'activation des idées que l'on rencontre dans les états d'excitation et d'exaltation de l'humeur (états maniaques) ou encore de pensée dissociée (états psychotiques). C'est parfois d'une simple association d'idée, d'un fulgurant coq-à-l'âne ou d'une coïncidence inouïe qu'ont pu naître des idées de génie qui ont ensuite transformé notre monde et bouleversé la vie de leur auteur.

Quelques éclairs de génie restent à jamais gravés par une date dans l'histoire littéraire, scientifique ou musicale tant la fulgurance en a été brève : la nuit du 10 novembre 1619 pour Descartes, le 13 mai 1797 pour Novalis, l'été 1831 pour Goethe ou encore le 21 avril 1915 pour Camille Saint-Saens. Cependant l'irruption d'une intuition géniale à la conscience du créateur ne se fera jamais sans dommage. A l'image d'un volcan qui se réveille, la personnalité en sera souvent fortement et durablement perturbée, sans pouvoir jamais, chez certains, retrouver la paix.

En avril 1619, Descartes quitte la Hollande pour s'engager dans l'armée de Maximilien de Bavière. C'est là, au camp de Neuburg, le 10 novembre 1619, qu'il connaît une nuit d'intense exaltation mêlant le contenu de ses rêves à l'enthousiasme de l'éveil ; c'est là, sur les bords du Danube, que lui vient l'intuition fondamentale d'une nouvelle méthode. Au milieu de rêves étranges, lui apparaissent, dira-t-il, plus tard, « les fondements d'une science admirable ». C'est à ce moment qu'il décide de renoncer à la vie militaire pour se consacrer à son œuvre d'esprit.

L'illumination d'un moment fécond, par lequel s'exprime le génie dans le tumulte du dialogue intérieur, se retrouve chez tous les mystiques, dans les inspirations hallucinatoires, mais également au décours du rêve nocturne porteur d'un message condensé riche de la maturation des idées du créateur. C'est ainsi qu'Einstein dit avoir découvert la théorie de la relativité au cours d'un rêve et le chimiste Friedrich Kékulé la structure cyclique du benzène. Kékulé raconte avoir eu par deux fois cette révélation dans un moment de détente. Une première fois devant sa cheminée et alors qu'il s'était assoupi ; une deuxième fois sur la plate-forme d'un omnibus, il vit surgir de son imagination la représentation dans l'espace de la molécule de benzène qu'il recherchait depuis si longtemps. Ce rêve de Kékulé, l'image d'un serpent qui se mord la queue – rêve qui a fait couler beaucoup d'encre et a notamment été interprété par le psychanalyste Alexander Mitscherlich comme l'expression de désirs sexuels frustrés et réprimés –, ce rêve fut apparemment sans ambiguïté pour le rêveur qui vit dans cette boucle l'évidence qu'il cherchait depuis longtemps. Un auteur allemand, Carl Happich, considère qu'une conscience imagée vivrait en nous qui se révélerait dans les états proches du sommeil et du rêve, dans des états de méditation. Ce n'est pas sans rappeler la méthode très personnelle d'Aldous Huxley qui entrait en auto-hypnose pour accéder à une libre et facile inspiration.

L'exaltation ressentie au cours de l'éveil nocturne encore imprégné du travail inconscient habituel à l'écrivain est encore un signe de l'instabilité de l'humeur lorsque s'y mêlent l'ivresse des mots et la fièvre des idées. Lamartine décrira dans ses *Méditations* l'inspiration soudaine de son poème *Le Désespoir* : « Une nuit je me levai, je rallumai ma lampe, et j'écrivis ce gémissement ou plutôt ce rugissement de mon âme. Ce cri me soulagea : je me rendormis » (Segond). Goethe trouva un matin sur sa table un poème achevé dans un moment d'inconscience et qu'il n'avait aucun souvenir d'avoir écrit. Camille Saint-Saëns, quant à lui, raconte de quelle façon il a souvent rêvé d'une œuvre parfaite et monumentale qui chaque fois s'évanouissait à son réveil. Le 21 avril 1915, alors qu'il se trouvait à Prague et travaillait sur sa symphonie en *ut* mineur, Saint-Saëns se réveilla soudain et transcrivit aussitôt le final de sa symphonie qui s'écrivit tout seul. Deux fois encore il connut la même illumination pour le *Tollite hostias* de son *Requiem* et l'une de ses *Improvisations* pour orgue. Le rêve est un profond catalyseur des idées, il les transforme, les condense, les met en image et les propose à la conscience instantanée de l'éveil avant de les effacer. Le rêve est l'allié privilégié du créateur qui y trouve les matériaux de son inspiration. Roger Caillois parlait du « terrain fécond des songes ». Il n'est que de se rappeler le profond caractère onirique d'*Aurelia*, que Nerval a assurément arraché au sommeil.

On peut encore lire dans le *Journal* de Novalis, à la date du 13 mai 1797, comment naquit en lui le poète dans un instant de « joie indescriptible et d'éclairs d'enthousiasme ». Accablé par la mort successive de sa fiancée, Sophie, puis de son frère, Erasmus, Novalis connaît l'alternance bouleversante de la mélancolie et de l'exaltation mystique. Ce 13 mai, à la suite d'un rêve érotique, et devant la sépulture de sa fiancée, il est pris d'un enthousiasme extatique qui décidera de son engagement poétique : « Mon souffle dispersa le tombeau comme de la poussière ; les siècles devinrent des instants, je sentais sa présence, je croyais qu'elle allait apparaître. » Son œuvre s'inscrivit tout entière dans les trois années qui suivirent, de 1797 à sa mort en 1801.

A côté des moments fulgurants du génie sauvage, le simple « coup de génie » des associations fortuites et des coïncidences lumineuses ramène à la conscience une évidence qui s'y trouvait déjà. C'est le cri d'Archimède parcourant les rues de Syracuse et laissant éclater sa joie : « Eurêka ! » – « j'ai trouvé ! » Image de légende car il raconte beaucoup plus prosaïquement dans son *Traité des corps flottants* qu'il prend conscience de la théorie en se rappelant l'expérience du plongeur qui descend, lesté d'une pierre. Le « coup de génie », c'est encore Galilée observant les légères oscillations des lustres des églises et découvrant les lois du mouvement pendulaire. C'est Newton qui formule la loi de la gravitation et de l'attraction des corps célestes en voyant, dit-on, tomber une pomme dans son jardin de Woolsthorpe. Le fait est qu'il a réellement formulé cette loi. C'est Mozart, nous dit Lombroso, qui aurait composé d'un trait la célèbre sérénade de *Don Juan* car la vue d'une orange lui rappelait un air populaire napolitain entendu cinq ans auparavant. C'est encore John Watt, renchérit Panizza, qui a l'idée d'utiliser la vapeur comme force motrice après avoir observé le couvercle d'une théière qui se soulevait.

Ces associations d'idées, ces coq-à-l'âne spontanés constituent l'un des modes inventifs du génie sauvage, celui du jeu des idées entre elles qui peuvent ainsi permuter, s'échanger, s'interpénétrer et se transformer par association des unes aux autres. On peut remarquer que les créateurs ont souvent à ce jeu des associations d'idées une plus grande propension que les autres adultes, tout comme naturellement les enfants, mais aussi comme dans certains états pathologiques de la psychose, ou dans l'excitation idéique de la manie, ou encore sous l'effet des drogues hallucinogènes.

Enfin, dernier caractère que l'on attribue au génie et plus particulièrement au génie sauvage, c'est sa nature innée, donnée, divine..... « Le génie est un pur don de la nature, précise Diderot ; ce qu'il produit est l'ouvrage d'un moment » (*Encyclopédie*). Cette idée fortement ancrée dans la croyance populaire ne s'appuie sur aucune preuve solide, les tenants du génie inné et ceux du talent acquis s'affronteront encore pendant longtemps. Car pour certains le caractère « naturel » de ce déterminisme entre pleinement, comme un postulat, dans la définition du *génie*, ce qui a pour eux l'avantage d'en éviter la démonstration. « L'art est un don de l'excellence de la nature, qui nous vient du berceau », affirme par exemple Pietro l'Arétin en 1547. L'idée est aussi ancienne que la notion de génie. Dès le Vᵉ siècle avant J.-C., Démocrite, l'un des premiers défenseurs du talent inné, vante les dons « naturels et divins » du grand Homère. Zilsel nous précise qu'à cette époque, « la création poétique relève de l'enthousiasme » et que l'enthousiasme « ne s'acquiert pas ». Cette remarque me semble aujourd'hui très moderne, si l'on considère l'hypothèse actuelle d'une prédisposition familiale aux mouvements de l'humeur.

Les philosophes qui suivirent, aristotéliciens, épicuriens, matérialistes, tempéreront l'influence de la nature innée et du don naturel, la *phusis*, par celle des vertus de la raison et de l'apprentissage, le *logos*. Dans son long poème *Sur la nature des choses*, Lucrèce évoque la pondération des capacités naturelles par l'éducation mais précise que ces prédispositions sont si ténues que la force du travail et de la raison peut tout autant permettre d'atteindre la sagesse et le talent. Dès lors, et au long de la culture classique qui répète inlassablement des dogmes souvent peu fondés, vont s'opposer l'intuition et l'imitation, ce que l'on nommera encore le don et le talent.

La croyance en différents niveaux de la connaissance est rappelée en 1513 par Nicolas Machiavel, dans le chapitre 22 du *Prince*, où il parle des secrétaires de Laurent de Médicis : « Il y a ainsi trois espèces de cerveaux d'hommes, l'un comprenant par soi-même, l'autre par enseignement d'autruy et le troisième qui ne comprend ni de lui-même, ni par démonstration. Le premier est excellentissime, le second excellent et le dernier entièrement inutile. »

Cette opinion lapidaire traduit une idée ancestrale, celle d'une intuition divine qui permettrait la connaissance sans apprentissage, opinion très fermement rejetée par Darwin quatre siècles plus tard : « Si nous supposons qu'un acte habituel devienne héréditaire – ce qui est souvent le cas –, la ressemblance de ce qui était primitivement une habitude avec ce qui est actuellement un instinct est telle qu'on ne saurait les distinguer l'un de l'autre. Si Mozart, au lieu de jouer du clavecin à l'âge de trois ans avec fort peu de pratique, avait joué un air sans avoir pratiqué du tout, on aurait pu dire qu'il jouait réellement par instinct. Mais ce serait une grave erreur de croire que la plupart des instincts ont été acquis par habitude dans une génération, et transmis ensuite par hérédité aux générations suivantes » (*L'Origine des espèces*). Darwin combat ici la vieille idée lamarckienne de l'hérédité des caractères acquis mais également la croyance, sans fondement scientifique, en l'existence de dons spontanés. Tout le XIXe siècle concevra ainsi que, s'il existe une prédisposition, elle est une tournure d'esprit ou une tonalité de l'enthousiasme plutôt qu'une compétence technique particulière. « L'idée géniale est un cadeau, nous dit Panizza, offert à titre gracieux par la disposition d'esprit du moment – un don subit, inopiné et fortuit qui, paraissant venir du dehors, surprend l'intéressé lui-même » (*op. cit.*).

Avec la psychologie naissante qui fait de l'étincelle du génie un don intérieur, la scène de la création se déplace des sphères célestes au monde de l'inconscient. S'il est une hérédité, elle réside par exemple dans les aptitudes intellectuelles que l'on retrouve dans la famille des êtres d'exception. Kretschmer nous précise sa pensée : « Ce sont les dispositions héréditaires et non les facteurs externes du milieu qui forment la cause première essentielle des réalisations supérieures des génies. » Mais, précise-t-il, « nous voyons s'ordonner certains dons spéciaux, quand ils sont cultivés de façon constante et familiale, en groupes de talents fortement marqués » (*op. cit.*). Cette conception kretschmerienne accepte la conjonction d'une prédisposition de personnalité – si elle existe – et d'une culture familiale toute particulière, conjonction nécessaire à l'éclosion de l'œuvre géniale. Le seul don naturel n'explique plus la création.

Des travaux plus récents et ceux des éthologues actuels tendent à gommer la part héréditaire pour plutôt reconnaître l'incidence d'empreintes précoces qui suscitent une rapide différenciation des individus dès la vie intra-utérine. Cette connaissance du déterminisme de la personnalité n'enlève en rien la beauté mystérieuse de l'acte de création, qui reste ce prodige secret dont témoigne Picasso : « Si l'on sait exactement ce que l'on va faire, à quoi bon le faire ? »

2. L'aptitude à la persévérance

Il est frappant de constater la très grande aptitude au travail et à la persévérance de la plupart des créateurs et des êtres d'exception. Napoléon, que l'on disait infatigable, entretenait sa légende en laissant brûler une bougie dans l'antichambre de sa tente pour faire croire à son travail nocturne. Une autre légende est celle de ce mot de Buffon rapporté par Hérault de Séchelles : « Le génie n'est rien qu'une grande aptitude à la patience », qui a eu la fortune d'une formule riche de vérité. « Il n'y a pas de vrai génie sans patience », nous dit Musset dans l'une de ses *Nouvelles*, et Paul Valéry formulera la même idée : « Génie ! O longue impatience » (*Charmes*).

Les exemples sont nombreux de ce que l'on pourrait appeler l'entraînement volontaire et que Segond a nommé « l'autodiscipline raisonnée ». Baudelaire, l'un des premiers à insister sur le rôle de l'entraînement régulier écrit dans son étude sur *L'Art romantique*, à propos de Delacroix et d'Edgard Poe : « Ce génie (si toutefois on peut appeler ainsi le germe indéfinissable du grand homme) doit, comme le saltimbanque apprenti, risquer de se rompre mille fois les os en secret avant de danser devant le public : l'inspiration, en un mot, n'est que la récompense de l'exercice quotidien » (XXIII). En cela, les paradis toxiques seront un intermédiaire facilitateur, activateur ou révélateur de cet exercice quotidien que nécessite la création, car on sait combien la page blanche est porteuse d'angoisse, combien « le papier blanc, l'encre, la plume m'effrayent, disait Cocteau, je sais qu'ils se liguent contre ma volonté d'écrire », et combien nombreux seront les créateurs – les De Quincey, les Baudelaire, les Cocteau – qui useront de l'artifice pour poursuivre leur travail quotidien. Une formule restée célèbre est la réplique de Thomas Edison au magazine *Life* en 1932 : « Genius is one per cent inspiration and ninety-nine per cent perspiration. » (« Le génie, c'est un pour cent d'inspiration et quatre-vingt-dix-neuf pour cent de transpiration. ») Revient ce vieux débat de l'inné et de l'acquis des aptitudes exceptionnelles, et les créateurs insistent eux-mêmes sur la valeur du travail, seul capable de révéler la nature de leur génie. Quels qu'en soient les stimulants, la ténacité semble être la qualité première du génie qui ne se conçoit que dans la continuité de l'œuvre. Avec ou sans café, Balzac n'aurait pu concevoir sa *Comédie humaine* sans une formidable aptitude à la persévérance : « Ma vie c'est quinze heures de travail, des épreuves, des soucis d'auteur, des phrases à polir... » (Lettre à Mme Hanska, août 1834). On pourrait en dire autant de la plupart des créateurs, écrivains, peintres et musiciens..., chaque jour, chaque nuit à leur table, la plume ou le pinceau à la main.

Mais ce n'est pas non plus cet entraînement régulier, à lui seul, qui peut expliquer une œuvre. L'autodiscipline et parfois même un despotisme masochiste semblent nécessaires à l'élaboration de l'œuvre. Le poète, le musicien, le peintre, s'imposent une règle intangible, un régime draconien seul capable de laisser venir l'étincelle du génie. « Un inéluctable despotisme participe du génie », remarque Mallarmé dans son travail sur Edgar Poe et à propos de sa discipline soutenue. Cézanne en est aussi un très bel exemple, lui qui n'avait pas « la peinture dans la main » mais qui réussit à s'accomplir par une formidable ténacité. Gauguin dira de lui qu'il ne peignait pas parce qu'il avait du génie, mais qu'il avait du génie parce qu'il peignait. Cette contrainte personnelle ne peut s'exprimer sans une considérable volonté intérieure, preuve de l'énergie du créateur. Michel-Ange, Cocteau, Vinci, Beethoven, Flaubert ou Valéry furent les infatigables artisans de leurs œuvres géniales, attelés à la tâche comme à une mission divine qui réclame de son auteur le tréfonds de son être.

Vasari, l'auteur des *Vies des meilleurs peintres*, rappelle « ne vouloir épargner aucune fatigue, aucune maladie, aucune veille, aucun effort » pour atteindre, nous dit Wittkower, « au prix de toutes ses forces et de tout son travail, un peu de ces grandeurs et de ces honneurs que s'étaient assurés tant d'autres ». L'idéal de soi et un puissant narcissisme sont souvent de grands pourvoyeurs d'énergie. Dans ses *Enfants de Saturne*, Wittkower donne de très nombreux exemples de cette « obsession du travail » qui anime les artistes de la Renaissance. Le grand Masaccio travaillait tant qu'il négligeait la vie matérielle, ne voulant « pas même se vêtir, oubliant de demander son argent à ses débiteurs », d'où son nom de Masaccio (l'idiot). Nicoletto avait la réputation d'être si absorbé par sa peinture qu'il n'entendait pas les questions qu'on lui posait. Et Anton Raphaël Mengs, qui n'eut que la peinture et l'étude pour passion, « commençait à travailler dès l'aube et, sans s'interrompre sauf pour dîner, il continuait jusqu'à la nuit ; alors, prenant à peine quelque nourriture, il s'enfermait chez lui et se mettait à un autre travail, soit qu'il dessinât, soit qu'il préparât ses matériaux pour le lendemain » (Wittkower).

Flaubert est assurément, en littérature, un exemple parfait de l'aptitude à la persévérance, dix à douze heures par jour à sa table, peaufinant à l'extrême par un long travail préparatoire de près d'un an pour *L'Education sentimentale*, trois ans pour *Bouvard et Pécuchet*, il publie avec une grande régularité un chef-d'œuvre tous les quatre ou cinq ans. « Dimanche matin, 16 mai 1869, 5 heures moins 4 minutes : FINI ! mon vieux ! Oui, mon bouquin est fini !... Je suis à ma table depuis hier, 8 heures du matin. La tête me pète. N'importe, j'ai un fier poids de moins sur l'estomac » (Lettre à Jules Duplan). Au bout de cinq ans de travail, il vient d'achever les deux mille trois cents feuillets de *L'Education sentimentale*. Son travail est considérable : pour réduire et condenser le texte, il passe plusieurs jours sur une même phrase, des nuits entières à approcher l'essentiel. « La tête me tourne, confie-t-il à Louise Collet, la gorge me brûle d'avoir cherché, bûché, creusé, retourné, farfouillé et hurlé, de cent mille façons différentes, une phrase qui vient enfin de se finir. Elle est bonne, j'en réponds ; mais ça n'a pas été sans mal » (*Correspondance*).

On pourrait presque en dire autant de Guy de Maupassant, son fils spirituel, qui aura au moins hérité de la méthode. Ne négligeant aucune des joies de la vie et de l'amour, de l'éther et de la folie, Maupassant s'astreindra cependant à un travail régulier qui aboutit à une œuvre considérable, plus de six cents chroniques et nouvelles, vingt-sept volumes de romans, de contes et de nouvelles en tout juste dix ans, de 1880 avec *Boule de suif* à 1890 où paraît son dernier roman, *Notre cœur*.

Lui aussi doté d'une persévérance sans borne, Frédéric Chopin, qui s'astreignait à la douleur du travail continu, resta jusqu'à six semaines sur une seule page, poussant à l'extrême le souci de la précision dans l'écriture pianistique. Mais dans ce domaine de la création musicale, la fougue, l'énergie et la ténacité de Beethoven sont les plus remarquables. Dans le calme nocturne de ses demeures successives, il écrivait avec passion jusqu'à trois heures du matin, se contentait d'un bref sommeil et se remettait au travail dès l'aube jusqu'au début de l'après-midi. « Toute la matinée, nous dit Seyfried, depuis le lever du soleil jusqu'à l'heure de se mettre à table, était consacrée au travail, et même les promenades dans la nature entretenaient et favorisaient le grondement de la forge cérébrale » (cité par Amoroso).

Plus près de nous, l'énergie d'un Simenon peut surprendre par son ampleur, par son rythme, par sa démesure. Georges Simenon fut le plus prolifique des auteurs de langue française de tous les temps. De 1919 à 1980, où il arrête d'écrire, il ne publiera pas moins de 190 romans sous divers pseudonymes, 193 sous son patronyme, 25 ouvrages autobiographiques et plus d'un millier de contes, sans compter les articles journalistiques, ses multiples volumes de dictées et de nombreux inédits. Comment imaginer qu'il écrivit 41 romans dans la seule année 1929 ! Hormis l'évidence d'une astreinte régulière au travail, cette formidable production dénote une énergie hors du commun qui nous évoque, à nous psychiatres, l'hyperactivité des épisodes maniaques ou tout au moins des personnalités hypomanes, qui présente à un degré moindre cette exaltation de l'humeur et excitation des idées. « Je commençais très tôt le matin, nous précise Simenon, à six heures d'une façon générale, et je terminais en fin d'après-midi ; cela représentait deux bouteilles, et quatre-vingts pages... Je travaillais très vite, il m'arrivait d'écrire huit contes en une journée » (cité par Amoroso).

Alfred Kraus souligne cette relation positive qui existe entre hypomanie et créativité : « Les périodes créatives s'accompagnent souvent d'une augmentation de la quantité de travail fourni, exprimant une augmentation des forces vitales et intellectuelles, souvent associée à une diminution du besoin de sommeil. » Le créateur se sent alors « comme soumis à une force étrangère... comme possédé ». Il décrit une expansion des sentiments et des perceptions pouvant aller jusqu'à l'extase et s'apparentant à la constitution hypomaniaque.

L'astreinte au travail et l'excitation géniale se doublent de l'apprentissage d'une méthode. Quel que soit le domaine de la création, s'impose rapidement un système cohérent de procédés techniques qui permettra toute l'expression du créateur. « L'habileté du génie, nous assure Segond, consiste dans la possession assurée et dans le maniement souple de cette technique nécessaire. » Car, en plus de l'étincelle qui le différencie de ses contemporains, le génie a un savoir-faire qu'il développe plus rapidement, mais qu'il acquiert par expérience. La maturité créative de Flaubert, de Rousseau, de Vinci, de Mozart ou de Picasso illustre évidemment quel rôle de tout premier ordre peut jouer la pleine possession d'une méthode ou d'une technique sur l'accomplissement de l'œuvre. Simenon en témoigne encore : « A mes débuts, un roman me prenait douze jours, Maigret ou non Maigret ;

comme je m'efforçais de condenser davantage, de débarrasser mon style de toute fioriture ou accessoire, je suis passé peu à peu de onze à dix et à neuf jours. Or voilà que, pour la première fois, j'en arrive au chiffre sept » (cité par Amoroso).

La rapidité d'exécution des êtres d'exception permet parfois de comprendre l'ampleur d'une œuvre qui dépasse chaque jour celle de ses contemporains. Michel-Ange, qui travaillait souvent jour et nuit, possédait une énergie et une vitesse de travail hors du commun. Blaise de Vigenere en témoigne : « Je puis dire avoir vu Michel-Ange, bien qu'âgé de plus de soixante ans, et encore non des plus forts, abattre plus d'écailles d'un très dur marbre en un quart d'heure, que trois jeunes tailleurs de pierre n'eussent pu faire en trois ou quatre... »

La taille de l'œuvre traduit aussi, d'une certaine manière, la permanence de l'énergie créatrice. Il est évident que l'on ne peut comparer l'œuvre d'Isidore Ducasse qui se résume aux six *Chants de Maldoror* et à deux recueils de poésie à celles de Paul Valéry ou de Victor Hugo dont le seul catalogue des titres à la Bibliothèque nationale excède les cent pages. Au sein de ces œuvres démesurées, les vingt-neuf mille pages des *Cahiers* de Valéry constituent le témoignage vivant le plus considérable sur le XIXe siècle. On peut leur rapprocher les vingt et un mille deux cent vingt et une lettres recensées à la *Voltaire Foundation* à Oxford. Mais aussi dans d'autres domaines, en peinture ou en musique, les œuvres considérables de Rubens, de Rodin ou de Delacroix, le répertoire considérable de Bach ou de Mozart. Et puis encore les quatre-vingt-quinze opéras que nous a laissés Vivaldi – qui disait en écrire un en seulement cinq jours –, les neuf symphonies et trente-deux sonates de Beethoven, les plus de quatre-vingt-dix romans de Balzac, très loin derrière Simenon, mais surtout derrière les deux auteurs les plus féconds de toute la littérature : au XIXe siècle le Polonais Jozef-Ignace Kraszewski, à côté d'une considérable chronique journalistique, a écrit plus de six cents volumes, romans populistes ou études historiques ; et surtout Lope de Vega, exubérant dans sa vie comme dans son œuvre, ajouta à ses deux épouses, à sa prêtrise et à ses nombreuses maîtresses près de mille huit cents comédies et plus de quatre cents épopées religieuses. Une telle fécondité ne peut être pondérée que par l'éclectisme des génies aux talents multiples comme ont pu l'être Hugo, Rousseau, Dürer ou bien sûr Vinci, dont la richesse d'expression fut certainement un facteur d'équilibre.

3. L'insoumission

Toutes les biographies évoquent l'indépendance des grands créateurs et des êtres d'exception, révoltés de l'ordre social, retirés du monde vers l'exil de la création. Encore une fois Lombroso est caricatural : « On a dit de l'homme de génie, ainsi que du fou, qu'il naît et meurt solitaire, froid, insensible aux affections de famille et aux conventions sociales » (*L'Homme de génie*). Il relève cependant deux constantes de ces êtres d'exception, l'indépendance et le retrait du monde, que nécessite l'acte de la création ; mais aussi la marginalité et l'insoumission qui reflètent la rupture avec les contemporains. Le créateur est un être profondément asocial, en marge des conventions, ce qui le fera souvent traiter de fou, tant la folie rejoint ici l'insoumission. Enfin, dans cette dérive de l'ordre social, le créateur s'impose souvent une ascèse quasi monacale ou des extases artificielles qui l'isolent encore de la vie.

La solitude est une nécessité du monde intérieur qui ne peut s'éveiller dans le bruit et la fureur. « Les grands créateurs, nous dit Michel Tournier, se dressent dans un isolement farouche, comme autant de colonnes dans le désert. Certains qui prétendirent ignorer ce destin en furent cruellement punis. On songe à Jean-Sébastien Bach, ses deux femmes et ses vingt enfants, et à la terrible moisson que la mort fit de son vivant dans cette trop belle famille » (*Le Vent Paraclet*). Nombreux sont en effet ceux qui vécurent dans le silence de la genèse et qui n'eurent aucune descendance sinon celle de l'œuvre. Près de nous, l'isolement et le retrait maladif du monde furent la règle d'un Glenn Gould, mais aussi d'un écrivain sauvage comme J.D. Salinger. Le pianiste canadien fut très vite un prodige : au piano à trois ans, il compose à cinq et donne son premier récital à l'âge de treize ans. A trente-deux ans il interrompra brutalement sa carrière de concertiste pour se consacrer à l'enregistrement et au silence des studios. Ce retrait du monde quasi autistique s'accompagnait de profondes angoisses qu'il exprimait sur un mode phobique, ne pouvant rien toucher de la main, tant était présente la peur de la contagion et de la mort. Ce refuge aseptique confinait à l'ascèse, quand on sait qu'il ne dormait que quelques heures au petit matin après son seul repas quotidien fait d'un peu de lait, de deux œufs et quelques fruits. Glenn Gould avait décidé d'arrêter sa carrière à cinquante ans. Il décéda en 1982 à la suite d'une hémorragie cérébrale survenue deux jours après son cinquantième anniversaire.

La retraite du monde est-elle nécessité, est-elle préservation, est-elle un rempart contre la folie ? La tanière sauvage de J.D. Salinger en est un autre exemple actuel. Cet écrivain fétiche d'une génération connut le succès considérable de son premier roman *L'Attrape-Cœurs* en 1951 et coupa tout contact avec la société après la parution de « Seymour, une introduction » dans le *New Yorker* en 1959. Depuis trente-cinq ans Salinger n'écrit plus et vit retranché dans sa demeure du New Hampshire à l'écart du monde littéraire et du journalisme d'investigation. Silence insupportable. Il n'en faut pas moins aujourd'hui pour que les médias exigent des explications du créateur confronté aux besoins impérieux de sa personnalité. L'enquête intrusive que mena pendant près de cinq ans l'essayiste Ian Hamilton prit vraiment des allures de traque, mais révéla le soin minutieux qu'a pris Salinger pour se protéger, effacer les traces de sa vie et ne vivre qu'au travers de son œuvre. Hamilton ne découvrira en réalité que les fragilités de la personnalité de Salinger, celles-là mêmes qu'il désire garder au secret. Lorsqu'un écrivain se retire du monde et clôt son œuvre, il faut bien estimer qu'il a ses raisons et les respecter. L'écrivain est dans cette solitude absolue du créateur confronté à l'exigence toujours insatisfaite de la page inachevée. Lui seul peut décider d'y mettre un terme. Pour un temps ou pour une vie il s'isole en lui-même.

Maupassant, qui vivait avec excès, s'isole avec excès pendant des mois, en 1881, pour, dit-il, « travailler violemment dans une solitude absolue ». Plus près de nous, Arthur Miller a vécu plus de quarante ans au milieu des bois et des coyotes, dans le Connecticut : « Là-bas, dans les ténèbres, ils voient ma lumière et s'arrêtant, museau levé, ils se demandent qui je suis et ce que je fais ici dans cette cabane dans ma lumière. Je demeure un mystère pour eux jusqu'à ce qu'ils se lassent, mais la vérité, la vérité première, probablement, est que nous sommes tous liés, que nous nous regardons tous les uns et les autres. Même les arbres » (cité par Antony Burgess). Miller fait de l'isolement un mystère qui approche et préserve la vérité de l'écriture. Est-ce si différent de la retraite de Marcel Proust confiné pendant des mois dans le silence de sa chambre, ou encore de l'exil forcené de Flaubert que l'on surnomma « l'ermite de Croisset » ?

A l'opposé de cette fonction préservatrice, l'isolement sera pour Camille Claudel l'un des signes précurseurs de sa folie. Dès 1907, habitée d'un puissant délire de persécution, elle se cloîtra dans son atelier, refusant toute visite. Elle en sortira six ans plus tard pour être internée à Ville-Evrard. On peut rapprocher l'atelier de Camille de la tour Hölderlin à Tübingen où vécut le poète pendant plus de quarante ans, de 1807 à sa mort en 1843, prisonnier de son délire et d'une œuvre qui s'éteint. « On pouvait, nous précise Kretschmer, le voir aller et venir devant la fenêtre, instable et fantomatique, un bonnet blanc pointu sur la tête. »

L'originalité artistique et les troubles psychiatriques sont souvent très proches, car l'isolement est pour le psychiatre un signe clinique manifeste de la désorganisation sociale qui affecte de nombreux tableaux pathologiques – et au premier plan les psychoses et la schizophrénie – au point que l'on s'est longtemps demandé si l'isolement ne jouait pas un rôle dans l'apparition de la maladie. L'intolérance aux contacts humains, le désintérêt, le désir de retrait du monde concourent également à la plupart des formes de dépression ou de mélancolie. A la différence de nos patients, le créateur est en prise directe avec son œuvre, il est un être en mutation et ce retrait du monde s'impose comme une nécessité de la création. On ne peut que noter la fréquence de cette propension à l'isolement, mais aussi à la marginalité, à l'exil, à l'errance, souvent génératrice de dépression. Pétrarque, qui disait ainsi renoncer par necessité au tumulte des villes pour vivre à l'écart de la joie comme de la tristesse, avouait alors être la proie d'une mélancolie qui, selon ses propres termes, lui faisait vivre « un sombre enfer ».

L'exil et l'errance des créateurs participent à la genèse de l'œuvre. C'est une autre forme de non-attachement ou, en définitive, d'isolement. A certaines époques où la vie était profondément sédentaire, le voyage fut aussi un mode de découverte intérieure. L'exil de Descartes en Hollande puis en Suède, les voyages de Montaigne et Stendhal en Italie, les récits de Loti, de Kessel, de Conrad, la Venise et la Grèce de Byron marquent profondément leur vie et leur œuvre, mais témoignent dans le même temps de la nécessité du départ. La vie d'errance que mena Nietzsche pendant neuf ans, de 1879 à 1888, de Venise à Turin, de l'été à Sils-Maria dans les Alpes suisses aux hivers sur les hauteurs d'Eze, non loin de Nice, cette vie nomade inspira la part la plus importante de son œuvre : *Ainsi parlait Zarathoustra* en 1883, *Par-delà le bien et le mal* en 1886, *Généalogie de la morale* en 1887. On pourrait encore évoquer la vie vagabonde de Verlaine et Rimbaud, leur départ en juillet 1872 pour la Belgique puis Londres, le retour de Verlaine à Bruxelles puis celui de Rimbaud, et les multiples départs de celui-ci pour la Suisse, l'Italie, l'Autriche, l'Allemagne, le Danemark, coupés chaque fois de retours à Roche et à Charleville. Enfin son long périple oriental – Chypre, l'Egypte et Aden. Les voyages commencent quand se termine l'œuvre, nous laissant à penser qu'il y a toujours un lien profond entre la création et le voyage intérieur. L'instabilité sociale d'un Simenon procède encore de la même difficulté à se « fixer ». Il aura changé trente-trois fois de domicile : « Un moment vient où, en regardant autour de moi, je me sens un étranger ; dès ce moment-là je sais qu'il faut partir, que c'est presque une question d'équilibre... » La fuite en avant se poursuit toujours vers des mondes nouveaux. Le créateur est un nomade.

Autre mode d'évasion, le décalage des rythmes du sommeil est l'un des meilleurs moyens d'isolement social. Ce que nous appelons aujourd'hui « avance » ou « retard de phase » peut se comprendre ainsi : notre horloge interne connaît une grande régularité qui n'accepte que de faibles variations dans les heures de coucher et de réveil. Dans le cas d'une avance ou d'un retard de phase, l'endormissement quotidien est alors avancé ou retardé de plusieurs heures. L'avance de phase, qui correspond à un endormissement anticipé, à 20 heures ou 21 heures, est plutôt le signe d'une hyperconformité à l'ordre social, d'une soumission aux difficultés de la vie ou, par exemple, d'une fuite dans le sommeil. A l'opposé, le retard de phase qui se traduit par un éveil nocturne, la poursuite d'une activité au cours de la nuit, un endormissement très tardif ou matinal et un sommeil diurne, n'est que difficilement compatible avec le rythme de vie de la société. Le cycle de veille et de sommeil est alors inversé, c'est plutôt la marque d'un comportement asocial et d'une insoumission à l'ordre de la société, qui veut que l'on vive le jour et que l'on dorme la nuit.

Par volonté délibérée ou par nécessité, de très nombreux créateurs présentent un retard de phase, profitant du silence de la nuit ou des moments d'insomnie pour retrouver l'inspiration. « L'insomnie pendant des nuits entières / m'a mis ses doigts de plomb / dans le creux des paupières », témoigne Victor Hugo dans *Les Burgraves*. L'excitation d'un moment d'enthousiasme est alors suffisamment intense pour chasser le sommeil pendant de longues nuits. Dans cet étrange monde des rêveurs de la nuit on rencontre une faune sauvage, noctambule, psychasthène, qui s'éveille avec le soir et s'endort au petit matin. Il y a là tous les grands créateurs et les hommes d'exception. Il y a là ceux qui font le monde de demain, ceux qui rêvent l'avenir pendant le temps du sommeil.

Maupassant aimait la nuit, sa terre d'élection, et Rétif de la Bretonne se nommait lui-même le *nyctalope*, celui qui y voit mieux la nuit que le jour, allusion au réveil nocturne de l'inspiration littéraire. Flaubert, Hugo, Goya, Baudelaire... écoutaient les lumières de la nuit. Ce comportement chez les créateurs n'est pas récent : en 1621, Sandrart, le biographe du peintre Jan Lys, nous parle déjà dans ces termes : « ... Il revenait chez nous la nuit, il jetait des couleurs sur sa palette, les mélangeait selon ses besoins et travaillait toute la nuit. A l'aube il se reposait un peu, et recommençait à peindre pendant deux ou trois jours, en s'arrêtant à peine pour dormir ou manger. J'avais beau lui faire des reproches ... rien n'y faisait. [...] Selon son habitude, il transformait la nuit en jour et la journée en nuit » (cité par Wittkower). Michel-Ange, quant à lui, s'était fabriqué un casque de carton sur lequel il posait une chandelle allumée et travaillait durant la nuit, car sa fébrilité l'empêchait de dormir.

Balzac passait près de dix-sept heures par jour à sa table de travail, dans une totale inversion de la veille et du sommeil. Levé à minuit, il écrit et se fait violence jusqu'à 4 heures de l'après-midi, puis sort, se baigne, dîne et se couche à 6 heures. La règle est implacable, draconienne, elle est le moteur de l'œuvre. Beethoven, lui, se contentait d'un court sommeil à l'aube tandis que Marcel Proust avait, de même, contracté l'habitude littéraire de vivre la nuit pour dormir le jour. A l'abri des plaques de liège qui recouvraient les murs de sa chambre d'éternel malade, Marcel se levait au soir venu et tentait de s'endormir le matin vers 6 heures en prenant son gramme et demi de Trional. « Il en arriverait à proposer l'insomnie comme un bienfait », écrit Edmond Jaloux. « Proust, poursuit Cocteau, avait l'air d'une lampe allumée en plein jour » (*Opium*).

Mais qui, sinon Rimbaud, pouvait le mieux décrire cette nécessaire insomnie poétique ? Il dit dans une lettre à Ernest

Delahaye, en juin 1872 : « Maintenant, c'est la nuit que je travaille. De minuit à cinq heures du matin [...] A trois heures la bougie pâlit : tous les oiseaux crient à la fois dans les arbres : c'est fini. Plus de travail [...] A cinq heures, je descendais à l'achat de quelque pain ; c'est l'heure [...] Je rentrais manger, et me couchais à sept heures du matin quand le soleil faisait sortir les cloportes de dessous les tuiles. »

C'est une véritable ascèse que se sont imposée certains créateurs pour se soustraire, en quelque sorte, aux valeurs matérielles et atteindre cette notion kantienne de la « contemplation désintéressée ». Kretschmer nous dit retrouver parmi les savants plutôt théoriciens une absence générale de besoins, même alimentaires. On se rappelle que Proust ne se nourrissait que d'un café au lait « parfois assorti d'une légère confiture de prune », nous précise Maurice Martin du Gard. Nombreux sont les créateurs exaltés, les inventeurs passionnés, qui en oublieront le boire et le manger dans un moment d'inspiration, et qui vivront leur vie entière retirés du monde et de la vie matérielle. Proust s'éteindra dans des conditions misérables en novembre 1922, dans une chambre non chauffée et seulement meublée d'un lit, d'un petit meuble chinois et de trois tables. Les règles corporelles que s'imposait Franz Kafka étaient autrement contraignantes. Dès l'adolescence et dans l'obsession et la crainte de la maladie, il s'astreignit à une règle de vie des plus sévère, s'interdisant certains aliments et s'imposant des bains d'eau glacée ou des épreuves corporelles coercitives. Cet ascétisme maladif dénote la tyrannie de la névrose obsessionnelle qui, dans le même temps, participe de l'œuvre et contribue, dans ce combat de tous les instants, à l'épanouissement littéraire. Nous sommes ici devant l'une des difficultés de notre démarche, celle d'un regard a posteriori sur un être qui ne demande pas d'aide et qui, de surcroît, est un créateur. Si dans les tableaux que je viens de décrire, il s'agissait de l'un de nos patients se plaignant d'un mal-être et demandant un soutien, j'y verrais sans hésitation une lourde pathologie de personnalité, comme bien d'autres personnages déjà cités.

Mais dans cette analyse fictive, il n'y a aucune demande de la part de ce créateur aujourd'hui disparu ; de plus, l'œuvre vient comme un rempart, comme une cicatrice, comme un symptôme, parfois facteur d'équilibre, parfois déjà signe du désarroi intérieur.

Les extases artificielles sont l'un des moyens de la subversion, de ce changement de l'ordre établi qui caractérise la création. Elles seront parfois un alibi, parfois apparemment légitimées, mais toujours auxiliaires du rêve. Les drogues sont le fait d'une époque et celui d'une mode, mais aussi l'expression d'une subversion sociale. Leur usage se confond avec celui des médications puisqu'il s'agit par définition de substances pharmacodynamiques ayant des propriétés psychotropes, c'est-à-dire susceptibles de modifier le comportement psychique. La parenté entre l'effet des drogues et les signes de la maladie mentale a été relevée dès l'Antiquité, et toujours par des auteurs qui se sont attachés à comprendre les mécanismes des créateurs et des êtres d'exception. C'est Aristote le premier, toujours dans le *Problème XXX*, qui remarque combien les effets de l'alcool ressemblent aux troubles de l'humeur. Le vin, dit-il, façonne le caractère et peut rendre l'un mélancolique, l'autre colérique, le troisième audacieux. Le vin imite la nature et confère du génie à celui qui le boit : « Le vin, donc, crée l'exception chez l'individu non pour longtemps, mais pour un court moment ... »

Moreau de Tours fera le même raisonnement en 1845, dans son traité *Du haschisch et de l'aliénation mentale*, rapprochant la *fantasia* du haschisch de l'extravagance du rêve et le rêve de l'aliénation. Moreau cherche dans le haschisch un modèle de la folie et dans ses antidotes un traitement au délire. Avec les drogues psychoactives, nous sommes encore une fois à la lisière du rêve, du délire, de la folie, mais aussi de l'imaginaire et de la créativité. A chaque époque ses excitants et ses sédatifs, à chaque époque la mesure de sa subversion.

Nous avons aujourd'hui une telle habitude des médicaments susceptibles de soigner les moindres maux ou de calmer la douleur que nous n'imaginons pas ce que fut au XVIIIe siècle la révolution du café. Dans un ouvrage très curieux qui se rapproche fortement de notre propos, Samuel Tissot, ce médecin hygiéniste et ami de Rousseau qui se rendit célèbre en pourfendant l'onanisme, s'interroge sur les vertus du café et l'usage immodéré qu'en faisaient à ses yeux les écrivains : « L'on ne peut mettre le café dans la même classe que le thé... Quand on n'en prend que rarement il réjouit, il brise les matières glaireuses de l'estomac, il en ranime l'action, il dissipe les pesanteurs et les maux de tête qui dépendent du dérangement des digestions, il épure même les idées et aiguise l'esprit s'il faut en croire les gens de lettres, aussi en font-ils un grand usage ; mais Homère, Thucydide, Platon, Xénophon, Lucrèce, Virgile, Ovide, Horace, Pétrone, je pourrais même dire hardiment Corneille et Molière, dont les chefs-d'œuvre feront les délices de la postérité la plus reculée, buvaient-ils du café ? » (*De la santé des gens de lettres*, 1770). Tissot faisait entre autres allusion à Voltaire qui en consommait près de cinquante tasses chaque jour. Qu'aurait-il dit de Flaubert qui alternait des dizaines de cafés avec de grands verres d'eau glacée ? Qu'aurait-il dit surtout de la frénésie caféique de Balzac qui avait érigé ce nectar en muse vertueuse ? Sa cafetière de porcelaine délivrait sans relâche vingt à quarante tasses d'un café brûlant, concassé à la turque, qui lui vaudra les terribles douleurs d'une gastrite caféinique et une grande nervosité due à la dépendance aux excitants. Il écrit sa douleur dans une lettre à Eve Hanska le 20 mars 1845 : « J'ai les nerfs dans un état pitoyable. L'abus de café me fait remuer tous les nerfs des yeux ; je me sens épuisé. » On oublie trop souvent que le café est la substance la plus anxiogène de notre alimentation, c'est la raison pour laquelle elle est si éveillante.

L'appétence pour les excitants suit en quelque sorte un phénomène de mode, car chaque époque cultive une drogue euphorisante, antalgique ou parfois psychédélique. François Ferrero a bien montré cette succession de stupéfiants fétiches au cours des deux derniers siècles. Vers 1800, c'était l'époque de l'opium et de l'éther. Sydenham venait d'inventer le *laudanum* qui joua un si grand rôle dans l'opiophilie des romantiques. Mais est-ce si différent de l'usage actuel des psychotropes ? Vers 1840, c'est la mode du haschisch. L'orientalisme et les débuts de la colonisation vont populariser le cannabis, notamment dans les milieux intellectuels. En 1845, Moreau de Tours publie son célèbre traité *Du haschisch.* 1880 : la mode est à l'éther qui est alors le grand anesthésique, et à la cocaïne dont Freud fut l'un des premiers consommateurs, après en avoir été le théoricien. 1920, avec la grande époque coloniale, voit le règne de l'opium et de la morphine. 1940 apporte les amphétamines, mais aussi les expériences des drogues traditionnelles précolombiennes – mescaline et psylocybine. Enfin vers 1960 et dans le grand mouvement sociologique de 68, reviennent à la mode le haschisch, la marijuana, auxquels s'ajoute le LSD que l'on venait de synthétiser. Les créateurs, écrivains, peintres ou musiciens, participèrent à toutes ces étapes de l'exploration et de la dépendance toxique, mais à des degrés divers, et l'on peut faire aujourd'hui l'hypothèse de plusieurs modes d'entrée dans cette dépendance.

Certains utilisèrent d'abord l'opium et les opiacés comme des antalgiques. Il faut rappeler qu'au début du XIXe siècle rien n'existait dans le domaine de la douleur apprivoisée. Thomas De Quincey, ce précurseur anglais de l'opiomanie littéraire, prit pour la première fois du laudanum à l'âge de dix-neuf ans pour calmer sa névralgie faciale et témoigna de sa dépendance en 1822 dans l'ouvrage qui le rendit célèbre, *Les Confessions d'un mangeur d'opium :* « Une heure après, ciel ! Quel changement ! quelle révolution ! [...] Les souffrances avaient disparu [...] des extases portatives pourraient être enfermées dans une bouteille d'une pinte et la paix de l'esprit s'expédierait par la diligence » (cité par Ferrero). Baudelaire, qui sera l'un des grands pourfendeurs des toxicomanies – « Je veux prouver que les chercheurs de paradis font leur enfer, le préparent, le creusent avec un succès dont la prévision les épouvanterait peut-être » –, utilisa l'opium pour calmer ses douleurs et soigner ses angoisses. Nietzsche usa tant de chloral pour apaiser ses douleurs physiques, ses migraines mais aussi ses obsessions et ses insomnies, qu'il fit trois tentatives de suicide la même année, en 1882. Maupassant, habité des terribles migraines de la syphilis, se droguait à l'éther jusqu'à l'anesthésie. Il aspirait lentement de façon à apaiser la souffrance tout en restant conscient. Ses expériences de l'opium et du haschisch se mêlaient aux hallucinations de sa démence et ne furent pas étrangères à l'écriture d'un texte comme *Le Horla* où se lit le spectre de sa folie naissante. Il témoigne déjà de ce double effet de l'antalgie et de l'éveil sensoriel, en juin 1882, dans *Rêves* : « Je pris un grand flacon d'éther et je me mis à l'aspirer lentement. Je m'aperçus alors que je ne souffrais plus. Je ne dormais pas, je veillais ; ce n'était pas du rêve comme avec le haschisch, ce n'étaient pas les visions un peu maladives de l'opium, c'était une acuité prodigieuse de raisonnement, une nouvelle manière de voir, de juger, d'apprécier les choses de la vie et avec la certitude, la conscience absolue que cette manière était la vraie... »

On peut penser que nombreux furent ceux qui prirent de l'éther, de l'opium, de la morphine ou de la cocaïne pour endormir la douleur et qui devinrent ensuite dépendants du bien-être et prisonniers de l'assuétude, cette propriété des stupéfiants qui oblige à en prendre toujours plus pour obtenir un même effet.

Les opiacés et les morphiniques, qui sont des dérivés de l'opium, sont avant tout de très puissants antalgiques car ils sont des analogues chimiques des endorphines, ces hormones cérébrales impliquées dans le contrôle de la douleur et le vécu du plaisir. Artaud abusait de l'opium et du chloral pour soulager ses douleurs cancéreuses, et Jean Cocteau qui prit d'abord l'opium comme antalgique puis qui ne put jamais s'en passer, témoignait des vertus mais aussi des écueils de la drogue : « L'opium est une saison. Le fumeur ne souffre plus des changements de temps. Il ne s'enrhume jamais. Il ne souffre que des changements de drogues, de doses, d'heures, de tout ce qui influence le baromètre de l'opium » (*Opium*, 1930). Plus près de nous, un écrivain comme Françoise Sagan est entrée en toxicomanie pour soigner les terribles douleurs de sa polynévrite, elle-même conséquence de l'alcoolisme. Quelques mois plus tard, le soulagement procuré par le palfium avait organisé une dépendance qui marque le début de l'escalade toxique, opium, cocaïne. « La seule chose que je trouve convenable – si on veut échapper à la vie de manière un peu intelligente – c'est l'opium » (*Magazine littéraire*, 1969). En cela les opiacés sont les vrais antalgiques de la douleur physique, mais aussi de la douleur morale.

Pour d'autres, ces toxiques ont un effet antidépresseur. Ce deuxième mode d'entrée dans la dépendance utilise le soulagement de la douleur morale et l'apaisement de l'angoisse. La découverte de cette vertu sédative des toxiques en est parfois fortuite, mais encore une fois, la dépendance est avant tout une dépendance au bien-être qui n'est fondamentalement pas différente de l'utilisation actuelle des anxiolytiques et des antidépresseurs. Seuls ceux qui en ont besoin en éprouvent les bienfaits. Freud, qui a été à l'origine de certaines utilisations médicales de la cocaïne et qui en a été un fervent utilisateur pendant des années, l'utilisait pour surmonter une phobie sociale qui le rendait mal à l'aise dans les réceptions mondaines. Ferrero en a relevé le témoignage dans sa correspondance : « J'ai pris un peu de cocaïne pour me délier la langue » (18 janvier 1886). « J'étais [...] très calme, grâce à une petite dose de cocaïne [...]. Telles ont été mes performances (ou plutôt celles de la cocaïne) et j'en suis satisfait » (20 janvier 1886).

Le premier poète à avoir vanté les mérites de l'opium est probablement Samuel Coleridge dont se réclamèrent tous les romantiques, et en premier lieu Byron qui l'incita à publier son poème *Kubla Khan*, onirisme polysémique inspiré de l'expérience opiomane. L'opium eut certainement pour Coleridge des vertus antidépressives qui lui permirent de dépasser les terribles phases mélancoliques de son alternance maniaco-dépressive dont on trouve le témoignage dans l'exaltation de sa production littéraire, puis le déclin de son pouvoir créateur.

Cette automédication antidépressive a été très largement pratiquée, bien qu'elle n'ait pas été reconnue comme telle, en raison de nos préjugés sur la toxicomanie. Baudelaire, ou Edgar Poe, Sartre ou Cocteau ont surmonté des moments de dépression, comme tant d'autres dont on ne sait pas toujours le désespoir. « La drogue, témoigne l'un d'entre eux, m'a permis d'échapper au désœuvrement, au spleen, et au désespoir, même si c'était totalement artificiel. » Antonin Artaud rencontre l'opium pour la première fois en 1919 au Chanet, près de Neuchâtel, où il était suivi par le Dr Dardel pour une phase dépressive. L'opium l'accompagne ensuite tout au long de sa vie, permettant le dépassement de certaines périodes difficiles mais accélérant aussi ses décompensations délirantes. L'effet n'est pas toujours thérapeutique.

Les sédatifs peuvent aussi avoir des propriétés anxiolytiques. C'est la vertu première de l'alcool qui accompagne tant la création littéraire. La dépendance éthylique d'Ernest Hemingway ou d'Henri Bataille est de notoriété publique, comme bien sûr celle de Malcolm Lowry, de Fitzgerald, de Roussel, de Modigliani, d'Utrillo et de Suzanne Valadon, de Pessoa, de Van Gogh ou de Verlaine avec l'absinthe... Nerval, Musset, Hoffmann ou Edgar Poe en seront de sérieux adeptes, mais aussi en musique Gluck et Haendel. Bien que miné par l'alcoolisme, Jack London fut l'un des promoteurs de la prohibition aux États-Unis. Dans *Les Eclats du paradis*, en 1931, Scott Fitzgerald décrit ainsi l'effet désinhibiteur tant recherché par les amateurs d'alcool : « ... Je me suis aperçu qu'après quelques verres, je devenais expansif et que j'étais populaire avec les gens, et l'idée m'a tourné la tête. » Sédatif pour les uns, excitant pour les autres, ou suivant le moment, l'alcool est un formidable régulateur de l'humeur pour les instables du moral.

D'autres, enfin, recherchent ouvertement l'ivresse des toxiques pour l'expérience sensorielle qu'elle procure et qui vient alimenter le travail de la création. C'est le sens de l'extase romantique et du Club des haschischins de Théophile Gautier : « Au bout de quelques minutes, un engourdissement général m'envahit ! Il me sembla que mon corps se dissolvait et devenait transparent. Je voyais très nettement dans ma poitrine le haschisch que j'avais mangé, sous la forme d'une émeraude d'où s'échappaient des millions de petites étincelles... » (Bosc de Vèze). Aux soirées haschischines de l'hôtel de Pimodan venaient entre autres Gautier et le peintre Boissard, Baudelaire et Moreau de Tours, Daumier, Nerval, Delacroix et même Balzac, en curieux, qui affirme y avoir goûté sans effet à cause « de la puissance de mon cerveau ». L'opium romantique réunira Dickens et Walter Scott, Baudelaire, Edgar Poe et par la suite Willy, Carco, Apollinaire, Jarry, Modigliani, Mirbeau, Lautrec, Picasso... Les fumeries parisiennes seront en quelque sorte des laboratoires du rêve.

Les expériences sensorielles de Michaux et de Huxley ou de Sartre avec la mescaline, de Junger avec le LSD, ont été des tentatives délibérées de prise de toxiques, sous surveillance médicale, pour en rapporter les effets. Depuis plus d'un siècle les témoignages sont nombreux de ces moments de folie artificielle qui viennent en ponctuation de l'œuvre et témoignent des limites de la raison. En quelque sorte, un rempart contre soi-même. On en trouve la trace en 1804 dans les *Confessions* de De Quincey, dans *Rêves*, une nouvelle de Maupassant en forme de défense de l'éthéromanie, en 1907 dans *La Lutte* d'Alphonse Daudet, *La Noire Idole* de Laurent Tailhade, *L'Ether consolateur* de Willy, *Opium* de Cocteau en 1930, *L'Imagination* de Sartre en 1936, *Les Portes de la perception* d'Aldous Huxley en 1954, et plus récemment *Toxique* de Françoise Sagan – le journal de sa désintoxication en 1964 –, *Junky*, le camé, de Burroughs en 1979, *H.* puis *Paradis* de Philippe Sollers, et les deux plaidoyers d'Yves Salgues contre la drogue : *L'Héroïne* et *Opium City*.

Tous s'accordent à dire que les extases artificielles ne confèrent pas le génie, n'ajoutent rien au talent, tous s'accordent pour décrire la déchéance de la descente, mais tous aussi pour dire le besoin, la curiosité et puis l'attrait du voyage et de l'expérience inouïe. S'il fallait ajouter une vertu, préciser la nécessité de l'usage des toxiques si fréquent chez les créateurs, j'insisterais sur l'effet « starter » que peuvent avoir les drogues psychotropes sur le processus créatif et qui en a rendu l'usage si fréquent. Philippe Sollers témoigne très lucidement de l'accélération des processus de perception et de création sous l'effet des amphétamines : « Elles permettent de rédiger plus vite. L'échauffement passe de une heure à dix minutes. Le rendement est meilleur. Et cela n'altère en rien la concentration et la lucidité. [...] Elles produisent un effet d'accélération, permettent des associations d'idées et de mots plus rapides, lèvent des inhibitions..... » (Assouline).

Nous sommes de nouveau à la frontière de la création et de la pathologie, du génie et de la folie, car cette description du fonctionnement mental sous amphétamines est très proche de ce que nous appelons l'excitation maniaque, état inverse de la dépression, et qui se caractérise par une accélération mentale, tachypsychie, des jeux de mots rapides, coq-à-l'âne, associations d'idées spontanées et hyperactivité. L'effet antidépresseur des drogues stimulantes est indéniable : il vient accompagner les efforts du créateur qui lutte contre la dépression ou contre un moment d'abattement. Jean-Paul Sartre prit la première fois des amphétamines pour rédiger un texte à l'Unesco alors qu'il ne se sentait plus l'énergie suffisante, et par la suite en utilisa chaque fois que sa confiance s'estompait. Dans un autre temps et dans une autre mesure, les effets du café pour Balzac n'ont peut-être rien à envier aux amphétamines : « Le café tombe dans votre estomac... Dès lors tout s'agite, les idées s'ébranlent comme les bataillons de la Grande Armée sur le terrain d'une bataille, et la bataille a lieu. Les souvenirs arrivent au pas de charge... Les figures se dressent, le papier se couvre d'encre, car la veille commence et finit par des torrents d'encre noire... »

4. La folie

Dernière idée reçue, le génie est un original, le génie est un fou. C'est souvent un être curieux aux comportements inhabituels et qui se distingue de ses contemporains. Certains qui se veulent des génies rechercheront à tout prix l'originalité comme une manière d'être. Mais les créateurs géniaux nimbés d'étrangeté seront plus souvent rejetés ou mis à l'écart, ce qu'ils vivront toujours avec douleur.

En s'appuyant très minutieusement sur le témoignage de Platon et de Xénophon, Lélut nous fait un tableau surprenant de l'originalité de Socrate : « N'était-ce pas, en effet, un homme bien *singulier* que ce Socrate, vêtu du même manteau dans toutes les saisons, marchant nu-pieds sur la glace comme sur la terre échauffée par le soleil de la Grèce, dansant et sautant souvent seul, sans raison, et comme par boutades ; ayant une façon *singulière* de porter sa tête ; menant, aux yeux du vulgaire au moins, le genre de vie le plus bizarre [...] enfin s'étant fait, par sa conduite et par ses manières, une telle réputation d'excentricité, que Zénon l'Epicurien le surnomma plus tard le bouffon d'Athènes, ce qu'on appellerait maintenant un original » (*Le Démon de Socrate,* p. 95).

Le retrait des convenances et des contingences matérielles caractérise de nombreux artistes, peintres, écrivains, poètes, mais aussi savants, ingénieurs, inventeurs qui paraissent en décalage avec le monde dans lequel ils se trouvent. On pourrait dire autant de Marcel Proust que de Socrate, lui qui traînait une image curieuse et maladive, « engoncé dans un plastron bouffant plutôt petit », nous dit Mauriac, « La tête en arrière, plutôt déguisé qu'habillé, poursuit Diesbach, couvert d'une pelisse en mai, ou de trois manteaux l'un sur l'autre au mariage de son frère. » Ultime parallèle, Glenn Gould, lui aussi, ce pianiste d'exception, dominé comme Proust par l'envahissement de ses phobies, ne se déplaçait, en toute saison, que revêtu d'un pardessus, de gants, écharpes et casquette, jouant avec des mitaines pour éviter de prendre froid et ne les quittant pas même dans son bain.

Dans ces trois exemples, qui pourraient s'enrichir de tant d'autres, l'originalité apparaît comme un trait fort de la personnalité mais aussi comme une pathologie du comportement, ici d'expression phobique, c'est-à-dire exprimant la crainte sans raison d'un objet ou d'une situation et imposant des conduites d'évitement ou encore des rituels conjuratoires. On pourrait évoquer d'autres personnalités obsessionnelles comme Erik Satie et son extraordinaire calligraphie pseudo-gothique, à l'image du personnage étrange, obsessionnel, perfectionniste, méticuleux, mais aussi très instable et imprévisible, dans son immuable complet sombre au col cassé. L'originalité des grandes figures que furent Michel-Ange, Voltaire ou Jean-Jacques Rousseau nous rappelle encore que le créateur a la nécessité d'un ailleurs qui est un monde intérieur, celui du rêve et de l'imaginaire, et dans le même temps d'un certain retrait de la vie matérielle.

En 1590, dans son *Idea del tempio della pittura*, Giovan Paolo Lomazzo, lui-même artiste, témoigne : « On voit que la plupart des peintres sont extravagants et souvent mus dans leurs conversations par leurs humeurs. Je ne veux pas chercher, ici, si cela découle de leur nature ou de la complexité de l'art où ils se perdent sans cesse lorsqu'ils poursuivent l'investigation de ses secrets et des très grandes difficultés qu'il recèle » (cité par Wittkower). Enfant prodige et orphelin, Jacopo Pontormo devint l'un des peintres les plus brillants de la grande Florence. Il était solitaire et excentrique, très phobique et angoissé, au point que Vasari se croit obligé de préciser que « sa solitude dépasse l'imagination » (*op. cit.*). Les exemples sont nombreux de ces « nouveaux » artistes de la Renaissance qui semblent cultiver l'individualisme, revendiquer la liberté d'expression, et exprimer une originalité qui n'était pas de mise auparavant. Wittkower émet l'idée que cette originalité – étrangeté, folie – est le trait social d'une époque où, pour la première fois depuis l'Antiquité, les peintres se retrouvaient confrontés aux mêmes difficultés que les autres créateurs. On peut raisonnablement penser que cette créativité est l'expression d'une structure originale de personnalité d'où procèdent l'œuvre mais aussi les difficultés de la vie.

S'il est un personnage qui a joué l'originalité tout en prétextant la folie, c'est bien Salvador Dali, dont on ne peut cependant pas mettre en doute l'authenticité. Son exhibitionnisme grandiloquent, le goût de l'apparat et de l'excentricité, son maniérisme verbal érigé en système nous laissent de lui une image bouffonne et histrionique. Son plaidoyer pour une méthode paranoïaque critique est à la fois un pied de nez à la psychanalyse, mais aussi un vivant témoignage de cette association populaire du génie et de la folie. Dali élabore son système défensif après une rencontre en 1935 avec Jacques Lacan qui venait de publier sa thèse sur *La Psychose paranoïaque.* Sa méthode très personnelle, qui a peut-être constitué pour lui un système d'équilibre, consistait à laisser libre cours à ses fantasmes et ses obsessions tout en contrôlant son délire, prétendait-il. Jouant toujours du paradoxe, c'est ainsi que cet original prétendait être étranger à la folie : « L'unique différence entre moi et un fou, c'est que moi, je ne suis pas fou. »

Car l'archétype populaire du génie est plus ou moins fou. On se rappelle la réflexion de Freud dans *Le Portrait psychologique du président Thomas Woodrow Wilson,* selon laquelle certains malades, fous ou gravement névrosés, ont de tout temps orienté la marche de l'humanité, soit en réalisant des projets très ambitieux que peu d'autres auraient pu envisager, soit en laissant derrière eux le trouble et le malheur. L'histoire militaire, politique et religieuse en offre encore de nombreux exemples : Napoléon, Louis II de Bavière, Néron, Staline, Hitler, Ceausescu, Wilson, Mac Arthur, Martin Luther....

Création et originalité de la découverte font taxer le poète ou l'inventeur de folie. C'est Paul Delvaux qui en fait la remarque en 1939 : « Quand on veut faire des choses qu'on ne voit pas partout, on est soupçonné d'être fou. » Le sentiment d'étrangeté révolutionnaire que possède naturellement l'œuvre géniale suscite dans le même temps une forte réaction de rejet qui préserve l'ordre établi et marginalise le créateur sous la facile étiquette de la folie. Il n'est que de voir combien de régimes totalitaires ont utilisé l'alibi psychiatrique pour évincer les opposants « progressistes » et tous les novateurs dans le domaine de la science ou des arts.

Alors la folie s'attache à l'image du poète, de l'original et de l'excentrique. C'est Gautier qui appelait Nerval « le fou délicieux », mais la folie de Nerval était bien folie, et tellement mêlée à l'écriture que l'une ne peut se dissocier de l'autre. « La dernière folie qui me restera probablement, sera de me croire poète », ajoutait-il. Et il le répétera sans cesse : « Je suis fol, je suis fol » (*Lettre à A.H.*, 20 octobre 1854), reconnaissant ainsi la maladie, mais n'en acceptant ni la condamnation ni l'image sociale, si loin de la réalité du créateur et de son génie. « Je conviens officiellement que j'ai été malade. Je ne puis convenir que j'ai été fou ou même halluciné. Si j'offense la médecine, je me mettrai à ses pieds quand elle prendra les traits d'une déesse » (*Lettre à Antony Deschamps*, 24 octobre 1854). On peut en dire autant d'Antonin Artaud dont la folie colle tellement à ses écrits qu'elle a certainement stérilisé une part de son œuvre. « Je souffre d'une effroyable maladie de l'esprit », écrivait-il à Jacques Rivière. Le 6 mai 1935, après son passage au théâtre des Folies à la salle Wagram, « Ce torturé a été pris pour un fou par tout le monde [...] Et l'image de la folie du monde s'est incarnée dans un torturé » (Danièle André-Carraz). On passe ainsi très insensiblement de l'original excentrique au poète torturé, au savant fou, ou encore au créateur aliéné et au fou littéraire. On passe insensiblement de l'évidence de la santé à l'évidence de la maladie.

Nous sommes sur cette frontière si sensible entre le génie et la folie, que tous les biographes mais aussi les créateurs eux-mêmes ont sans cesse côtoyée. C'est Goethe parlant de lui-même et évoquant le déchaînement intérieur de l'infortuné qui « ne sait pas contre quoi il se déchaîne », ou encore Nietzsche qui lance à l'humanité tout entière ce cri de révolte : « Où est donc la folie dont le vaccin devrait nous être inoculé ? » (Kretschmer), c'est Odilon Redon qui voit dans sa démarche le génie de la démesure : « Mon intuition est... la folie ». C'est encore Stendhal qui fait la même réflexion à propos de sa *Vie de Mozart* : « Peut-être sans cette exaltation de la sensibilité nerveuse qui va jusqu'à la folie, n'y a-t-il de génie supérieur dans les arts qui exigent la tendresse... »

Devant cette image largement répandue du génie excentrique, la question reste posée du rapport entre génie et folie, question pour laquelle nous allons proposer des arguments. Les créateurs sont-ils plus ou moins fous ? Leur folie participe-t-elle de la création ? Les médecins confondent-ils délire et métaphore poétique ? Mais si la folie participe du génie, il semble évident qu'elle n'est pas une condition suffisante et que l'on n'est pas génial parce que l'on est fou. Il est encore nécessaire de préciser que le génie ne saurait en rien se réduire à la folie comme la facile critique de notre raisonnement pourrait le laisser entendre.

III

LES MÉCANISMES DU GÉNIE

De nombreuses explications ont été proposées pour comprendre a posteriori les destinées hors du commun et leur proximité avec les désordres de l'esprit. On a fréquemment évoqué la précocité du génie et son enfance traumatique – le génie est souvent un orphelin, a-t-on dit –, l'importance du père et de la mère dans la genèse de sa personnalité, le rôle de l'œuvre comme facteur d'équilibre, et puis celui de la folie, de la dépression et du suicide qui accompagnent la vie de tant d'êtres exceptionnels. Notre lecture du génie propose un regard lucide et réaliste sur ces grandes figures qui transforment le monde et la société, un regard à la mesure de leur démesure, le revers très naturel d'une médaille inaltérable que l'on ne peut passer aujourd'hui sous silence. Cette lecture que nous faisons à la lueur d'une meilleure connaissance des troubles psychologiques n'a cependant pas la prétention d'énoncer une vérité incontestable. La méthode sera celle de notre pratique quotidienne qui nous rappelle, s'il le fallait, que les êtres d'exception sont avant tout des êtres humains.

1. L'enfance de l'art

Si le génie a une parenté avec la folie, il en a aussi avec l'enfance. Le génie s'exprime souvent très tôt et certains ont voulu voir dans cette précocité la marque de la prédestination. Le génie est un grand enfant : on remarque combien les êtres d'exception conservent à l'âge adulte la fraîcheur ludique de l'enfance, sa spontanéité, sa créativité, sa grande curiosité qui innove et invente à chaque instant le monde, comme se plaît à le rappeler Germain Nouveau dans sa *Doctrine de l'amour* : « Quelquefois le génie est le mot d'un enfant. » Le génie serait-il fait de la naïveté créative de l'enfant et de l'expérience vécue de l'adulte ? Cela ne suffit certainement pas, car tous les enfants attardés ne sont pas des génies, ils sont souvent inadaptés, immatures et désorientés dans un monde qui accepte mal la différence.

Cette précocité s'observe dans les arts plastiques et surtout en musique, disciplines qui ne nécessitent pas la complète maturité du langage pour commencer à s'exprimer. Les performances de ces petits prodiges, qui ne relèvent ni de la fable ni de la légende, peuvent alors paraître très extraordinaires.

Camille Saint-Saëns se distingue entre tous. Il sut le nom des notes à l'âge de trente mois, avait terminé l'apprentissage d'une première méthode de piano à deux ans et demi, exécutait des œuvres écrites à quatre, composait à cinq et donna un premier concert triomphal à l'âge de onze ans, en interprétant de façon admirable un concerto de Mozart. Sa grande précocité qui lui permit de faire à quinze ans ce que d'autres font à trente et d'être nommé à dix-huit ans organiste de Saint-Merry puis de la Madeleine, fit dire à Berlioz très admiratif : « Ce jeune homme sait tout, mais il manque terriblement d'inexpérience. »

Chacun connaît l'enfance de Mozart, très tôt guidé par le grand musicien et pédagogue qu'était son père. Dès l'âge de trois ans, Wolfgang montrait la justesse de son oreille absolue, une prodigieuse mémoire musicale et un surprenant don de concentration. A quatre ans il composait ses premières pièces pour clavecin, et donna avec sa sœur Marianne son premier concert à la cour de Vienne à l'âge de six ans. La spontanéité de ses intuitions musicales étonna les adultes quand, à l'âge de sept ans, il joua « de chic », c'est-à-dire sans lecture préalable, sa partie de violon dans le quatuor de son père. La tournée « européenne » que firent Léopold, Wolfgang et Marianne de 1763 à 1766, c'est-à-dire pour Mozart de neuf à onze ans, impressionna les cours royales et tous les grands esprits. Goethe qui le vit à Francfort en fut très profondément marqué.

Cette extraordinaire précocité du don musical fut aussi le privilège de Meyerbeer qui jouait déjà merveilleusement à cinq ans, et de Haendel qui apprit très tôt le clavecin et joua de l'orgue avec une telle maîtrise à l'âge de sept ans, qu'un prince de Saxe l'encouragea à faire carrière. Il fut directeur du théâtre de Hambourg à seulement dix-neuf ans et composa *Le Messie* à vingt-cinq. Rameau, quant à lui, était virtuose à sept, tout comme Frédéric Chopin qui publia au même âge, en 1817, une polonaise en *sol* mineur et interpréta en public un concerto de Gyrowetz l'année suivante. A neuf ans, Robert Schumann composait ses *Joies d'une journée d'écolier*, tout comme Franz Liszt, déjà extraordinaire virtuose à cet âge, et qui exécutera de mémoire et transposera toutes les fugues de Bach lorsqu'il eut douze ans. C'est encore à seulement huit ans que Roberto Benzi dirigea pour la première fois un orchestre, surprenante performance qui exigeait à la fois la maîtrise du pupitre, une extraordinaire oreille, une formidable mémoire musicale, mais aussi la disponibilité d'un grand orchestre. La légende en partie romancée voudrait que ce « don » lui soit venu en chantant dans les rues de Naples. Or, comme chez tant d'autres enfants prodiges de la musique, c'est l'influence familiale qui semble avoir été déterminante, et, bien qu'il ne soit pas entré au conservatoire, Roberto Benzi eut de très bons professeurs.

En musique tout particulièrement, on retrouve dans ces

prodiges de l'enfance ceux qui seront les grands de demain. C'est à onze ans que Paganini donne son premier récital, à douze que Beethoven publie sa première œuvre, des *Variations pour piano sur une marche de Dressler.* Un an plus tard, il avait composé trois sonates. Déjà violoniste virtuose, Rossini écrit lui aussi ses premières sonates pour cordes à l'âge de treize ans. Enfin on peut encore citer Carl Maria von Weber qui n'avait que quatorze ans à la représentation de son opéra *La Jeune Fille des bois,* et Schubert qui au même âge était premier violon.

Ces performances très précoces, plus encore que dans les autres modes d'expression, montrent clairement qu'un apprentissage musical est possible dès les premiers mois et les premières années de la vie, dans la mesure où l'enfant est plongé dans un bain culturel approprié, dans la mesure aussi où l'audition s'organise précocement et où la performance instrumentale met en jeu des comportements moteurs qui ne nécessitent pas la totale maturation du langage, encore insuffisamment organisé. Ce bain musical indispensable, toujours présent dans l'histoire d'enfance du génie, nous permet de réfuter l'hypothèse du don musical et de la capacité innée. Léopold Mozart était l'un des grands pédagogues de son époque, tous les violonistes s'étaient essayés à sa méthode. Chez les Bach on était musicien de père en fils depuis quatre générations, tout comme chez Beethoven. Le jeune Weber était dans les coulisses d'un théâtre, parmi les musiciens, dès l'âge de quatre ans et Liszt reçut de son père ses premières leçons de piano, au même âge. Ailleurs ce seront les mères, elles-mêmes musiciennes, qui accompagneront les premiers pas de leur enfant dans le monde de la musique. C'est la mère de Chopin et son enfance à Varsovie, c'est la mère de Bartok, c'est la mère de Prokofiev..., à une époque où la musique faisait partie de l'éducation de toute femme du monde. Le caractère familial de cet apprentissage précoce, capable de construire un monument musical sur plusieurs générations, culmine avec le grand Bach qui n'est que l'un des soixante-cinq musiciens du même nom. Karl Geiringer, qui fit une très minutieuse analyse de la dynamique artistique de la famille Bach, résume son idée de filiation musicale : « L'hérédité musicale, tenue ainsi en réserve pendant deux générations, fit triomphalement explosion en Jean-Sébastien, qui, par ailleurs, avait hérité des Lämmerhirt (sa mère) la profondeur du sentiment et une tendance au mysticisme. » Bernard Gavoty décrit avec talent la dure loi qui préside à l'éducation de la musique chez Beethoven : « Peu importe de savoir si le petit Ludwig aimera ou n'aimera pas la musique : on a décidé qu'il serait musicien. » A quatre ans, « on le cloue devant un clavecin, on l'enferme avec un violon, on le tue de travail. Au théâtre il joue de petits rôles ; à l'orchestre de la cour, il tient sa partie de violoncelle ; à treize ans, le voilà organiste. »

Cet apprentissage précoce de la musique suggère l'hypothèse qu'il utilise un mode sensoriel privilégié, l'audition, permettant une concentration soutenue grâce au mécanisme physiologique du « canal sensoriel unique », qui peut expliquer une attention proche de l'hypnose. En cela l'apprentissage musical semble très différent des autres modes de la création.

Pour autant qu'elles puissent nous paraître pertinentes, ces quelques réflexions sont cependant plus descriptives qu'explicatives, et s'il semble que le génie musical nécessite un apprentissage familial précoce, nous ne saurons jamais pourquoi Wolfgang devint Mozart ni comment son œuvre domine l'histoire de la musique. Il y a là une alchimie impénétrable qui conserve à jamais la beauté de son mystère.

Quoique décalée dans le temps, la précocité des peintres, des scientifiques ou des littéraires n'en est pas moins réelle, les exemples en sont aussi nombreux. On cite souvent le jeune Blaise Pascal faisant des démonstrations de théorèmes à huit ou dix ans, se passionnant à douze pour *Les Eléments d'Euclide* dont il résolut les trente-deux propositions, énonçant à quinze son célèbre théorème dit « théorème de Pascal », rédigeant à seize son *Essay sur les coniques* et inventant entre seize et dix-huit ans la machine arithmétique, une machine effectuant les quatre opérations élémentaires, qui fut le réel point de départ du calcul mécanique et dont les calculatrices modernes ne sont que l'aboutissement technique.

Dans les sciences dites exactes, de nombreux scientifiques ont eux aussi manifesté une grande précocité dans leur intérêt pour les mathématiques, même si la trace ne s'en est pas toujours conservée. Encore une fois, le calcul mathématique qui utilise des zones cérébrales très spécialisées ne nécessite pas, lui non plus, la maîtrise du langage verbal et peut se développer bien avant que le langage ne soit totalement établi. Le philosophe allemand Ludwig Wittgenstein, qui a eu tant d'influence sur la littérature du XXe siècle et surtout sur les écrivains viennois, fut très tôt passionné de mathématiques et de logique pure, et construisit une machine à coudre à l'âge de huit ans. Son intense curiosité et ses passions multiples en feront très tôt un être inadapté qui ne pourra pas s'intégrer à une scolarité normale, ce qui ne l'empêcha pas, par la suite, de faire des études d'ingénieur puis de philosophie.

Kretschmer nous rapporte encore l'histoire de Robert Mayer, ce médecin allemand qui découvrit à l'âge de vingt-six ans la loi de la conservation de l'énergie en suivant une idée forte, une idée force, une idée fixe qui ne le lâchait pas depuis l'enfance. Dès l'âge de dix ans, à la vue du mécanisme d'un moulin, il pose la question du mouvement perpétuel et par là même déjà de la conservation ou de la transformation de l'énergie.

Ce caractère très obsessionnel de la poursuite des idées et de leur mise en relation fortuite, que l'on retrouve très souvent chez les scientifiques et les inventeurs – c'est cela même qui permet l'étincelle de la découverte –, constitue un trait accusé de la personnalité qui s'exprime habituellement de façon pathologique dans la névrose obsessionnelle, par exemple, ou dans le délire de relation des sujets paranoïaques. La tension psychique qui se mobilise vers l'objet unique de la recherche se teinte de l'enthousiasme de la découverte et permet à l'être créatif de conserver un équilibre malgré l'apparence pathologique de son comportement. Il faut cependant remarquer que cet équilibre n'a qu'un temps et que les événements de vie risquent de révéler plus tard sa très grande fragilité.

Pour reprendre les exemples que je viens d'évoquer, on connaît par exemple le doute sceptique d'un Pascal que l'adhésion à un système religieux monolithique a certainement préservé du déséquilibre; on sait aussi la très grave dépression qui a accompagné la vie de Wittgenstein; on connaît enfin la folie mélancolique de Robert Mayer. Le génie a besoin d'une précocité qui organise sa vie de relation et modèle l'appareil psychique dans le sens qui lui convient, au service de ses humeurs et de ses idées fixes. Ce cerveau tout entier acquis à une cause unique et consacrant chacun de ses instants à cette passion, sera capable des plus grandes prouesses mais aussi des plus grandes faiblesses.

L'histoire de l'art a conservé la trace des premières œuvres des grands maîtres, souvent accomplies avant que ne commencent celles de leurs condisciples. Pablo Picasso, encore enfant, étonnait par sa maîtrise académique. *Picador*, sa première toile, peinte à l'âge de quatre ans, est surprenante pour une œuvre d'enfant. On lui connaît par la suite de remarquables huiles de jeunesse, par exemple *La Première Communion*, un tableau très achevé, dans la veine des grands maîtres, à l'âge de douze ans. Ici encore nous ne rencontrons pas de talent inné, ni de génération spontanée. Tout comme pour la musique et dans la tradition classique, don José Ruiz Blasco, le père de Pablo, lui-même peintre et professeur à l'Ecole des arts et métiers de San Telmo, donna symboliquement ses pinceaux à son fils encore enfant. Au XVIIIe siècle, Charles Lebrun, le grand portraitiste à qui l'on doit les peintures de Versailles, dessinait au charbon à l'âge de trois ans et faisait d'admirables portraits à douze. Il est particulièrement connu pour ses études de caractères et *L'Expression des passions*. A quatorze ans, Raphaël était un grand artiste, à quinze Turner exposait à la Royal Academy et Michel-Ange était déjà très célèbre à dix-neuf ans. Enfin Camille Claudel fut d'une rare précocité en sculpture, réalisant un *David et Goliath* à l'âge de douze ans. Elle entra dans l'atelier de Rodin huit ans plus tard. L'œuvre précoce des peintres et plasticiens est cependant moins facile à mettre en évidence que celle des musiciens, dans la mesure où l'apprentissage est jalonné d'ébauches qui sont rarement conservées.

On remarque ainsi que la précocité d'expression scientifique ou artistique s'ordonne graduellement en fonction du mode sensoriel et du système moteur requis pour ces performances, et dans l'ordre suivant : *musical, mathématique, pictural, littéraire.* C'est ainsi que les prestations les plus précoces sont musicales, car l'oreille et les aires sensorielles auditives sont très vite matures. Avant vingt et un mois s'organise déjà la prosodie, la mélodie du langage, qui témoigne de cette aptitude à la musicalité avant l'établissement de la langue. Tout est en place dès les premières années si le bain musical et éducationnel est suffisant. Les grands musiciens ont en général rencontré la musique avant de savoir parler.

L'aptitude au calcul mental semble ensuite s'organiser avant que le langage verbal ne soit totalement maîtrisé et certaines dispositions d'esprit qui focalisent exclusivement l'attention sur le caractère abstrait des mathématiques privilégient ce mode de raisonnement. Quelques calculateurs géniaux ont ainsi connu la célébrité avant l'âge de dix ans.

La maîtrise des arts plastiques nécessite quant à elle la mise en place achevée de toutes les coordinations motrices sous la dépendance du contrôle visuel, c'est-à-dire la main sous le regard de l'œil ; elle nécessite aussi l'acquisition de l'image tridimensionnelle et de la perspective, toutes notions complexes qui exigent un apprentissage technique long et assidu. On est rarement peintre avant l'âge très précoce de dix ans.

Enfin la poésie, la littérature et les disciplines de la pensée raisonnée ne pourront seulement s'exprimer, quelques années plus tard, que lorsque le langage sera totalement établi et la culture suffisante. L'apprentissage de la langue est « une longue patience », affirmait très justement Buffon. La maturité cérébrale des aires motrices du langage n'est vraiment complète qu'après l'âge de dix ans et l'on entre rarement en littérature avant quinze. Quelques exceptions existent : si l'on en croit son témoignage, Agrippa d'Aubigné, le grand écrivain français du XVIe siècle, aurait appris le latin, le grec et l'hébreu à l'âge de quatre ans et les aurait lus couramment à six. Il prétend également avoir traduit le *Criton* de Platon à sept ans et demi. De telles affirmations peuvent aujourd'hui nous paraître très exagérées, mais il faut considérer les conditions privilégiées d'éducation de la noblesse à l'époque. Montaigne, qui avait appris très jeune le latin comme une langue vivante, le possédait assez bien à l'âge de six ans et, quelques siècles plus tard, le protestantisme éclairé de sa famille permettra au jeune Goethe d'écrire plusieurs langues avant l'âge de dix ans. Stanislaw Witkiewicz, le grand peintre et romancier polonais, qui dessinait à deux ans et jouait du piano à quatre, écrivit son premier essai à l'âge de sept ans. Il faut préciser que son père était peintre, critique et écrivain reconnu, et que sa mère était musicienne.

L'œuvre littéraire ne commence en général que plus tard. On cite toujours Pope, le grand poète anglais du XVIIIe siècle, qui composa à l'âge de douze ans une tragédie sur l'*Iliade* et entre treize et quinze ans un poème épique de quatre mille vers. C'est aussi à treize ans que Lewis Caroll écrit son premier journal, « poésie utile et instructive », précise-t-il. A quatorze que Victor Hugo compose les trois chants du *Déluge* et à quinze sa tragédie *Irtamène.* C'est au même âge que Rimbaud, l'enfant poète, publie son premier texte, *Les Etrennes des orphelins,* qui fera dire à Claudel dans sa célèbre préface : « Est-ce un fait commun de voir un enfant de seize ans doué des facultés d'expression d'un homme de génie ? » Enfin lorsque Nietzsche reçoit honorifiquement en 1869 le titre de docteur en philosophie sur la seule qualité exceptionnelle de ses travaux, le jugement de son professeur de philologie en dit long sur l'admiration qu'il lui portait : « Parmi tant de jeunes talents que, depuis maintenant trente-neuf ans, j'ai pu voir se développer sous mes yeux, jamais n'en ai-je connu d'aussi précoce, d'aussi accompli, que ce Nietzsche [...] Il a actuellement vingt-quatre ans... » (cité par Cressy).

Ces exceptionnelles trajectoires de vie – pour certaines parfois embellies – ont essentiellement le mérite de montrer que l'apprentissage précoce est possible. Il nécessite peut-être des capacités spéciales d'attention dont nous verrons les relations avec l'humeur et le moral, mais il nécessite surtout un milieu favorable et un bain culturel approprié.

Cet ancrage du génie dans les premières années de la vie met en évidence l'importance du fonctionnement mental infantile – goût du jeu, curiosité, invention, imagination – dans le processus de créativité. Le génie créateur reste souvent toute sa vie un enfant. Bourguignon rapporte qu'Einstein expliquait sa découverte de la théorie de la relativité par le fait qu'il se posait encore des interrogations de l'enfance à un âge où il avait déjà les connaissances d'un adulte. « Le génie n'est que l'enfance retrouvée à volonté », dit Baudelaire à propos de Constantin Guys, le peintre de la vie moderne et de la beauté passagère, comme il le nommait. « Ne serait-il pas facile de prouver, poursuit Baudelaire dans *Les Paradis artificiels*, par une comparaison philosophique entre les ouvrages d'un artiste mûr et l'état de son âme quand il était enfant, que le génie n'est que l'enfance nettement formulée, douée maintenant, pour s'exprimer, d'organes virils et puissants ? » (*Un mangeur d'opium.*) Cette opinion se retrouve souvent en littérature, par exemple chez Marcel Proust dans *Jean Santeuil* : « Ce livre n'a jamais été fait, il a été récolté. »

Le génie littéraire nous ramène en enfance avec cette capacité de l'écrivain à toujours s'émerveiller de ses inventions. Goethe lui-même savait ce qu'il disait lorsqu'il affirmait que « les natures géniales connaissent une puberté renouvelée, alors que les autres ne sont jeunes qu'une fois » (cité par Kretschmer). Pour prix de cette éternelle jouvence, le créateur de génie connaîtra plus longtemps que d'autres tous les aléas douloureux de l'adolescence, crise d'identité, toxicomanies, dépendances, penchant à l'idéalisme pathétique et tendance aux psychoses pubertaires ou à la dissociation schizophrénique. Kretschmer parle ainsi de la longévité du « feu juvénile », qui entretient l'idéalisme pathétique des romantiques.

Deux hypothèses sont encore à mentionner à propos de la naissance et de la soi-disant mort précoce des « génies ». La récente étude anglaise de Digby Quested tendrait à montrer que les génies naissent au printemps, par une sorte de prédisposition génétique ou climatique qui laisse cependant sceptique. La population qu'il a étudiée, composée de cent personnalités d'exception, montre qu'environ un quart d'entre eux sont nés en mars et en avril, ce qui prouverait aux yeux de cet auteur, l'influence de l'ensoleillement au cours des premiers mois du développement, sur la constitution du génie. Cette hypothèse est cependant très fragile car si Einstein, Descartes ou Michel-Ange sont bien nés en mars, tout comme Shakespeare, Baudelaire ou Léonard en avril, Pascal et Rousseau virent le jour en juin, Napoléon en août, Ronsard en septembre, Nietzsche et Rimbaud en octobre et Mozart ou Victor Hugo en saison froide, janvier et février. On pourrait multiplier les exemples qui montrent soit l'hétérogéniéité de la notion de génie, soit la fragilité de cette idée, soit encore le parti très arbitraire du choix des personnalités.

La deuxième hypothèse, que l'on trouve déjà formulée par Sénèque, s'exprime sous la forme d'un adage populaire qui affirme que les génies précoces meurent jeunes. Un auteur américain, traitant récemment de la crise du milieu de la vie, note ainsi que de nombreux êtres d'exception sont morts aux environs de trente-sept ans : Mozart, Chopin..., mais aussi Rimbaud et Van Gogh. On peut tout de même objecter que les causes de mortalité de chacun d'eux sont très différentes, mais aussi que les conditions de vie et la longévité n'étaient évidemment pas comparables selon l'époque où ils vécurent. Cette hypothèse tombe d'elle-même lorsqu'on la rapproche de l'argument inverse soutenu par Lombroso au siècle dernier, celui de la longévité exceptionnelle du génie : Goethe et Victor Hugo ont vécu quatre-vingt-trois ans, Voltaire, Franklin et saint Vincent de Paul quatre-vingt-quatre, Sophocle, Humboldt, Michel-Ange ou Pétrarque quatre-vingt-dix, et Titien quatre-vingt-dix-neuf!

Ces supputations extravagantes présentent toujours des listes hétéroclites de personnages illustres, dont l'intérêt est très relatif. Il convient, pour la suite de cette discussion, de s'en tenir aux seules concordances descriptives suffisamment cohérentes pour devenir faits d'observation.

2. Le génie orphelin

L'idée du génie orphelin apparaît en 1953 dans un article de Marc Kanzer intitulé *Writers and the Early Loss of Parents* (« Les écrivains et la perte précoce des parents »), qui relève la grande fréquence des orphelins de père ou de mère chez les écrivains. Kanzer en dresse une longue liste, qui mêle Byron et Coleridge, Swift, Brontë, Rousseau, Tolstoï, Edgar Poe, George Sand... L'hypothèse sera reprise en 1975 par le psychanalyste américain Georges Pollock, qui analyse les conséquences de la perte parentale sur la créativité ou l'inventivité de plus de mille écrivains, scientifiques, artistes ou personnages politiques. Il comprend l'acte de création comme une tentative toujours vaine et infructueuse de réparation de la perte. Cette réflexion sera largement développée par André Haynal et l'école genevoise de psychiatrie, puis par un psychologue américain, Marvin Eisenstadt.

En collaboration avec un historien, Pierre de Senarclens, André Haynal montre clairement l'importance que revêtent les séparations précoces chez les êtres créatifs : sur trente-cinq écrivains français du XIXe siècle sélectionnés par Haynal pour l'importance de leur œuvre, dix-sept d'entre eux ont vécu dans leur enfance la perte ou la séparation d'avec au moins l'un des deux parents. Sur une plus large population de six cent quatre-vingt-dix-neuf personnages d'exception, Marvin Eisenstadt confirme cette tendance : un quart d'entre eux a perdu un parent avant l'âge de dix ans, deux tiers avant quinze ans et la moitié avant vingt et un ans. On peut objecter qu'il applique cette hypothèse à des époques où l'espérance de vie était très différente de la nôtre. Le travail de Marvin Eisenstadt a cependant le grand mérite de proposer une population témoin, contemporaine des « génies constituant cette population expérimentale », et qui montre avec évidence que la proportion d'orphelins est très nettement plus élevée chez les êtres d'exception.

Deux références viennent appuyer cette thèse. D'abord, le texte classique de Suétone sur *Les Vies des douze Césars*, qui nous apprend que dix d'entre eux étaient orphelins ; et, en 1970, l'étude de Lucille Iremonger sur vingt-quatre Premiers ministres britanniques montrant que quinze d'entre eux, c'est-à-dire 62,5 %, étaient eux aussi orphelins. De nombreux hommes politiques ont connu la perte du père en bas âge ou à l'adolescence – César, Napoléon, Lénine –, ce qui a vraisemblablement constitué un facteur d'accomplissement dont nous reparlerons.

Enfin, pour élargir un peu cette idée qui me semble maintenant largement fondée, je dirai plutôt que l'on observe très fréquemment, dans la vie des grands créateurs et des personnages d'exception, la perte précoce d'un être proche, du père, de la mère, mais aussi d'un frère ou d'une sœur, d'un fils ou d'une fille. Par le travail psychologique intérieur qu'elle nécessite, la perte précoce est peut-être l'un des moteurs de l'exception. Précisons enfin que ce raisonnement s'applique plus justement aux siècles passés où les pertes précoces étaient plus nombreuses et plus fréquentes qu'aujourd'hui.

Le père de Newton mourut de maladie avant même la naissance de son fils, tout comme celui de Sartre, Mauriac ou Camus, lorsqu'ils avaient un an. Hölderlin n'avait que deux ans à la mort de son père, neuf à celle de son beau-père. Byron, trois. George Sand, quatre. Nietzsche n'a que cinq ans lors de la démence puis de la mort de son père, et sept à celle de son jeune frère. C'est à six ans que Baudelaire perd son père et un an plus tard, en 1828, qu'il « perd » sa mère par son remariage avec Aupick. Villon lui aussi perdra son père très jeune. Cocteau n'avait que neuf ans quand le sien se suicide. Les exemples sont nombreux : dans les mêmes circonstances De Quincey et Tolstoï avaient huit et neuf ans, Maupassant dix, Conrad douze. La mort du père a, sans nul doute, participé au génie littéraire et souvent de façon positive, en effaçant son image et en laissant place à la mère, pour permettre l'œuvre.

Quant à la disparition de la mère, c'est tout autrement une blessure archaïque, on ne peut que le constater. Tolstoï n'a qu'un an lorsqu'il perd cette mère qui hantera son œuvre comme l'archétype de la femme idéale. Nerval sera habité du traumatisme de sa perte à l'âge de deux ans. Son œuvre peut être lue comme un puissant travail résurrectionnel. Pascal n'avait que trois ans, Michel-Ange six, et Stendhal sept, parmi tant d'autres qui comme eux perdront le suc nourricier mais conserveront le souvenir très présent de l'inspiratrice de l'œuvre.

Si la perte précoce d'un frère ou d'une sœur participe aussi au génie, elle ancre souvent plus lourdement la personnalité dans la psychose et la folie. Chacun connaît l'histoire de Camille Claudel et celle de Salvador Dali. Ce sont tous deux des enfants de remplacement qui vivent par procuration l'existence de l'autre disparu. Charles-Henri Claudel, le fils aîné, meurt à l'âge de quinze jours en 1863. Camille arrive en remplacement, un an plus tard, alors que sa mère dépressive et endeuillée voulait un garçon. « Ton père [...] marchait pour oublier [...] ta mère lui en voulait [...] ta mère voulait un garçon. Elle ne voulait pas te reconnaître. » (Anne Delbée, citée par Denise Morel.) Camille portera toute sa vie le poids de cet être disparu et l'assignation de non-être qui lui renvoyait sa mère.

Salvador Dali naît neuf mois après la mort de son frère aîné. Ses parents inconsolables lui donnent le même nom, les mêmes vêtements, les mêmes jouets. Il sera lui aussi frappé du non-être et obsédé par l'image du frère disparu. La culpabilité du survivant organisera sa vie autour d'un mécanisme de défense psychotique que Dali appellera *méthode paranoïaque critique*, qui est en réalité une mise en scène du malaise intérieur, mais qui le protégera vraisemblablement d'une décompensation grave dans la maladie mentale.

On peut aussi évoquer le rôle manifestement pathogène de la mort en bas âge d'un frère et d'une sœur d'Antonin Artaud, ou encore de celle du frère de Novalis un mois après le décès de Sophie. Tous deux, Artaud et Novalis, connaîtront les affres du deuil impossible et les tentatives de réparation dans l'œuvre.

Quoi qu'il en soit, le traumatisme affectif des pertes successives si fréquemment rencontrées dans la biographie des êtres créatifs et personnages hors du commun mobilise les défenses de la personnalité qui doit faire le deuil de l'être si proche. On peut imaginer qu'il transforme ainsi l'intense choc affectif en un mouvement créatif, dans une sorte de principe de conservation de l'énergie. En cela les deuils précoces sont parfois de profonds stimulants de la création dans la mesure où ils ne sont pas dépassés, et où leur énergie n'est sublimée que dans l'œuvre réparatrice. Ce deuil libère l'énergie affective et libidinale, c'est-à-dire liée aux pulsions qui s'attachaient jusqu'alors à la personne disparue. Cette énergie est capable, dans certains cas, d'être le moteur de l'œuvre.

On pourra, bien évidemment, objecter que tous les orphelins ne sont pas des créateurs, et que le deuil a plus souvent des effets négatifs que créatifs. Il n'empêche que ce facteur joue fréquemment un rôle déterminant dans les orientations exceptionnelles de la vie.

3. Le désir de la mère

« Quand on a été sans contredit l'enfant préféré de sa mère, nous dit Freud, on garde pour la vie ce sentiment conquérant, cette assurance du succès qui dans bien des cas l'entraîne effectivement. » *(Essais de psychanalyse appliquée.)*

Depuis Freud, qui est le véritable inventeur de la critique psychanalytique de l'œuvre (pensons à ses remarques sur *Hamlet, Les Frères Karamazov, Le Moïse* de Michel-Ange, *La Gradiva* de Jensen...), les psychanalystes se sont beaucoup intéressés aux mécanismes de la créativité et ont avancé l'hypothèse d'un facteur moteur de l'œuvre : le désir de la mère.

Il nous faut tout d'abord rappeler l'importance que revêt le maternage dans l'organisation de la personnalité. L'ancrage de l'enfant à la mère se fait en deux temps : un attachement biologique puissant, sur lequel s'organise le lien psychologique. La mère et l'enfant sont profondément unis par des interactions somatiques précoces, puis fantasmatiques, qui amorcent la chaîne de la communication. En cela, l'attachement à la mère est fondamentalement différent du lien avec le père, qui est une construction psychologique secondaire. La présence permanente de la mère permet à l'enfant nouveau-né de faire l'expérience de la vie dans la sécurité que lui offre cette exceptionnelle disponibilité. « La créativité est intrinsèquement liée à la quantité et à la qualité de l'apport offert par l'environnement maternel à l'aube de la vie », nous confirment Roger Misès et Christian Mille. La grande tolérance de la mère, à l'intérieur de l'aire de jeu que constitue sa bulle protectrice, rassurera l'enfant sur sa capacité de découverte et d'exploration du monde. On retrouve souvent chez les créateurs de génie la pérennité de cette complaisance infantile et la poursuite du maternage à l'âge adulte.

La mère surprotectrice de Salvador Dali le maintiendra toute son enfance dans un état de dépendance qui ne se résoudra bien plus tard qu'avec la présence lénifiante de Gala. La très droite et austère mère de Hölderlin recueillera chaque fois son fils dans ses moments de dépression, mais à la fois protectrice et distante, le considérera toute sa vie comme un enfant. La mère intransigeante et tyrannique d'Arthur Rimbaud condamnera sans appel chaque faux pas de son fils, le confinant ainsi dans la transgression. Celle enfin de Camille Claudel est un être froid, triste et dépressif.

Elle n'acceptera qu'à regret de reconnaître sa fille. Ces mères, si différentes les unes des autres, joueront chacune un rôle considérable dans la vie et l'œuvre de leur enfant.

En 1974, dans un travail fondé sur l'étude de nombreuses biographies, le psychanalyste Matthew Besdine remarque le lien privilégié qui unit si fréquemment le créateur à sa mère et qu'il appelle *maternage jocastien*, par référence à la mère d'Œdipe – relation maternelle d'une intensité inhabituelle qui caractériserait de nombreux destins d'exception. L'enfant-roi occupe alors une position privilégiée dans le groupe familial au détriment du père, des frères et des sœurs. Élu de la mère, il cristallise toute son attention et sa sollicitude. Pour illustrer sa thèse, Besdine utilise la belle métaphore du jardinier sacrifiant les autres bourgeons pour l'éclosion d'une fleur de sa création : « L'enfant ainsi favorisé sur lequel la mère, avide de protection, déverse tout son amour et auquel seul elle se consacre [...] se développe de façon très spectaculaire. » On ne peut pas ne pas penser à Proust, à Gary, à Barthes, à Camus ou à Baudelaire, qui nous ont laissé de si indiscutables témoignages de cette relation privilégiée.

En 1905, à la mort de sa mère, Proust témoigne de ce lien de l'enfance prolongée : « Maman a emmené en mourant le petit Marcel. » « Ma vie a désormais perdu son seul but, sa seule douceur, son seul amour, sa seule consolation. » Ce n'est qu'après cette disparition, deux ans après celle du père, que Marcel pourra enfin accéder au statut de narrateur et commencer sa grande œuvre.

La relation de Baudelaire à sa mère peut être qualifiée d'œdipienne si on considère l'amour inébranlable qui inspire les si nombreuses lettres signées « Charles » à « ma chère Maman ». Or cette mère tendrement chérie lui échappe par son remariage avec Aupick, puis manifeste une certaine distance, parfois même une irritation qui défie la passion indéfectible de son fils. C'est encore cette mère chérie qui le fera placer sous tutelle, l'estimant incapable de gérer seul sa vie. La déception, l'humiliation et la colère s'allieront à la tendresse dans cette quête impossible du seul amour de sa vie.

Jean Cocteau consacre à sa mère la correspondance d'un amant : « Ma chérie, je lis de plus en plus Balzac et me fais une opinion [...]. Voici l'œuvre d'un gros homme qui ne quitte pas sa table à écrire. Mais n'en parlons plus, j'écrirais quatre jours de suite et n'aurais plus de place pour t'embrasser, te dire que le soleil se montre, nous donne des coups, dessèche mon rhume. Et toi ? Dors-tu bien ? Le régime Capmas ? Je voudrais tant que tu fasses la cure. Je t'aime. Jean » (15 août 1920).

Eugénie Cocteau a bien été cette mère à la fois aimée et protectrice qui acceptera toute sa vie la poursuite d'une relation intense, symbiotique, intime et exclusive, ne permettant aucune présence féminine aux côtés de Jean.

L'extraordinaire mère slave de Romain Gary présente elle aussi un profil jocastien. Dans sa très belle autobiographie, *La Promesse de l'aube*, Gary nous peint la formidable énergie du désir de la mère qui prend des allures de prédestination : « Qu'est-ce qu'il y a, Maman ? – Rien. Viens m'embrasser. J'allais l'embrasser. Ses joues sentaient le froid. Elle me tenait contre elle, fixant, par-dessus mon épaule, quelque chose de lointain, avec un air émerveillé. Puis elle disait : – Tu seras ambassadeur de France. »

L'enfant prédestiné forme un couple avec sa mère, pleine de rêves et d'espoirs pour lui. Le père est parti, mort, absent ou encore évincé. Les frères et sœurs, quand il y en a, sont oubliés. Cette relation quasi incestueuse qui ne se rencontre habituellement que dans les premières années de l'enfance se poursuit la vie durant. L'inquiétante intensité des sentiments pourra parfois effrayer le parent qui devient alors distant ou même rejetant, alternant des périodes de grande intimité avec des phases de rejet ou de mise à distance qui seront toujours objet de dépression pour cet enfant souvent aussi créatif que dépressif. Ce « maternage traumatique », comme le nomme Roger Misès, serait ainsi un puissant stimulant de la créativité.

L'effet du talent maternel se double souvent d'une fonction d'initiation lorsque la mère est elle-même une artiste, une créatrice, ou qu'elle possède des aptitudes très particulières qu'elle communique de façon précoce à son enfant. Le double don, technique et affectif, de la mère à l'enfant dans les premières années de la vie est l'un des secrets de la précocité du génie créateur. C'est de sa mère très musicienne que Chopin apprendra tout du piano dès l'enfance. C'est encore elle qui décidera et orientera sa jeune carrière en le confiant très tôt au maître Adalbert Ziwny. C'est encore de sa mère que Modigliani reçut une culture encyclopédique, peut-être excessive, mais aussi les encouragements qui lui permirent de développer son aptitude précoce du dessin. La mère de Sartre eut, elle aussi, de très bonne heure la certitude du génie de son fils, ou plutôt pourrait-on parler d'une intime et tendre conviction qu'elle allait ensuite lui faire partager.

Que dire encore de la mère de Camus ou de celle d'Albert Cohen, que Goitein Galperin qualifie de « royale, protectrice, nourricière », et à qui il consacra, en 1954, *Le Livre de ma mère.*

Winnicott, le psychanalyste anglais de la relation précoce mère-enfant, pensait que la créativité prend sa source dans un élément féminin passé très tôt à l'enfant, de l'ordre du regard métaphorisant, c'est-à-dire permettant des projections imaginaires. Le bébé qui regarde sa mère en train de le regarder prend conscience de ce jeu de miroirs et du pouvoir affectif qu'il contient. Il prend également conscience de ce que l'amour maternel veut dire de confiance, d'investissement, d'espoir et de certitudes dans ces premiers moments où l'enfant teste sa toute-puissance. Selon les mots de Jean-Marc Alby, « si tu es un Dieu pour ta mère, tu es un Dieu pour le monde ». L'alternative d'être ou non un génie se pose certainement très tôt dans ces moments de l'enfance qui décident d'une vie.

4. À la recherche du père

Que le père soit absent, effacé, disparu, importe peu, puisqu'il n'est plus là. Son absence est un fait presque constant dans la littérature et dans la poésie. Quand bien même il serait là, il est nié, disqualifié pour que l'œuvre puisse exister. Dans une très fine étude clinique du génie créateur, André Bourguignon voit dans le père l'accès à la pensée abstraite et dans la mère la porte de la poésie : « Il m'a semblé que bien des poètes ont eu un père absent ou l'ont perdu de bonne heure, comme si la présence exclusive de la mère inclinait à l'effusion lyrique, alors que la situation inverse orienterait vers la pensée abstraite – mathématiques et philosophie – comme ce fut le cas pour Descartes, Spinoza, Pascal et tant d'autres qui perdirent leur mère dans l'enfance. »

Cette intéressante tendance se vérifie souvent, notamment en littérature où il est maintenant classique de situer le début de l'œuvre à la mort du père. Joyce, Pascal, Proust ou Freud ne sont réellement devenus créatifs qu'après la mort du père, comme s'ils avaient besoin de cette autorisation du destin pour exister. Dans *Le Corps de l'œuvre* où il analyse clairement les processus de créativité, Didier Anzieu présente la création comme le lieu et l'enjeu des forces pulsionnelles : « Créer, c'est toujours tuer, imaginairement ou symboliquement, quelqu'un, le processus étant facilité si ce quelqu'un vient de mourir car on peut le tuer avec de moindres sentiments de culpabilité. »

C'est à la mort de son père, en 1896, que Freud découvre le complexe d'Œdipe et qu'il origine l'ensemble de son œuvre, dominée par *La Science des rêves, Die Traumdeutung*, en 1900. C'est aussi quelques années après la mort du père, en 1903, que le petit Marcel accède enfin à son identité de narrateur. Il a, combien de fois dans son œuvre, rappelé l'ombre de ce père qui venait s'immiscer entre sa mère et lui... On peut encore rappeler combien l'image du père dramatiquement disparu hante l'œuvre d'un Dostoïevski : Fiodor avait dix-huit ans et son œuvre était à peine en germe.

André Haynal insiste particulièrement sur l'importance que peut revêtir la perte du père lorsqu'elle survient à l'adolescence. « Le père de Lénine, précise-t-il, est mort quand il était adolescent, Napoléon est devenu chef de famille au décès de son père alors qu'il avait quinze ans, Jules César a perdu son père à peu près au même âge... » Sans que l'on puisse évidemment en faire une règle, l'âge auquel survient la perte du père ou de la mère joue un grand rôle dans l'évolution des images psychiques, et ici, dans l'accès au statut du sujet. Si la création est toujours un meurtre, comme nous le propose Anzieu, c'est un meurtre facilité par sa dimension imaginaire. En littérature, il semble que ce soit le meurtre du père, le seul qui permette à un fils d'exister et de *se faire un nom*, ce qui est la première reconnaissance du « génie ».

L'artifice du pseudonyme, si fréquent dans le monde des lettres, est encore le moyen de commettre ce meurtre avec moins de culpabilité, de s'originer de soi-même, de n'exister de personne. Il sont si nombreux en littérature, qu'on les a souvent oubliés. Charles Dogson poursuivra toute sa vie et sous son nom des écrits mathématiques reconnus par son époque, tandis qu'il publiera *Alice* sous celui de Lewis Caroll. Lord Byron s'appelait en réalité George Gordon, et Molière, Jean-Baptiste Poquelin. Comme Voltaire : François-Marie Arouet, et Jules Romains : Louis Farigoule. George Sand : Aurore Dupin. Louis Ferdinand Destouches : Céline, du prénom de sa grand-mère. Boris Vian publiera *J'irai cracher sur vos tombes* sous le nom de Vernon Sullivan. Et Romain Gary, suprême mystificateur qui s'inventera Emile Ajar pour une seconde vie littéraire, publia *Les Têtes de Stéphanie* sous le nom de Chatan Bogat, oubliant que Gary était déjà un pseudonyme et qu'il était né Romain Kacew.

Stendhal cultiva à l'extrême ce jeu de l'identité dans son œuvre et surtout dans sa *Correspondance*. Victor Del Litto relève ainsi 250 pseudonymes chez l'auteur du *Rouge et le Noir* : Brulard, Myself, Banti, Dominique, Mocenigo, Darlincourt, Fair-Montfort, Louis-Alexandre-César Bombet... Noms fictifs, noms supposés, noms d'emprunt qui firent dire à André Suarès en 1924 : « Stendhal ne change pas cent fois de nom et de titre par défiance, mais par jeu. Il veut être plus qu'un nom. Il est, en nom, tous les hommes qu'il veut » (cité par Del Litto).

L'apogée d'un tel système identitaire fut très certainement atteint avec les soixante-douze hétéronymes que Fernando Pessoa imagina au cours de sa vie et par lesquels il signa ses textes. On pourrait évoquer, à son sujet, l'hypothèse d'une personnalité multiple tant il s'est attaché à donner de la réalité à chaque hétéronyme, à les faire vivre simultanément à lui-même, à leur créer un itinéraire de vie. C'est particulièrement évident pour Alberto Caeiro, Ricardo Reis, Alvaro de Campos, Bernardo Soares, ses plus fréquents pseudonymes, qui ont à eux seuls une œuvre et une biographie personnelle.

Le monde de l'écrit semble favoriser, ou peut-être nécessiter, cet usage du pseudonyme. Fréquent en littérature, il est quasiment absent de l'histoire de la musique, mais également de l'histoire de l'art où seuls se rencontrent quelques diminutifs – Titien pour Tiziano Vecellio, Michel-Ange pour Michelangelo Buonarroti –, épithètes, noms d'usage ou qualificatifs comme Jacopo Robusti dit Le Tintoret, Michelangelo Merisi dit Le Caravage ou Domenikos Theotokopoulos dit Le Greco. Peut-être cet usage s'impose-t-il en littérature par le travail sur l'imaginaire ou dans la rencontre du roman familial, qui n'est le quotidien que de l'écrivain. Peut-être joue-t-il plus sûrement un rôle dans la négation du père, que ne nécessiteraient ni la peinture ni la musique. J'ai cru encore remarquer que les pseudonymes étaient peu portés par les orphelins de père. Aurait-il une fonction parricide ?

La véritable naissance du créateur survient en réalité le jour où il prend nom. Cette lente et douloureuse gestation dure souvent plusieurs années, au cours desquelles il cherche une identité dans l'écriture, endosse des styles comme on change de costume, essaie de nombreux pseudonymes. Les œuvres de jeunesse gardent fréquemment la trace de cette recherche identitaire. Il n'est que de rappeler les nombreux pseudos qu'essaya Balzac pendant près de dix ans, avant de simplement ajouter une particule à son nom et de témoigner ainsi de son goût pour la noblesse de naissance.

William Cuthbert Falkner s'essaya à l'imaginaire et à la littérature pendant de nombreuses années avant de se changer en Faulkner, *le fauconnier*, et prendre d'une certaine façon cet oiseau de proie pour une image du moi idéal. Ce point très important de la quête d'identité peut permettre de comprendre l'un des mécanismes possibles du processus de la création littéraire. Le « meurtre du père » qui est l'un des grands fantasmes originaires décrits par Freud constitue tout d'abord une étape naturelle de l'avènement du jeune garçon au statut de sujet. Dans les destinées hors du commun, il se double d'une interrogation que chacun s'est un jour posée sur sa propre origine : « Suis-je bien l'enfant de cet homme, de cette femme, suis-je bien l'enfant de mes parents ? », interrogation qui trouve alors rapidement une réponse négative : avec mes projets, avec mes capacités, je ne suis certainement pas leur fils. Ce raisonnement pathologique que nous connaissons bien dans les évolutions schizophréniques et le délire de filiation me semble très souvent apparaître dès l'enfance des êtres d'exception, et tout particulièrement en littérature.

On connaît, à l'âge de dix-neuf ans en 1896, la crise extatique de Raymond Roussel, dominée par un délire de gloire universelle, délire de filiation et de notoriété absolue, qui sera rapportée par Pierre Janet sous l'appellation du « cas Martial », dans son traité *De l'angoisse à l'extase*.

Jean-Marie Rouart témoigne de la permanence de ce désir de filiation illustre dans le monde des lettres : « Tout écrivain, d'une certaine façon, est un peu bâtard... C'est le problème du père imaginaire. L'écrivain est toujours quelqu'un qui imagine avoir eu une naissance plus glorieuse que celle qu'il a eue en réalité. C'est quelqu'un qui se cherche une famille, des origines qui transcendent sa position, et on est frappé de voir à quel point les écrivains, et pas seulement dans leur œuvre romanesque, mais également dans leur vie réelle, se sont inventé des noms plus prestigieux. Je pense à Gérard de Nerval qui s'appelait Gérard Labrunie. Je pense à Balzac, qui a ajouté une particule à son nom. »

Certains se sont cherché un autre père, plus illustre, et qui puisse rendre compte de leur génie. C'est Hölderlin, très jeune orphelin d'origine modeste, qui vénérera Schiller comme un père. C'est Maupassant, pourtant de patronyme noble, qui a toujours cru être un bâtard et pensé un instant que Flaubert était son père. Il le deviendra, d'ailleurs, en littérature. C'est enfin Nietzsche qui appelait Wagner le *Pater Seraphicus* dans une relation filiale imaginaire qui ne tardera pas à le décevoir.

Ce formidable désir – ou besoin – de filiation et d'avènement à soi-même, indissociable d'un puissant narcissisme qui est l'une des constantes de la personnalité des « génies », ne me semble pas très différent de ce que nous appelons les idées de grandeur et le délire de filiation qui s'exprime à la fin de l'adolescence, à cet âge de la vocation où peut naître la schizophrénie. Ce sont à l'évidence les idées maîtresses des mages et des prophètes. Rentschnick nous rappelle très justement que Moïse, Jésus, Mahomet, Bouddha, Luther et Confucius étaient soit orphelins, soit abandonnés, soit rejetés par leur père.

Ces idées délirantes contre lesquelles aucun raisonnement ne peut rien s'accompagnent souvent de convictions de grandeur, d'origine illustre et de réussite, la certitude de projets de société, de refaire le monde, de spéculations scientifiques ou métaphysiques... Ne doutons pas que la démarche débutante de l'être d'exception ne soit du même ordre. Seule différence : celui qui y parvient et qui est reconnu est un génie, celui qui n'y réussit pas est un fou.

5. La personnalité du génie

La personnalité du génie a toujours frappé les contemporains par ses traits accusés et surtout par sa « sensibilité ». Proust en parlait comme du « sel de la terre : la famille magnifique et lamentable des nerveux. Ce sont eux, et non pas d'autres, qui ont fondé les religions et composé les chefs-d'œuvre. Jamais le monde ne saura tout ce qu'il leur doit, ni surtout ce qu'ils ont souffert pour le lui donner ».

De nombreux auteurs, psychiatres, psychanalystes et psychologues ont tenté de préciser les composantes de ces personnalités qui ne sont évidemment pas univoques. Deux modes d'analyse ont été utilisés : un mode cognitif dans les études récentes, et le mode analytique dans la majorité des travaux plus anciens.

Les créateurs possèdent-ils des capacités psychologiques spécifiques ? C'est la question que s'est posée Nancy Andreasen, de l'université d'Iowa, en étudiant le mode cognitif de l'ensemble des écrivains de l'University of Iowa Writer's. Ils furent soumis à des tests psychologiques (MMPI) et à des entretiens semi-directifs destinés à explorer les éléments de leur vie et leurs systèmes de valeurs. Quoique le recrutement de cette population et la méthode d'investigation puissent paraître critiquables à bien des égards, cette étude a le mérite d'exister et de mettre au jour des tendances de la personnalité, retrouvées d'ailleurs par d'autres auteurs. Les traits forts de la personnalité des écrivains apparaissent : audace, esprit de révolte, individualisme, absence de présupposés, persévérance, concentration, simplicité, aptitude au jeu, curiosité intense, humilité et désintéressement. Leur vision du monde est beaucoup plus originale que la moyenne et ils ont surtout un sens très fort de leur identité. Enfin la persévérance est particulièrement accusée, c'est elle qui permet habituellement la continuité de l'œuvre.

Trois critères me semblent importants à souligner car ils jouent à la frontière du génie et de la folie. Indispensables à la pensée originale, ils se transforment en traits pathologiques dès qu'ils sont plus accusés : obsession, perfectionnisme et niveau élevé d'énergie. Nancy Andreasen comparera quinze d'entre eux à un groupe de sujets maniaques, c'est-à-dire de patients présentant une exaltation de l'humeur – en termes populaires : des excités, des agités. Elle remarque chez l'ensemble d'entre eux, maniaques ou écrivains, une même et intense énergie, une humeur en expansion. En cela ils ne sont pas très différents.

Enfin des tests d'intelligence (WAIS) montrent que ces

écrivains obtiennent des résultats similaires avec un groupe de sujets témoins. Les écrivains et les créatifs ne sont pas foncièrement plus intelligents que la normale, ils utilisent différemment leurs capacités notamment au travers du jeu, de la persévérance, mais aussi de la conscience très forte de leur identité.

La psychanalyse nous propose plusieurs notions descriptives de la personnalité créatrice, centrées autour du moi, du narcissisme, du refoulement et de la sublimation.

Le moi créateur peut être compris comme la conséquence d'une problématique, notamment dépressive, et, en retour, la création peut avoir un profond retentissement sur ce moi, retentissement réparateur qui est en réalité le *modus operandi* de la créativité. La psychanalyse a longuement analysé la façon dont ce sentiment dépressif est transformé en énergie, en langage, en poésie.

Cet affect dépressif, qui n'est que potentialité, semble susceptible de se transformer en œuvre sur son versant positif, et en dépression clinique sur son versant négatif. On comprend combien tant de créateurs ont sans cesse oscillé entre ces deux pôles de l'expression dépressive ou de la créativité, mais aussi comment d'autres, non créateurs, n'auront pas accès à l'issue réparatrice de l'œuvre.

Avec Melanie Klein, enfin, cette position dépressive se situe comme un carrefour possible de plusieurs pathologies psychiatriques, toutes constitutives de personnalités géniales : la névrose, la psychose et les états de dépendance, notamment aux toxicomanies.

En termes psychanalytiques, la créativité sous-entend ainsi une riche communication entre inconscient et conscient, c'est-à-dire entre l'ordre symbolique et le langage, entre les représentations d'objets et les représentations de mots. Cette libre commutativité semble propre à tous les processus d'invention puisqu'elle permet d'établir facilement des liens inhabituels entre les idées et leurs représentations.

L'énergie du mouvement créatif provient du mécanisme de la sublimation, qui consiste à transformer et à déplacer les pulsions sexuelles vers un but déterminé, l'objet de la créativité. Cette sublimation peut encore s'entendre comme le déplacement d'une jouissance impossible dans l'acte de création. Le génie créateur est alors animé d'une obsession monomaniaque qui le confine dans l'accomplissement de l'œuvre.

Stendhal et Delacroix témoignent à leur façon du démon qui possède le créateur. « L'homme de génie, tourmenté de ses idées, nous dit Stendhal dans son *Racine et Shakespeare*, a plus besoin de prendre la plume que les êtres ordinaires de se mettre à table. » « Ce qui fait les hommes de génie, ou plutôt ce qu'ils font, renchérit Delacroix dans son *Journal* à la date du 15 mai 1824, c'est cette idée qui les possède, que ce qui a été dit ne l'a pas encore été assez. »

L'idée obsédante qui concentre dynamiquement toute l'énergie de la personnalité sur le point le plus précis du travail créatif, idée ridicule, folle ou grandiose, est encore l'une des constantes du portrait du créateur et de l'être d'exception. Elle fonctionne toujours au risque de la dépression qui en est l'exutoire naturel. Kretschmer nous en offre un magnifique exemple dans ce témoignage lucide du grand naturaliste Linné : « Quand les pensées ne s'attachent plus qu'à une seule chose et qu'on perd le goût des autres sciences, commence la mélancolie ... La mélancolie n'est donc rien d'autre qu'une préférence obstinée et tenace pour une chose, entraînant mépris et négligence de toutes les autres. »

Encore une fois nous rencontrons la dépression sur le chemin de la créativité, au point de penser qu'un noyau dépressif, au sens d'une potentialité interne à la personnalité, est constitutif de l'être de génie. La dépression est présente dans le déséquilibre et les blessures du narcissisme qui sont une autre condition de ce processus créateur. Cette forte image de soi, ce profond investissement du moi au détriment des objets extérieurs confinant à l'autosatisfaction, caractérise le narcissisme qui habite le créateur. La certitude de son génie le rend souvent capable d'abattre des montagnes. Hugo ne cesse d'en être persuadé : « Pour découvrir au-delà de tous les horizons les hauteurs absolues, il faut être soi-même sur une hauteur. [...] Il y a dans l'admiration on ne sait quoi de fortifiant qui dignifie et grandit l'intelligence » (*Post-scriptum de ma vie*).

Cette ambition mégalomaniaque est si haute qu'elle en est inaccessible. Le créateur, l'inventeur, le prophète, le conquérant, ou l'être de génie, est ainsi très souvent et paradoxalement malheureux, souvent déçu de l'image qu'il s'était faite de lui-même. Cette atteinte de l'intégrité, cette perte de l'illusion de toute puissance, en quelque sorte la problématique d'une enfance attardée, constitue une blessure du narcissisme et souvent le vrai moteur de l'œuvre. On peut y rattacher les atteintes à l'image physique et les complexes d'infériorité : le handicap de Byron, de Scott ou de Toulouse-Lautrec ; la santé fragile de Proust ou de Chopin ; la petite taille de Platon, d'Aristote, d'Epicure, de Montaigne, de Mozart, de Spinoza, de Balzac, de Napoléon, de Talleyrand ; la santé chancelante de Newton, de Descartes, de Voltaire, de Pascal..., toutes blessures permanentes de l'amour-propre, qui nécessitent de réaliser de grandes choses pour surmonter une image de soi négative et dépasser la réaction dépressive qui lui est attachée.

Enfin, cette énergie sublimée dans l'acte créateur se fait habituellement au détriment de la pulsion sexuelle, et l'on a souvent décrit les « génies » comme célibataires et sans descendance, « et même, nous précise Kretschmer, quand l'activité sexuelle est importante, leur volonté de se reproduite est faible ».

L'alternative entre l'œuvre et la sexualité apparaît clairement dans le projet de vie des très grands créateurs. Nietzsche le confirme qui dit : « Un philosophe marié est un personnage de comédie. » Lombroso en fait une liste impressionnante : Schopenhauer, Descartes, Leibniz, Malebranche, Kant, Spinoza, Michel-Ange, Newton, Foscolo, Alfieri, Meyerbeer, Léonard de Vinci, Voltaire, Chateaubriand, Mazzini, Beethoven, Haendel... furent célibataires. Et Cocteau, dans *Opium*, nous en donne une lecture limpide : « L'art naît du coït entre l'élément mâle et l'élément femelle qui nous composent tous, plus équilibrés chez l'artiste que chez les autres hommes. Il en résulte une sorte d'inceste, d'amour de soi avec soi, de parthénogenèse. C'est ce qui rend le mariage si dangereux chez les artistes, chez qui il représente un pléonasme, un effort de monstre vers la norme. »

L'impuissance ou la stérilité ont parfois été évoquées pour expliquer la rareté de la descendance des hommes illustres, et surtout des créateurs. « Certes, nous dit Bacon, chacun peut voir que les plus nobles œuvres sont dues à des hommes qui n'eurent pas d'enfants. » On peut raisonnablement se demander si la descendance n'est pas dans l'œuvre. C'est encore l'avis de Cocteau : « Le signe du « triste sire » qui étoile tant de génies, vient de ce que l'instinct de création, satisfait par ailleurs, laisse le plaisir sexuel libre de s'exercer dans le pur domaine de l'esthétique et le porte aussi vers des formes inféécondes » (*op. cit.*). « Tant mieux si je n'ai pas de postérité », répond Flaubert à Louise Colet, après leur folle nuit de Mantes. Je suis un solitaire, aurait-il pu poursuivre, quand le désir me tient, « une cuvette d'eau froide m'en débarrasse, voilà ».

Et puis la sexualité du génie hésite ou se détourne. Le dégoût viscéral du corps et de la sexualité poussera Kafka dans un terrible dilemme entre la peur, la honte et la culpabilité. Mais il dit aussi, et de façon très lucide, le caractère antinomique de la littérature et de la sexualité : « S'il m'est arrivé d'être heureux autrement que par la littérature et ce qui y était lié... alors justement j'étais incapable d'écrire. »

Marguerite Duras sera autrement cinglante dans ce passage de *La Vie matérielle* : « Beaucoup d'intellectuels sont des amants maladroits, timides et effrayés, distraits... J'ai remarqué que les écrivains qui font superbement l'amour sont beaucoup moins de grands écrivains que ceux qui le font moins bien et dans la peur. »

La fréquente homosexualité masculine des créateurs littéraires peut se comprendre dans le rapport œdipien à cette mère jocastienne qui focalise toute l'énergie pulsionnelle sur sa relation exclusive. Les femmes sont de pâles figures à côté de la mère et aucune ne l'égale. Seule l'homosexualité et la fonction de sublimation préserveront de la tentation interdite. Proust, Genet, Jouhandeau, Verlaine, Roussel, Wilde, Byron, Montaigne ont chanté les vertus homonymes. Mais aussi Socrate, Aristote, Cesar, Botticelli, Léonard, Francis Bacon, Lulli, Géricault, Humboldt, Tchaïkovski, Andersen, Pierre Loti, Rimbaud, Gide, Max Jacob, Jean Cocteau, Montherlant, Nijinski, Pasolini... Il en est de même pour les femmes chez qui l'homosexualité protège de la tentation incestueuse : Ninon de Lenclos, George Sand, Sarah Bernhardt, Colette, Virginia Woolf... Mais tous les génies ne sont pas homosexuels et tous les homosexuels ne sont pas des génies.

Cependant, il ne faudrait pas passer sous silence la rare sexualité débridée des forces de la nature, comme Simenon aux dix mille femmes, ou Victor Hugo, infatigable amant de Juliette Drouet, qui menèrent tous deux leur vie comme ils menèrent leur œuvre.

De cette personnalité du génie très contrastée émergent sa profonde dimension narcissique et toujours une grande fragilité qui se manifeste par une tendance dépressive. Dans ses *Entretiens avec Eckermann*, Goethe prend conscience pour lui-même de cette faiblesse maladive qu'il vivra si souvent : « Les actes extraordinaires que de tels hommes accomplissent présupposent une organisation très frêle qui leur permet d'éprouver des sentiments rares et de percevoir les voix célestes. Or une telle organisation est facilement troublée, blessée... et facilement soumise à un état maladif permanent. » La crise existentielle sera ainsi le révélateur de la personnalité du créateur mais aussi de toutes ses faiblesses.

Dans son étude sur *Névrose et Création*, Jean Delay illustre la forte valeur créative de la crise intérieure à travers les trois cas de Nietzsche, Dostoïevski et Flaubert. C'est en surcompensant sa fragilité maladive et hyperémotive que Nietzsche prêchera « la volonté de puissance et l'exaltation des instincts ». Chez Dostoïevski, c'est le dépassement de sa névrose de culpabilité engendrée par l'excessive sévérité du père, qui généra tant d'œuvres mettant en scène la soumission, la haine, la vengeance et le pardon. C'est enfin Flaubert, sa névrose de caractère et son retrait du monde, qui trouvera une issue à la crise dans l'évasion imaginaire de la littérature.

Crise et création sont fortement liées, au point de parfois se confondre en un même mouvement. L'extraordinaire voyage de Richard Wagner en 1839, où il risqua de périr à plusieurs reprises dans les brumes de la mer du Nord, imposa *Le Vaisseau fantôme* à son angoisse apaisée. Mais la crise mutative intérieure peut aussi prendre des allures de « tremblement de terre », comme la nomma Kierkegaard, crise morale qui modifia le cours de sa vie et décida de son œuvre. La crise résout alors le mouvement dépressif. La folle angoisse et les violentes crises d'auto-accusation qui agitèrent Martin Luther pendant près de six mois dans sa cellule du cloître d'Erfurt, furent résolues et ses doutes s'évanouirent lorsqu'il eut la certitude lumineuse de son nouveau dogme. La crise cédait la place à l'invention de la Réforme.

En 1790, Mozart fut habité d'une profonde crise morale qui le plongea, lui si vif et si productif, dans une désaffection et un dégoût de la musique qui ne lui permettront de composer qu'avec très grande difficulté. Cette année-là fut un désert, il n'écrira que cinq œuvres mineures dont deux quatuors déjà avancés l'année précédente. C'est à la fin de cette année de souffrance, en décembre 1790, qu'il résolut la crise en composant avec tant de douleur le quintette à cordes en *ré* majeur (Kœschel 593) et révéla sa pensée musicale la plus secrète, permettant alors l'épanouissement de sa dernière année de vie et l'avènement de *La Flûte enchantée.* On comprend combien l'œuvre empêche la crise de devenir folie.

En 1912, dans la grande ambivalence de ses sentiments pour Felice, Franz Kafka mène un terrible combat contre ses forces intérieures, un combat qui sonne comme un coup de tonnerre dans un ciel de désespoir. Ernst Pawel en témoigne : « Le 20 septembre 1912, Kafka écrivit sa première lettre à

Felice, et, deux nuits plus tard, sa tension accumulée explosa en une tempête aveuglante de désespoir créateur. D'une seule traite, entre dix heures du soir et six heures du matin, il écrivit *Le Verdict*. Un châtiment digne du crime. »

Ce déluge d'écriture mû par l'énergie du désespoir fut vécu par Kafka comme un réel accouchement d'où sortait enfin cette histoire, « couverte de saletés et de mucus », selon les termes de son *Journal* à la date du 11 janvier 1913. La crise n'a d'issue que dans l'angoisse et la folie, ou bien dans l'œuvre.

C'est le drame de Nietzsche et l'épisode final de l'« euphorie de Turin », en 1888, cette crise maniaque, crise d'exaltation de l'humeur et d'exubérance des comportements, qui se résoudra le 3 janvier 1889 par son effondrement en pleine rue, et marquera la fin de l'œuvre. Si la crise n'est pas dépassée par l'œuvre, l'angoisse et la folie risquent de l'emporter.

De nouveau à l'articulation si sensible entre le génie et la folie, le créateur et l'être d'exception aux prises avec le conflit intérieur n'a qu'une alternative : la création de l'œuvre réparatrice ou bien l'angoisse, la folie, la dépression et le suicide.

6. La folie

« Le génie est une manifestation, une modalité de la folie », disait Xavier Francotte il y a tout juste un siècle. On était encore dans une vision très manichéiste qui opposait le bien et le mal, l'excès et la modération. Or le génie a toujours été du côté de l'excès, tout comme la folie.

La démarche descriptive d'aujourd'hui relève la grande fréquence des difficultés morales, psychologiques ou mentales chez les créateurs et les êtres d'exception. Mais il est bien entendu qu'elle n'établit aucun lien de causalité directe. Peut-être pourrait-on plutôt avancer que le génie et la folie sont l'expression d'une même structure de personnalité et que l'un n'est qu'une facette de l'autre. Il est enfin évident que le vécu de la folie, lorsqu'il y a folie, influe sur le génie et que, par contre, le génie atténue en quelque sorte la folie.

Les exemples en sont si nombreux qu'on hésite à les énoncer et que, du coup, on s'expose à la critique des inconditionnels et des hagiographes qui ne supportent en rien que l'on touche à la belle et pure image d'une grande figure. De nombreuses biographies gomment ainsi très chastement les imperfections de la vie des grands hommes. Pour certains auteurs, le doute plane de façon surprenante. C'est Nerval, le 26 janvier 1855, que l'on trouve pendu à Paris, rue de la Vieille-Lanterne. Certains s'interrogent sur un crime, d'autres disent sans conviction : « Un suicide est probable. » C'est encore Roussel, le poète génial de *Locus solus* et des *Impressions d'Afrique* qui meurt d'une overdose de barbituriques dans la nuit du 13 au 14 juillet 1933, dans sa chambre du grand hôtel des Palmes à Palerme, et dont on prétendra longtemps qu'il aurait été assassiné. Il existe toujours des cas dans lesquels on ne sait rien des événements traumatiques. Entend-on souvent parler du suicide de Gauguin et de celui de Baudelaire ?

Certains préfèrent lénifier, contre toute réalité. C'est le Rimbaud de Claudel, propre, pur, et mystique, dont l'image sera entretenue par sa sœur Isabelle ; or, on le sait, à la mort du poète, en 1891, et alors qu'elle tentait déjà de préserver l'image et de nettoyer la biographie, elle n'avait encore lu aucune œuvre de son frère. Les génies sont pourtant des humains comme les autres, vulnérables entre tous et même souvent plus, avec leurs faiblesses, leurs malheurs, leurs maladies, leur folie. La folie recouvre ici des réalités différentes suivant les époques, de l'extravagance à la névrose de caractère et à la psychose délirante. Il semble très naturel que des êtres d'exception aient des personnalités d'exception. La folie participe aussi souvent de l'œuvre.

La névrose phobique et les rituels obsessionnels de Marcel Proust n'ont jamais fait de doute pour personne, pas même pour lui. Marcel se retire progressivement de la vie parisienne pour le refuge imaginaire de ses chambres successives. Il passera des périodes de plusieurs mois confiné dans sa tanière tapissée de liège, à l'abri des nuisances, menant une vie d'infirme et gouvernant tout de son lit. Pour plus d'élégance on pourra parler du caractère phobique de sa névrose littéraire, mais il ne fait aucun doute que la dimension exceptionnelle de son génie et la complaisance de la fortune familiale ont vraisemblablement préservé son équilibre précaire et évité la décompensation dépressive.

La peur, l'angoisse et la culpabilité accompagneront l'adolescence de Kafka, qui concevra une véritable phobie de son corps, une dysmorphophobie – peur de devenir difforme, chauve, et de présenter une déviation de la colonne vertébrale. Ce dégoût viscéral de la sexualité et de l'intimité corporelle le confinera dans des rites obsessionnels d'ascétisme, de la prise de bains d'eau glacée ou de contraintes corporelles, lui imposant des attitudes ou des actes obligés. Cette profonde souffrance de la névrose obsessionnelle transparaît dans son œuvre, qui peint l'atmosphère oppressante du monde moderne et traduit sa profonde angoisse de la transformation corporelle, notamment dans *La Métamorphose.*

Jean-Jacques Rousseau a si ouvertement confessé son amour de la fessée qu'on veut bien admettre la perversion de l'écrivain. « J'avais trouvé dans la douleur, dans la honte même, un mélange de sensualité, qui m'avait laissé plus de plaisir que de crainte de l'éprouver derechef de la même main. » Le masochisme et l'exhibitionnisme qui ont joué un si grand rôle dans sa jeunesse ont pu trouver une forme sublimée dans l'écriture et la philosophie. « J'allais chercher des allées sombres, nous confie-t-il, des réduits cachés ou je puisse m'exposer de loin aux personnes du sexe, dans l'état où j'aurais voulu être près d'elles [...]. Le sot plaisir que j'avais à l'étaler à leurs yeux ne peut se décrire. » Cette tendance instinctive à l'exhibitionnisme peut être rapprochée de la façon impudique avec laquelle il se met à nu dans *Les Confessions.* L'œuvre n'est ici que le reflet de la personnalité.

La passion littéraire et photographique de Lewis Carroll pour les petites filles et tout spécialement pour la petite Alice Liddel, lui a permis de passer *de l'autre côté du miroir.* Même si l'on ne peut parler de pédophilie dans la mesure où toutes les relations qu'il a entretenues avec elles semblent avoir été platoniques, cette obsession passionnelle n'est pas très banale – il occupa tout son temps à séduire des enfants –, car elle procède d'un conflit intérieur qui ne se résoudra, ou ne s'exprimera, que dans l'œuvre.

La psychopathie, qui recouvre les troubles du caractère et du comportement d'allure antisociale, accompagne tout naturellement ces grands révolutionnaires que sont les créatifs, les inventeurs d'idées, les dérangeurs de l'ordre établi. Au point que leurs comportements ne semblent pas toujours avoir la même valeur que chez un non-créatif. Combien d'intellectuels se sont récemment émus de l'incarcération d'un Knobelspiess parce que sa vocation littéraire semblait antinomique avec une éventuelle culpabilité ? Mais combien ont pris position pour Jean Genet, lorsqu'il affirmait : « Il est amusant que je ne puisse écrire convenablement qu'en prison », ou, à son époque, pour un François Villon dont on ne suit facilement la biographie que par la chronique judiciaire ?

Après un homicide, Villon prend la fuite sous un faux nom et réussit, en 1456, à obtenir une lettre de rémission avant de commettre à nouveau un vol avec effraction. Des années d'errance et de larcins avec la bande des Coquillards le ramènent en prison en 1461. Le 2 octobre de la même année, il sera libéré par Louis XI, de nouveau inculpé l'année suivante et incarcéré au Châtelet. Encore une fois arrêté, torturé et condamné à la pendaison, il voit sa peine commuée, par le Parlement de Paris, en dix ans de bannissement au cours desquels on perd définitivement sa trace. *Le Lais* puis *Le Testament* furent écrits chacun après une captivité et comme pour en exprimer regrets et justification. Chez Villon, comme chez tant d'autres, l'œuvre est indissociable de la vie et la vie de l'œuvre. Kretschmer pense profondément que cet élément psychopathique, asocial ou même antisocial, que l'on retrouve si fréquemment chez des êtres d'exception, est sans doute « une composante interne indispensable, un ferment nécessaire pour tout génie au sens strict du mot ». Il ajoute que, si l'on enlevait à l'homme de génie ce trait psychopathologique, « ferment de l'inquiétude démoniaque et de la tension psychique, il ne resterait plus qu'un homme normalement doué ».

Byron ou Michel-Ange, esprits géniaux s'il en fut, ressemblent ainsi très précisément aux psychopathes des manuels de psychiatrie, tant dans leur incapacité à s'adapter à la vie sociale que dans les aspects pathologiques de leurs caractères. Intronisé à la Chambre des lords en 1809, Byron défrayera la chronique puritaine de l'Angleterre victorienne toute sa vie durant, développant des passions coupables, et même incestueuses avec sa demi-sœur Augusta Leigh dont il eut un enfant, cumulant les dettes, l'ivresse et l'agressivité. Comme pour témoigner de lui-même, ce lord extravagant et scandaleux fut un défenseur des humbles, des opprimés et un chantre de la liberté. Car le génie créateur tient avant tout à sa propre liberté et à l'absence de contrainte pour ses idées sauvages. Ce n'est d'ailleurs que parce que nous rendons hommage à son anticonformisme que la fréquente psychopathie des créateurs nous semble synonyme de liberté. Encore une fois le génie ne trouve une définition que dans sa reconnaissance.

L'esprit d'indépendance et la grande personnalité de Michel-Ange permettront que l'on accepte de lui des comportements qui eussent été condamnés chez tout autre, et que l'on qualifie seulement de caractériels chez le maître de Florence. On l'a dit vaniteux, misanthrope, violent, jaloux, querelleur, tourmenté, mais aussi modeste et généreux. En un mot, surhumain. Il n'accepta aucun élève de talent et ne supportait la présence de personne, pas même du pape, lorsqu'il travaillait. Ces traits accusés de la personnalité contribuent au génie du créateur dans la mesure où ils laissent libre cours à l'invention et ne limitent en rien l'exaltation de l'humeur et la liberté des idées. Chez d'autres, le caractère trop pathologique de cette instabilité enraye l'accomplissement de l'œuvre et conduit à l'échec. Kretschmer mentionne ainsi les poètes Grabbe et Lenz, deux obscurs « génialeux », selon ses termes, chez qui l'élément pathologique fut plus autodestructeur que stimulant de la création.

La liste des crimes de Benvenuto Cellini est fort longue, ne serait-ce que si l'on s'en tenait à ses propres *Mémoires* dans lesquels il fait le compte de ses méfaits. En 1523, il blesse deux hommes au cours d'une querelle et s'enfuit de Florence. En 1529, il est inculpé d'homicide. En 1534, il assassine son rival, se cache, puis obtient le pardon du pape Paul III, qui le reprend à son service. En 1538, il est incarcéré pour vol, s'évade, est repris, puis libéré. Il connaîtra encore plusieurs inculpations pour vol, homicide ou sodomie, mais conservera toujours la confiance et l'estime de la papauté et des ducs de Florence qui lui firent, en 1571, des obsèques élogieuses en grande pompe. Il est bien évident que le crime et la peinture n'ont chez lui aucun lien de causalité directe, et que les œuvres fortes ne sont pas obligatoirement le fait des caractères violents, mais ils procèdent ici d'une même structure de personnalité qui génère à la fois l'impulsion et l'inspiration, si toutefois elles ne sont sœurs jumelles.

La vie de Michelangelo Merisi, dit Le Caravage, fut aussi mouvementée que celle de Cellini. Évoquant l'association du style révolutionnaire du Caravage et de son caractère passionné, Wittkower nous livre l'image forte de « la combinaison d'un pinceau agressif avec un poignard implacable ». Cité deux fois pour rixes par la police en 1600, il blesse un soldat l'année suivante, intente des actions en justice, agresse, insulte, offense, attaque, s'enfuit... Il sera condamné à l'exil pour homicide dans un duel, mais bénéficiera toujours de mesures de grâce et de la bienveillance de puissants mécènes. On peut tout de même remarquer dans sa biographie la fréquente apparition des accès impulsifs au printemps ou à l'automne, ce que nous connaissons habituellement dans les alternances cycliques de l'humeur que l'on nomme encore populairement cyclothymie.

Les expériences hallucinatoires et délirantes prennent aussi une tout autre dimension chez le poète. On pourra les comprendre comme des alliées de l'inspiration et leur attribuer une valeur fondamentalement différente de l'opinion que l'on peut avoir, par exemple, des hallucinations d'un jeune schizophrène. Elles sont cependant en tout point comparables, mais le contexte créatif et leur valeur symbolique permettront souvent de conserver cet équilibre précaire tant recherché par le créateur et générateur d'invention.

On peut s'interroger sur la seule valeur métaphorique de certaines expressions utilisées par les poètes, comme le terme de *voyant* ou de *visionnaire* dont Rimbaud qualifie les vrais poètes, Gautier, Banville, Verlaine... Dans sa célèbre lettre à Paul Demeny du 15 mai 1871, dans laquelle il dit « *Je* est un autre », Rimbaud précise clairement que le poète se fait *voyant* par « un long, immense et raisonné dérèglement de tous les sens ». C'est ainsi qu'il approche l'*inconnu.*

Par des procédés qui ne sont pas très différents de ceux qu'utilise l'enfant ou le psychotique dans ses expériences hallucinatoires, le poète met à l'épreuve sa perception sensible. Certains de ces enfants jouent avec la lumière et clignent rapidement des yeux pour connaître des sensations inouïes. Nous-mêmes, psychiatres, sommes souvent fascinés par les expériences hallucinatoires que nous rapportent nos patients. La richesse inventive de telles expériences tente alors naturellement le créateur qui se situe à la dangereuse et instable frontière de l'hallucination et de la réalité.

« Je m'habituai à l'hallucination simple, poursuit Rimbaud, je voyais très franchement une mosquée à la place d'une usine, une école de tambours faite par des anges, des calèches sur les routes du ciel, un salon au fond d'un lac ; les monstres, les mystères ; un titre de Vaudeville dressait des épouvantes devant moi. Puis j'expliquai mes sophismes magiques avec l'hallucination des mots ! » (*Une saison en enfer*, « Délires »). Il n'y a aucune raison de douter du caractère inspiré et imaginaire de ces superbes lignes de l'enfant-poète, mais la frontière n'est pas loin avec l'automatisme mental et la dissociation d'une part de soi-même. N'est pas loin non plus « la folie, dont je sais tous les élans et les désastres » (*ibid.*).

L'allure provocante et le permanent défi qu'il lançait au monde faisaient de Baudelaire un être mégalomaniaque, au narcissisme profondément blessé à la fois par l'absence de reconnaissance publique et par l'état de dépendance infantile dans lequel le tenait sa mère, notamment depuis son placement sous tutelle judiciaire en 1844, à l'âge de vingt-trois ans. Ce régime de protection des biens est encore appliqué à ceux, aujourd'hui très rares, que nous nommons des « incapables majeurs » et qui, en raison de leur incapacité à se gérer eux-mêmes, ont besoin d'être représentés dans les actes de la vie civile – c'était, en l'occurrence, pour la gestion de ses revenus, car en quelques années, Charles avait dilapidé l'héritage de son père et accumulé les dettes. Cette attitude à son égard le confinera dans la marginalité, hors des normes bourgeoises qu'il méprisera et bravera sans cesse. Son impulsivité, ses excès de provocation, ses excès de boisson accompagneront sa recherche inlassable d'une esthétique personnelle, d'un « art pur » que figurent *Les Fleurs du mal*, condamnées par l'ordre bourgeois en 1857, mais reconnues par la génération suivante, comme c'est habituellement le cas des œuvres de génie. Baudelaire, cet être inspiré et hypersensible, a vraisemblablement connu des hallucinations pendant son enfance, en tout cas une hyperesthésie – une perception sensorielle exacerbée – tout au long de son œuvre. Nous sommes encore sur cette très subtile frontière entre le réel et l'imaginaire.

L'illumination intérieure du créateur le tient souvent loin de son entourage, et prend une telle force qu'elle semble proche de ce que nous nommons *hallucination*. Le génie inspiré et totalement intériorisé est comme dédoublé, il s'agite à l'extérieur tandis qu'il vit intensément l'hallucination fulgurante d'un moment d'inspiration. En cet état, il ressemble par beaucoup de points au personnage du chaman des sociétés traditionnelles nomades. Il est en marge du groupe, il possède la connaissance, il est l'intercesseur des dieux, habité par la divinité dont il prend le nom... Et dans un état second, il écrit des rêves et invente l'avenir.

Les crises d'« absence de l'esprit » de Beethoven étaient marquées par une activité extérieure machinale : il criait, marmonnait, arpentait de long en large sa chambre, griffonnait avec fièvre les messages qui lui venaient de l'intérieur. « L'idée qui est au fond de moi ne me laisse jamais, précise-t-il. Elle monte, elle croît, je la vois et je l'entends dans toute son extension ; comme en fusion elle se tient devant mon esprit... Je la poursuis, je l'étreins, je la ressaisis avec une passion renouvelée, je ne peux plus m'en séparer... Il me faut la multiplier dans un spasme d'extase.... Il ne me reste plus ensuite que le travail de transcrire – ce qui va vite. »

« Quiconque, nous précise Panizza, a lu les descriptions de Schindler dans sa *Biographie de Ludwig von Beethoven* et eu l'occasion de voir un halluciné dans la phase initiale de sa maladie, ne peut douter qu'il s'agisse de deux états apparentés. » La fulgurance de l'inspiration musicale peut aisément ressembler aux états hallucinatoires, dans la mesure où de nombreux compositeurs disent entendre la mélodie et ne faire que la retranscrire. Il ne s'agit ni d'une perception erronée, ni d'une illusion, ni d'une interprétation de la réalité, mais vraisemblablement d'une véritable intuition délirante autoproduite, qui permet de penser que le créateur parvient, à force de recherche perceptive, à déclencher un automatisme mental, c'est-à-dire une pensée automatique – et ici une perception automatique –, signe d'une certaine dissociation de soi-même.

Le schizophrène connaît spontanément une telle partition de la personnalité et les hallucinations, ces perceptions sans objet, s'imposent à lui sans critique possible. Les hallucinations auditives sont le plus souvent des voix, mais parfois des sons plus ou moins aigus ou intenses, comme des cloches ou des sifflets, ou encore des mélodies musicales plus élaborées. La profonde différence entre les hallucinations du jeune schizophrène et l'inspiration hallucinatoire du compositeur de génie est que cette dernière reste habituellement ponctuelle et isolée, c'est-à-dire qu'elle permet la poursuite relative d'une vie de relation. Sinon, dans son mécanisme, l'hallucination est identique, elle est l'expression et la matérialisation du désir, au sens où le nouveau-né hallucine le biberon lorsqu'il le réclame.

Pendant de très nombreuses années, Schumann entendit un son aigu permanent qu'il identifiait comme extérieur à lui-même : « Tout en composant, j'entends sonner dans ma tête un sifflet qui ne s'arrête ni jour ni nuit... » Puis l'hallucination se fit plus riche, plus complète. Clara note dans son carnet à la date du 12 février 1854 : « Il dit que c'est une musique splendide, avec des instruments d'une sonorité merveilleuse, comme on n'entend jamais de pareille sur terre. » Elle précisera : « Le médecin dit qu'il n'y peut rien. »

Nous quittons ici la frontière ténue entre le génie et la folie pour atteindre le déséquilibre mental. Les moyens de défense de la personnalité sont maintenant dépassés, les hallucinations sont multiples, auditives, mais aussi olfactives, gustatives, de fausses impressions qui sont interprétées comme autant de persécution. Le délire est en marche. Dans la nuit du 17 février, Schumann se lève et note un thème que des anges lui ont dicté. Les anges se pressent autour de lui et lui font des révélations inouïes. Au matin ce sont des démons, qui lui jouent une musique infernale. Schumann est entré dans la folie, une folie qui nourrit les grandes exaltations de son génie compositeur, mais une folie dont il ne sortira plus.

On pourrait aussi évoquer les riches hallucinations de tous les grands mystiques, les voix et les ordres divins de Jeanne d'Arc, les entretiens de Luther avec le diable, les visions de Bernadette ou de sainte Thérèse, l'inspiration divine d'Abraham, de Jésus ou de Mahomet. La très similaire mécanique mentale animant de si nombreux personnages d'exception qui ont mené le monde trouve un facteur d'équilibre dans la reconnaissance sociale par les disciples et les contemporains, créant en quelque sorte un délire collectif qui évite la dépression dans le déni de tous. Au-delà du problème de la foi, il n'y a aucune différence clinique entre la formidable conviction de Jeanne d'Arc et les hallucinations stériles d'un jeune schizophrène hospitalisé, dont nous recueillons le témoignage délirant : « Je suis le fils de Dieu et il me parle chaque jour de ma mission terrestre. » La seule définition du génie est, là encore, dans la reconnaissance sociale.

La très belle étude de Lélut, un psychiatre français du début du XIXe siècle, sur *Le Démon de Socrate*, eut le grand mérite de mettre en évidence le caractère profondément délirant et halluciné de l'une des plus grandes figures de l'Antiquité, caractère indissociable de son génie qui n'est remis en cause par personne. Autres temps, autres mœurs, et conception très différente du génie inspiré dont le comportement est accepté de tous. Platon en témoigne dans *Le Banquet* : « Au milieu du chemin, Socrate devint tout rêveur et demeura en arrière. Je m'arrêtai pour l'attendre, mais il me dit d'aller toujours devant [...]. Non, non, dis-je alors, laissez-le ; il lui arrive souvent de s'arrêter ainsi, en quelque endroit où il se trouve. » « J'ai senti ce signal divin qui m'est familier, répondit Socrate, et dont l'apparition m'arrête toujours au moment d'agir [...] Le dieu qui me gouverne ne m'a pas permis de te parler jusqu'ici, et j'attendais sa permission » (cité par Lélut). Ces propos surprenants, toujours compris sur le plan de la métaphore confirment bien que le génie est visionnaire, illuminé, que c'est toujours un prophète.

De nombreux psychiatres se sont penchés sur le « cas Hölderlin », qui fit l'objet de la première pathobiographie par Lange-Eichbaum en 1909. Tous s'accordent sur un diagnostic de psychose schizophrénique, qu'ils soient psychiatres comme Lange et Kretschmer, ou psychanalystes comme Laplanche. La maladie semble se déclarer en 1800, quand est découverte sa liaison passionnelle avec Suzette Gontard, la mère des enfants dont il est le précepteur, et au moment de son voyage à Bordeaux en 1801. Hölderlin entame une nouvelle existence, se déclare « autre » et dit « ne plus avoir le même nom ». « Je m'appelle Kilalusimeno. » « L'existence de symptômes psychiatriques est maintenant manifeste, nous précisent Géraud et Bourgeois dans une récente étude clinique : retrait autistique, incohérence de la pensée, néologismes, maniérisme, dépersonnalisation... Les hallucinations sont possibles... mais non certaines ; il en va de même des idées délirantes. »

Il est intéressant de relever que, s'il n'y a pas de doute pour les cliniciens sur une pathologie psychiatrique, celle-ci sera contestée par des non-médecins, comme Heidegger qui ironisera sur le diagnostic de Lange-Eichbaum, ou encore plus récemment par Pierre Bertaux, un germaniste très partial qui, en 1978, soutiendra la thèse de la simulation de la folie pour motifs politiques. Comme dans le cas d'Artaud, Claudel ou même Roussel, la psychiatrie apparaît sans fondement aux non-psychiatres.

Chez Gérard de Nerval, la maladie l'a encore emporté sur l'inspiration. Comme Schumann, il présente une maladie maniaco-dépressive, que l'on appelait alors folie circulaire, qui alterne des phases d'excitation très productives et des phases d'abattement dépressif. La folie éclate en 1841 au retour de ses voyages d'Italie, puis de Belgique. Son délire mystique teinté d'ésotérisme en faisait un spirite qui entendait l'esprit d'Adam, de Moïse, de Josué. Par la suite, le délire s'enrichit de ce que l'on pourrait nommer la folie des grandeurs. Il descendait de Folobelle de Nerva dont tous les descendants mâles portaient comme lui le tétragramme de Salomon sur la poitrine. Il parlait de ses châteaux d'Ermenonville et rachetait toutes les monnaies romaines de l'empereur Nerva pour retrouver ses ancêtres. C'est en pleine folie, dans les deux dernières années de sa vie, que Nerval nous livre le terrible et sublime chant inachevé d'*Aurélia*. Chronique de sa folie, descente aux Enfers, mais sans nul doute esthétique achevée d'un poète visionnaire. La maladie ne connaissant alors aucun traitement, il finit sa vie en asile et dans la démence qui était l'aboutissement naturel de la folie et de nombreuses dépressions.

La lourde maladie d'Antonin Artaud qui rythma son œuvre puis qui l'étouffa, de l'hôpital Henri-Rousselle où il multiplia les cures de désintoxication à l'asile de Rodez, cette lourde maladie participe à chaque instant de l'œuvre et la nourrit. « Je souffre d'une effroyable maladie de l'esprit. Ma pensée m'abandonne à tous les degrés », écrit-il déjà en 1923 à Genica Athanasiou. La dissociation de la schizophrénie est manifeste dès le début de la maladie, une phase dépressive initiale subie à dix-huit ans, qui l'empêchera de poursuivre ses études. Dans son très riche délire mystique reviennent constamment les thèmes d'identité : « Il y avait à Marseille en 1906 ou 1907 un enfant du nom de Nanaqui [...] il s'appelait en réalité Antonin Artaud et il est *mort* à l'asile de Ville-Evrard à l'âge de 42 ans, en août 1939. Ce n'est pas un miracle de mourir à 42 ans, et tout le monde a vu sortir de l'asile de Ville-Evrard le cadavre d'Antonin Artaud, ce qui est un miracle c'est que le monde après ce crime ait continué, et surtout que quelqu'un d'autre ait pu venir à la place d'Antonin Artaud et lui succéder dans sa douleur. Ce quelqu'un s'appelle Antonin Nalpas comme cela jeudi soir vous a été dit par Dieu ... » (Rodez, le 31 juillet 1943).

Malgré huit années d'asile, il poursuivra une œuvre riche par sa diversité et son originalité. Mais ce qui fait le « cas Artaud », c'est la polémique qui s'est instaurée entre la littérature et la médecine, encore aujourd'hui... Durant son très long séjour à Rodez, de nombreux intellectuels et amis lui rendront visite et se préoccuperont de sa sortie : Adamov, Marthe Robert, Breton, Colette, Paule Thévenin... L'argument d'une hospitalisation injustifiée et de traitements abusifs a souvent été évoqué, renforcé par le délire d'Antonin qui mêlait la fibre géniale de son inspiration littéraire à la revendication intellectuelle : « [...] la police qui avait installé des mitrailleuses autour de l'hôpital général et qui tirait sauvagement sur la foule pour empêcher sa libération. La bataille a duré plusieurs jours et il y a eu des milliers de morts » (Rodez, 19 juillet 1943).

La réalité de tels cas cliniques est bien difficile à appréhender car, pour les médecins et la psychiatrie, Antonin Artaud était un authentique malade mais, pour la littérature et dans le même temps, c'était un authentique poète. Comme le délire de Camille Claudel, authentique délire et, en même temps, très grande artiste. La maladie de Camille et son délire de persécution à l'égard de Rodin furent un arrêt de mort pour son œuvre, et posent à la médecine la question du génie créateur. Elle fut internée pendant trente ans et mourut à l'asile de Ville-Evrard. L'internement abusif et l'atteinte aux libertés furent violemment dénoncés par Paul Vibert, journaliste au *Grand Matinal,* qui niait la notion de maladie chez une artiste comme Camille et dénonçait l'indifférence familiale et le pouvoir médical tout-puissant. Une si longue hospitalisation ne serait plus concevable aujourd'hui, mais Camille n'en serait pas moins une malade.

On pourrait continuer d'évoquer nombre de biographies très connues ou de secrets bien gardés par l'hagiographie familiale. La folie est si présente dans les destinées d'exception qu'elle participe très directement à l'œuvre-vie. Le délire paranoïaque d'Auguste Comte qui se proclame grand-prêtre de la religion de l'Humanité n'est que le prolongement direct de sa philosophie positive, tout comme les idées de grandeur de Wilhelm Reich qui s'identifiait au Christ et s'élevait en découvreur de l'humanité, n'étaient que l'aboutissement de sa conception orgonique et de sa théorie de la bioénergie. La souffrance psychotique de Van Gogh ou celle de Hölderlin, la paranoïa d'August Strindberg nous rappellent encore la présence de la maladie qui scande la vie et l'œuvre. Guyotat parlera de *psychose romantique* – en évoquant Nerval, Schumann, Van Gogh –, une organisation mentale qui associerait un facteur génétique, une grande puissance d'expressivité et une haute fonction esthétique.

On fait habituellement référence, pour Maupassant, à l'évolution mentale d'une syphilis qui aurait occasionné sa démence. Il n'est cependant pas exclu que l'on puisse parler d'hérédité et de psychose familiale, si l'on considère la personnalité très ambiguë de sa mère, Laure de Maupassant, et la fin tragique en asile de son jeune frère, Hervé, de six ans son cadet. D'ailleurs il décrivit la folie et le dédoublement de la psychose schizophrénique bien avant d'être hospitalisé, notamment dans *La Lettre d'un fou,* publiée en 1885 : « Or un soir, j'ai entendu mon parquet craquer derrière moi [...] Mais le lendemain à la même heure, le même bruit s'est produit. J'ai eu tellement peur que je me suis levé, sûr, sûr, sûr que je n'étais pas seul dans ma chambre. On ne voyait rien pourtant. L'air était limpide, transparent partout. Mes deux lampes éclairaient tous les coins [...] Et je l'ai vu. J'en ai failli mourir de terreur [...] Mais je l'attend sans cesse, et je sens que ma tête s'égare dans cette attente [...] je commence à voir des images folles, des monstres, des cadavres hideux... toutes les visions invraisemblables qui doivent hanter l'esprit des fous. » La minutie descriptive de cette crise d'angoisse de dépersonnalisation peut faire penser qu'elle a été vécue.

Dans sa très fine analyse de la personnalité de Rilke, Kretschmer a cette puissante formule : « Rainer Maria Rilke passe de longues années comme un somnambule à côté de l'abîme, toujours proche de la catastrophe schizophrénique, mais sans sombrer tout à fait comme Hölderlin. » Une profonde angoisse et un sentiment d'étrangeté accompagneront tout au long l'œuvre de Rilke, ses expériences hallucinatoires et magiques au gré des variations de son humeur, dans le silence d'avant 1922, ou encore lors de ses tumultueuses inspirations mystiques.

Le délire de grandeur et la manie de persécution de Jean-Jacques Rousseau et de Schopenhauer seraient-ils le lot des philosophes ou bien faut-il avoir en soi suffisamment de vanité pour penser refaire le monde ? Le philosophe allemand se croyait la victime d'un complot destiné à étouffer son œuvre. Dès 1814, à l'âge de 26 ans, il se comparait à Jésus et avait la conviction d'être le premier à guider les hommes d'esprit vers la vérité : « Il m'arrive parmi les hommes ce qui est arrivé à Jésus de Nazareth, lorsqu'il dut éveiller ses disciples toujours endormis » (cité par Lombroso). Cette illumination va par la suite se transformer en persécution. Habité par l'angoisse, il mettait la main à son épée au moindre bruit, rédigeait ses notes en grec, en latin, en sanscrit, et les disséminait dans les pages de ses livres pour éviter toute indiscrétion. « Lorsque je n'ai aucune inquiétude, c'est alors que j'ai les plus grandes craintes » (*ibid.*).

Jean-Jacques nourrit les mêmes desseins, d'éclairer et de sauver l'humanité, d'être grand parmi les grands. Dans le même temps un délire de persécution transparaît dans chaque page des *Confessions.* Sa méfiance excessive lui fait craindre partout des ennemis, surtout parmi ses amis : Hume, Voltaire, Grimm et Diderot. Jacques Borel, qui nous a offert une minutieuse analyse sur *Génie et Folie de Jean-Jacques Rousseau,* voit apparaître dès 1757 la forme persécutrice de sa dépression puis des paroxysmes anxieux et enfin le délire d'interprétation. En août 1767, Rousseau confirme cette conviction : « La ligue qui s'est formée contre moi est trop puissante, trop ardente, trop adroite, trop accréditée pour que je sois en état de lui faire face dans le public. Couper les têtes de cette hydre ne servirait qu'à les multiplier. »

Le cas Rousseau fera dire à l'excessif Lombroso : « Ceux qui, sans fréquenter un asile d'aliénés, veulent se former une idée assez complète des tortures internes d'un lypémane, n'ont qu'à parcourir les œuvres de Rousseau, les dernières surtout, c'est-à-dire *Les Confessions, Les Dialogues* et *Les Rêveries d'un promeneur.* »

L'issue de cette folie était souvent l'asile, à une époque où l'on ne connaissait que peu de traitements. Devant l'angoisse de la psychose, certains réclamèrent d'eux-mêmes cette mesure de protection, comme Robert Schumann en 1854 : « Je veux être hospitalisé, je ne réponds plus de mes actes. » Comme plus récemment William Styron dans *Face aux ténèbres,* sous-titré *Chronique d'une folie* : « L'hôpital fut une étape, un purgatoire. » A l'opposé, on trouve l'avis poétique de Nerval dans une lettre du 27 avril 1841 : « J'ai peur d'être dans une maison de sages et que les fous soient au-dehors » (lettre à Madame de Girardin) ; ou encore la révolte de Breton dans *Nadja* : « Selon moi, tous les internements sont arbitraires. Je continue à ne pas voir pourquoi on priverait un être humain de liberté. Ils ont enfermé Sade, ils ont enfermé Nietzsche, ils ont enfermé Baudelaire. »

La liste n'est pas close : Conrad, Lowry, Schumann, Roussel, Nijinski, Munch, Utrillo, Camille Claudel, Artaud, Maupassant, Hölderlin, Hemingway, Althusser, Van Gogh.... et tant d'autres.

7. Manie et dépression

La dépression constitue la phase secondaire de nombreuses évolutions psychologiques et psychiatriques : angoisses, névroses, obsessions, psychoses... Dans un saisissant raccourci qui brosse d'un trait de plume le climat souvent mélancolique de l'écriture, William Styron en témoigne : « Camus, me dit Romain, faisait de temps à autre allusion au profond désespoir qui l'habitait et parlait de suicide » (*Face aux ténèbres*). La mélancolie d'Albert Camus qui transparaît dans le désenchantement du *Mythe de Sisyphe* (1942) inquiétait Romain Gary qui était alors l'un de ses très proches amis. Camus n'eut pas le temps de décompenser cette dépression puisqu'il mourut accidentellement en 1960. Gary lui-même fit écho à la dépression et au suicide de Jean Seberg par sa mélancolie et son propre suicide en 1980. Quant à Styron, habité par le suicide de tant de proches et par sa propre dépression, il n'échappa à la mort que parce qu'il fut soigné de sa maladie dépressive.

La dépression et l'idée existentielle du suicide qui lui semble attachée, sont particulièrement présentes dans le monde des lettres et des idées, en raison des questions philosophiques qu'elles soulèvent. Or, un fossé d'incompréhension sépare souvent deux versants vraisemblablement complémentaires : la position philosophique du suicide comme choix de vie, connue dès l'Antiquité et à une époque où n'existait aucune psychiatrie – la psychiatrie étant la branche de la médecine consacrée à l'étude et au traitement des maladies psychologiques et mentales –, et la meilleure connaissance que nous avons aujourd'hui de la maladie dépressive. Cette confusion est volontiers entretenue par la présentation dichotomique de ce qui apparaît aujourd'hui comme un véritable phénomène de société : la clinique des dépressions suggère au médecin qu'il s'agit d'une maladie, tandis que l'analyse du désespoir révèle au philosophe le sens de la condition humaine. Cette séparation arbitraire du corps et de l'esprit qu'illustre bien l'éloignement des disciplines, médecine et philosophie, se trouve confirmée par la position d'une partie de la psychanalyse qui se range souvent du côté de la philosophie et professe qu'il n'existe pas de dépression, mais une fluctuation permanente des pulsions de vie et des pulsions de mort. Ces points de vue ne sont toutefois pas inconciliables, ils sont plutôt complémentaires. Il est important que ce soit un psychanalyste, Daniel Widlöcher, qui en parle en ces termes : « *La dépression est un phénomène unique*, dont l'étiologie ne peut se concevoir que comme la rencontre de facteurs biologiques, génétiques et socioculturels. *C'est une réponse pathologique univoque à des causes multiples*, psychologiques, organiques, iatrogènes, génétiques, environnementales, qui perturbent le fonctionnement du système nerveux central. »

Il faut ici dénoncer deux réductionnismes : le premier, qui ne voit dans la dépression que son mécanisme biologique et considère les facteurs psychologiques comme secondaires ; le deuxième, qui nie le facteur biologique et fait d'une psychogenèse toute-puissante à la fois le processus explicatif et le processus thérapeutique. La biologie n'explique pas la dépression mais la constate. La psychanalyse l'explique pour une part mais paraît souvent démunie devant son évolution biologique. A ces deux extrêmes, correspondent deux risques : celui de médicaliser à l'excès toute évolution dépressive et de la réduire à une fluctuation clinique ; mais celui, tout aussi dangereux, de nier le mécanisme biologique de la dépression et de la laisser évoluer vers l'aggravation et le suicide.

Les opinions de synthèse sont aujourd'hui plus nombreuses et admettent la complémentarité de ces deux logiques explicatives. Freud qui, le premier, a montré le lien entre dépression, mélancolie et pathologie de deuil, était foncièrement un médecin biologiste qui tenta sans cesse de relier l'appareil psychique aux représentations du système nerveux. Notre connaissance de la biologie de la dépression est extrêmement récente, car elle ne date que d'une vingtaine d'années. Elle nous montre que les dérèglements de l'humeur sont sous-tendus par des modifications des systèmes mono-aminergiques, des hormones cérébrales – adrénaline, nor-adrénaline, acétyl-choline, sérotonine – et quelle que soit la forme de la dépression – névrotique, endogène, psychotique –, c'est-à-dire qu'elle soit liée à des facteurs constitutionnels et même génétiques, ou qu'elle soit la réaction psychologique aux épreuves de l'existence et aux conflits de la personnalité. C'est aujourd'hui une certitude – et ce n'est en aucun cas une simple hypothèse – que la dépression est un phénomène biologique auto-entretenu et déterminé par de multiples facteurs, conséquence de l'évolution au long cours d'une névrose, d'angoisses, d'obsessions, de phobies... ou encore prédisposé par des facteurs génétiques et familiaux.

Le modèle de la psychose maniaco-dépressive, aujourd'hui nommée maladie bipolaire de l'humeur, illustre le cas de la prédisposition familiale à la dépression. On peut enfin concevoir un modèle explicatif des multiples formes de la dépression, modèle bipolaire entre excitation que l'on nomme manie, et dépression, les uns ne connaissant que la forme dépressive de la maladie, d'autres uniquement la forme d'excitation, les autres enfin vivant l'alternance maniaco-dépressive.

Les résistances sont fortes à concevoir la dépression comme une maladie, d'autant que les signes cliniques ne sont que l'amplification de l'humeur habituelle, de la tristesse ou du désintérêt. On a souvent l'impression qu'avec un peu d'effort et de la volonté, on peut dominer l'abattement du moral. On oublie, ou l'on ne sait pas, que l'on utilise déjà des drogues chimiques pour pallier les difficultés de vie, l'alcool qui est un sédatif et un désinhibant, le café qui est un excitant profondément anxiogène, et le tabac qui conjugue ces deux effets.

Nous ne pouvons plus donc parler aujourd'hui de la dépression comme dans les décennies précédentes. Notre connaissance est différente, nos conceptions également, et nous pouvons décrire chez les créateurs trois types de modifications de l'humeur : des évolutions dépressives dans leur rapport à la créativité, des évolutions maniaques et des troubles maniaco-dépressifs, dont nous allons évoquer successivement des exemples.

La dépression des créateurs est fréquente, mais rarement attestée. On peut en recueillir les premiers signes chez Monet ou Beethoven. Muré dans la douleur de sa surdité, Beethoven passa une grande partie de sa vie en tonalité dépressive, d'où émergeaient ses colères et ses traits de génie. En 1903, dans sa *Vie de Beethoven*, Romain Rolland nous en fait un portrait saisissant : « Façonné à chaux et à sable. Une musculature puissante. Bas sur pattes, une stature carrée, une large figure, de couleur rouge brique [...] un bon sourire. Mais le rire lui-même était désagréable, violent et grinçant, le rire d'un homme qui n'est pas accoutumé à la joie. Son expression habituelle était la mélancolie, une tristesse incurable. Une figure de Shakespeare. Le roi Lear. » Romain Rolland a été le premier à suggérer que son isolement volontaire et sa dépression – « Déçu d'année en année, j'ai dû de bonne heure m'isoler, vivre loin du monde en solitaire » – ont pu agir comme un puissant stimulant de la création.

Encore à la limite de la dépression, Claude Monet connut l'abattement qui suit et qui précède les phases de la création, délaissant pendant des jours le grand atelier de Giverny et la lumière des nymphéas. « Claude est de plus en plus inabordable (tout est perdu, les affaires ne reprendront jamais, il faut vendre maison, auto...), c'est triste de se laisser aller ainsi, de le voir si au noir, et rien à faire... » Dans cette lettre d'Alice Hoschedé-Monet à sa fille du 3 février 1910, on retrouve de nombreux éléments de la clinique dépressive : la dépréciation, l'humeur triste, le désintérêt, les idées d'échec et de ruine. Ces longues périodes d'abattement suivaient des journées de travail intense dans l'atelier et sur les bords de l'étang du jardin d'eau.

C'est en 1914, et à la suite de sa rupture avec Alma Mahler, qu'Oskar Kokoschka, très dépressif et suicidaire, s'enferma dans un atelier noir pour peindre sa célèbre toile *La Fiancée du vent*. La crise dépressive semble être ici un extraordinaire moment d'inspiration, et dans le même temps l'œuvre représente un formidable moyen de maîtrise de l'angoisse et de l'affect dépressif. C'est ainsi, au décours d'un épisode dépressif mêlé d'une excitation fébrile, au printemps 1893, que Rachmaninov composa son très personnel *Prélude en* do *dièse mineur* qui lui valut tout de suite une renommée internationale. C'est aussi au sortir d'une longue phase mélancolique de près de trois ans qu'il écrivit son *Concerto n° 2*, considéré comme la plus importante de ses œuvres d'orchestre.

L'angoisse et la souffrance morale se lisent dans les toiles de la première période d'Edvard Munch, toiles aux titres explicites comme *La Mort à la barre, La Mort et la jeune fille, Amour et Douleur, Le Cri*, en 1893, ou *Anxiété* en 1894. « Je retombe malade, confie-t-il, et je m'enfuis dans une clinique pour les nerfs avant de regagner la Norvège. Peur des gens. Insomniaque » (cité par Olivier). L'alcoolisme, les crises d'angoisse, la dépression et un délire de persécution le mènent à la clinique du Dr Jacobson, à Copenhague, en 1908. Une page de sa vie est tournée. Sa peinture a changé, ses thèmes d'inspiration sont différents, sa créativité s'est estompée. La dépression qui était le moteur de la première période a laissé la place à un équilibre peu créatif qui affaiblira son œuvre sans qu'il puisse retrouver les thèmes si personnels du début.

En 1845, Baudelaire a 24 ans. Il vient d'être placé sous tutelle et commence sa carrière d'écrivain comme critique d'art. Le 30 juin, il annonce ainsi à son tuteur, Me Ancelle, son intention de se tuer : « Je me tue – sans chagrin. Je n'éprouve aucune de ces perturbations que les hommes appellent *chagrin*. Rien n'est plus facile à dominer que ces choses-là. Je me tue parce que je ne puis plus vivre, que la fatigue de m'endormir et la fatigue de me réveiller sont insupportables. Je me tue parce que je suis inutile aux autres – et dangereux à moi-même. Je me tue par ce que je me crois immortel et que j'espère. » Le discours de Baudelaire est ici celui de la souffrance dépressive et non celui de la lucidité existentielle. On relève les thèmes de l'inutilité, de la dévalorisation, mais aussi l'angoisse majeure des nuits d'insomnie qu'il précisera quelques années plus tard : « J'ai peur du sommeil comme on a peur d'un grand trou noir, tout plein de vague horreur, menant on ne sait où » (*Le Gouffre*, 1862). Enfin il précise bien le décalage entre la douleur morale et les valeurs matérielles. Son désespoir n'est nullement en rapport avec ses soucis financiers, mais avec l'insupportable fatigue du réveil dépressif. Baudelaire connaîtra à plusieurs reprises les lourdes phases de cette maladie, notamment en 1856. Il écrit à sa mère, le 25 décembre : « Je suis tombé depuis plusieurs mois dans une de ces affreuses langueurs qui interrompent tout... »

De 1910 à 1918, la grande période métaphysique de Giorgio De Chirico coïncida avec une pathologie dépressive marquée par plusieurs épisodes mélancoliques. Son enfance, qu'il décrit comme « des années ténébreuses », fut contemporaine de la dépression de son père en 1900, puis de sa mère quelques années plus tard. Sa première phase mélancolique, à Florence en 1910, marque un tournant de sa vie et le véritable début de l'œuvre, une œuvre étrange, inquiétante, énigmatique, qui se poursuivra jusqu'en 1918, date de son dernier accès mélancolique. Les *Mémoires* de Giorgio De Chirico confessent tous les signes de la dépression : le ralentissement, les insomnies sévères, l'anorexie, l'isolement et l'inspiration stérile dans les périodes aiguës. Après une phase de transition, de 1919 à 1924, il semble sortir de sa dépression – François et Lozano parlent de « guérison de sa mélancolie » –, change de style et poursuit jusqu'à sa mort, en 1978, une peinture néo-classique qui ne présente plus le caractère énigmatique de sa grande période, et que certains ont dite « dépourvue de génie ». Encore une fois, la vie et l'œuvre sont intimement liées, et ici rythmées par la dépression.

La souffrance dépressive souvent présente chez le créateur est liée à l'échec des investissements et à la faiblesse momentanée du narcissisme qui se traduit par un ralentissement exprimant le vide intérieur et l'incapacité à élaborer. Ralentissement, défaillance narcissique et inhibition de la créativité entrecoupent les périodes fécondes dans une alternance entre le plaisir de la création et la douleur de l'attente stérile, ce qui nous rappelle l'alternance manie-dépression.

Entre les phases aiguës de l'opium, Jean Cocteau se plaignait de sa grande difficulté à commencer une nouvelle journée et à se mettre au travail. Chaque page était durement arrachée au plomb de la dépression, celle-là même qui l'accabla après sa cure de désintoxication. « Il a passé un an sans pouvoir écrire, nous confie Jean Marais. Jean était un dépressif. [...] Profondément. Jean essayait de vaincre la dépression tout le temps » *(Le Magazine littéraire,* 1983).

L'œuvre de Joseph Conrad sera marquée par sa fabuleuse trajectoire de l'exil à la mer et à la littérature, mais aussi et surtout par la lourde dépression qui s'exprimera au fil de pages désespérées et dans les accès de la maladie. Orphelin à 3 ans de sa terre-patrie, la Pologne, à 7 ans de sa mère et à 11 de son père, le jeune Joseph Conrad Korzeniowski tente de se donner la mort à 20 ans, avant de prendre la mer et d'entrer en littérature. A 34 ans, en 1891, et en cours d'écriture de son premier roman, *La Folie Almayer,* la dépression est plus forte et il est hospitalisé dans la banlieue de Genève. « Je suis encore plongé dans la nuit la plus épaisse et mes rêves ne sont que cauchemars », écrit-il à Marguerite Paradowska. Les rechutes de la maladie sont fréquentes jusqu'en 1910, où un accès dépressif plus grave et proche de la psychose réoriente son œuvre vers une écriture peut-être moins traumatique. « Je souffre de la sensation du vide », écrit-il encore à l'un de ses correspondants.

Le vécu dépressif s'exprime en termes de perte, de manque, rappelant la carence affective précoce de cet orphelin de père, de mère et de patrie. La vie est alors perçue comme une faille dangereuse, un vide perpétuellement angoissant qui rend suicidaire la périlleuse marche au bord de l'abîme insondable qui le côtoie. Les tentatives de reconstruction de la personnalité essayent de combler ce manque par un surinvestissement narcissique dans l'appel du large, à travers l'image de l'écrivain, et dans la mesure où cette recherche littéraire ne rouvre pas la brèche un instant colmatée.

Car la littérature est exigeante. Car la littérature puise tout au fond de soi les secrets les mieux gardés, les dernières gouttes du désespoir, et vampirise les énergies corporelles. Car le moteur de toute création ressemble à s'y méprendre au moteur de la dépression tant leurs mécanismes sont proches. « On peut parfaitement discerner en moi une concentration au profit de la littérature, nous confie Kafka dans son *Journal*. Quand il fut devenu évident dans mon organisme que l'orientation de ma nature vers la création littéraire était la plus productive, tout se pressa dans ce sens et laissa inoccupés ceux de mes talents qui se tournaient vers les joies du sexe, du boire, du manger, de la réflexion philosophique [...]. J'ai maigri de tous les côtés. »

L'isolement, la solitude, la réduction des intérêts pulsionnels et la recherche d'une mélancolie jubilatoire bravent journellement l'équilibre précaire de l'humeur littéraire. Flaubert témoigne ainsi du mérite de sa solitude : « A force de m'y trouver mal, j'arrive à m'y trouver bien » ; et Marcel Proust des vertus de la souffrance : « Les œuvres, comme les puits artésiens, montent d'autant plus haut que la souffrance a plus profondément creusé le cœur. Il n'y a pas de mélancolie sans mémoire et pas de mémoire sans mélancolie. » (*Le Temps retrouvé*). Le masochisme semble le mécanisme le plus efficace pour retenir la souffrance et l'exprimer, mais aussi pour entretenir la dépression.

A l'opposé de la dépression et de la mélancolie, s'exprime ce que nous nommons la *manie*, exubérance et exaltation de l'humeur qui s'accompagne souvent d'agitation, d'excitation, voire de violence. La tristesse, le ralentissement et le repli sur soi laissent alors place à l'assurance, à l'extraversion, à l'optimisme et à l'esprit d'entreprise entretenu par un sentiment de toute-puissance : « Il me semble que je peux abattre des montagnes. »

Gérard de Nerval décrit très précisément l'euphorie de

cette phase maniaque dans *Aurélia, ou le Rêve et la Vie* : « Je vais essayer de transcrire les impressions d'une longue maladie qui s'est passée tout entière dans les mystères de mon esprit – et je ne sais pourquoi je me sers de ce terme maladie, car jamais, quant à ce qui est de moi-même, je ne me suis senti mieux portant. Parfois je croyais ma force et mon activité doublées : il me semblait tout savoir, tout comprendre ; l'imagination m'apportait des délices infinies. »

Le maniaque – et l'hypomane qui en est l'équivalent mineur beaucoup plus fréquent – dort peu, s'investit beaucoup, pense vite, agit rapidement. Il est habité par un emballement de l'esprit que nous nommons *tachypsychie* et qui lui fait *avoir cent idées à la seconde*, ce que Fernando Pessoa appelait ses « crises d'abondance ». Les associations d'idées sont faciles, rapides, originales, visionnaires. L'inventivité du langage, les coq-à-l'âne et les néologismes caractérisent le discours maniaque, à la manière de l'écriture automatique des surréalistes. Cette pensée audacieuse et novatrice caractérise l'accès maniaque et, dans une certaine mesure, la créativité. Lorsqu'on n'a jamais rencontré de sujet en état maniaque, il est difficile d'imaginer ce que l'on peut vivre dans un tel moment. Lui-même est surpris de cette inventivité qui s'impose à son esprit et qui étonne son entourage. Mais autant la dépression alarme les proches, qui ne doutent pas de son caractère maladif, autant la manie et surtout l'hypomanie ne seront pas vécues comme pathologiques, mais souvent valorisées en raison de leur caractère exceptionnel ou extraordinaire. Un jeune homme en état maniaque me disait récemment : « En ce moment tout va très bien, trop bien même. Je dors peu et je fais plein de choses. Tout me réussit. J'ai inventé un nouveau concept commercial, et plein de gens me disent que je suis très intelligent. Tout ça les étonne. Mais j'ai peur que ça ne dure pas et que je sois moins créatif. C'est dur d'avoir un cerveau qui va trop vite. C'est difficile de le calmer, parce qu'il est déjà parti alors que je suis encore sur place. J'écris un roman, j'ai inventé un nouveau concept, un concept de société. Il faut que ça continue. »

Ce surcroît d'activité au sortir de la dépression, ou parfois de façon permanente et prédisposée, est fréquemment le moteur de la création, car l'œuvre nécessite une énergie considérable. Et s'il faut passer par la dépression pour retrouver cette énergie, le créateur s'effacera devant l'œuvre, qui représente son être profond, son moi le plus intime.

Dans son article de l'*Encyclopédie* sur le *génie*, Diderot peint très finement cette hypomanie nécessaire à la création : « Le mouvement [de l'esprit], qui est son état naturel, est quelquefois si doux qu'à peine il l'aperçoit : mais le plus souvent ce mouvement excite des tempêtes, et le génie est plutôt emporté par un torrent d'idées, qu'il suit librement de tranquilles réflexions. » Cet homme « que l'imagination domine », selon les termes de l'encyclopédiste, est à l'image du « cheval emballé qui gagne la course », dont nous parle Cocteau lorsqu'il veut nous faire partager les puissantes envolées de son inspiration. Le poète livre alors son œuvre d'une manière fulgurante. « La première fois que je l'ai vu écrire, nous dit Jean Marais, c'était effectivement *Les Parents terribles*, à Montargis, en 1937. Pendant deux mois, il est resté étendu sur son lit à lire. Je m'inquiétais [...]. Et un jour, il s'est levé, s'est mis à sa table et a écrit presque sans se reposer pendant huit jours et huit nuits. Au bout de ce laps de temps, la pièce était terminée. Le manuscrit ne comportait que quelques ratures. » (*Le Magazine littéraire*, 1983). Cocteau dit lui-même avoir été étonné d'écrire en quelques jours, début 1929, lors de sa deuxième cure de désintoxication à la clinique de Saint-Cloud, son chef-d'œuvre *Les Enfants terribles* : « J'allais sortir. Or c'est un livre qui allait sortir. C'est un livre qui sort, qui *va sortir*, comme disent les éditeurs [...] Il était difficile de prévoir un livre écrit en dix-sept jours [...] Or les dernières pages se sont inscrites d'abord, une nuit, dans ma tête. Je ne respirais plus, je ne bougeais pas, je ne notais pas. J'étais partagé entre la peur de les perdre et celle d'avoir à faire un livre qui en serait digne » (*Opium*).

Les exemples sont innombrables de la création de l'œuvre

dans un moment extatique, euphorique, hypomane, voire maniaque, où le créateur semble habité d'un génie intérieur qui guide chacun de ses gestes. L'impressionnante vitalité créatrice de Robert Schumann se lit entre les lignes de l'œuvre immense qu'il composa en l'espace seulement de vingt-quatre années. Bernard Gavoty la décrit comme « un véritable flot de musique, où il noie les chagrins et les anxiétés de l'attente ». En 1840, année de son mariage avec Clara, il ne compose pas moins de cent trente-huit lieder. Il nous offre un très beau témoignage de l'emballement des idées et de l'expansion de l'humeur dans cette lettre à l'aimée : « Depuis hier matin, j'ai écrit vingt-sept pages de musique dont je ne peux te dire que ceci : c'est qu'en les composant, j'ai ri et pleuré de joie [...] Adieu, ma Clara ! Les sons, la musique me tuent en ce moment, je sens que j'en pourrais mourir... »

L'excitation maniaque mêle des sentiments contradictoires : Schumann rit, pleure et parle de mourir dans le même moment où lui viennent si génialement tant de pages profondément inspirées. On prend conscience ici de la grande instabilité du moral qui passe des rires aux pleurs, de la manie à la dépression, mais aussi de l'inspiration géniale au silence de l'esprit. Le rythme fabuleux de sa production musicale culmine en 1849, où il n'écrira pas moins de trente œuvres majeures dans l'année. Les douze *Pièces à quatre mains,* opus 85, furent écrites en six jours, le *Konzertstück pour quatre cors* en trois jours, l'*Adagio et Allegro pour cor* en une seule journée.

En dehors des phases de dépression, Schumann livrera sa musique « au rythme effréné du cheval au galop » de Cocteau, c'est-à-dire à la cadence impérieuse des idées créatrices. Un an plus tard, en 1850, il ne mettra qu'un mois pour écrire sa grande *Symphonie rhénane,* opus 97.

« Le génie d'un homme, dit Taine, ressemble à une horloge : il a sa structure et, parmi toutes ses pièces, un grand ressort. » Ce puissant ressort de l'exaltation créatrice se manifeste chez Haendel, qui composa en 1741, au sortir d'une dépression, quinze oratorios dont *Le Messie,* écrit dans une fulgurance maniaque; ou encore chez Hugo Wolf, qui composa en 1888 cinquante-trois lieder en trois mois. Vivaldi, qui nous a laissé quatre-vingt-quinze opéras, disait ne les composer qu'en cinq jours, « le sixième étant inutile », ironisait-il. Enfin Rossini a écrit *Le Barbier de Séville* en quatorze jours seulement, et à 19 ans.

Cette rapidité d'exécution de l'œuvre et de sa mise en forme ne cesse de nous surprendre par l'énergie hors du commun qu'elle nécessite. Le trait lucide de Pablo Picasso était presque instantané, et comme guidé par une assurance intérieure qui lui faisait simplement reproduire sur la toile un projet déjà achevé. Son œuvre considérable, riche de la grande variété de ses moyens d'expression, s'inscrivait automatiquement sur la toile, le papier, la terre... Autour des années 1950 il pouvait réaliser une dizaine de lithographies chaque jour, dont il nous a laissé plusieurs centaines. Au cours de l'été 1957, et en moins de cinq mois, il réalisa sa grande série des *Ménines*: cinquante-huit toiles dont quarante-quatre sont des variations sur le tableau de Velasquez. Son inspiration semblait inépuisable, surtout lorsqu'il déclinait des variations sur un thème. On peut cependant remarquer que l'humeur géniale de Picasso connut des pauses régulières dans sa créativité qui avançait comme un cheval au galop : en 1903, 1915, 1925, 1936, 1946, 1953, environ tous les dix ans, Picasso arrête de peindre de quelques mois à un an (Christian Loubet). On a pu penser que ces « arrêts sur image » correspondaient à des périodes de sa vie rythmées par des ruptures affectives. On peut aussi penser qu'un trouble de l'humeur participait à cette rupture. Picasso a-t-il fait des dépressions? Nous n'avons pas d'éléments pour le dire. A-t-il connu des variations ou des troubles de l'humeur? Très certainement, il n'est que de considérer son inépuisable inspiration, son énergie infatigable, mécanisme qui procède habituellement d'une lutte contre la dépression. L'œuvre et les conquêtes féminines pouvant en être réparation.

Le délire fantasque de Francisco Goya se doublait, lui

aussi, d'une surprenante vivacité du trait. Il peignait un visage en deux heures, sculptait un buste par jour et réalisait une fresque murale en deux à trois jours. C'est encore Van Gogh, à l'été 1890, et au cours de son dernier séjour à Auvers, qui réalise près de soixante-dix toiles et une trentaine de dessins en seulement neuf semaines, de mai à juillet 1890, où il mettra fin à ses jours. Dans une lettre de mai 1890, deux mois avant sa mort, il exprime clairement le combat qu'il mène contre la dépression et l'énergie qui s'en dégage, au sens de ce que Winnicott appelait « les défenses maniaques contre la dépression » : « Là, revenu ici [à Auvers], je me suis remis au travail, le pinceau me tombant presque des mains – et sachant bien ce que je voulais, j'ai encore peint, depuis, trois grandes toiles [...], d'immenses étendues de blé, sous des ciels troublés. Je ne me suis pas gêné pour chercher à exprimer de la tristesse, de la solitude extrême. »

L'énergie créatrice de l'hypomanie est aussi fulgurante en littérature : cette force de la nature qu'est Victor Hugo écrit *Les Burgraves* en six semaines, du 10 septembre au 19 octobre 1842, et les six mille vers des *Châtiments* en seulement quelques mois, dans son exil de Jersey. Il les commence en août 1853 et ils paraissent à Bruxelles au mois de novembre. Cette énergie intarissable de la création se manifeste encore chez Nietzsche, lorsque à la fin de l'année 1888, et alors que ses crises de dépression et d'exaltation se succèdent de plus en plus rapidement, il connaît une formidable période créative. De mai à décembre 1888, il écrit cinq de ses œuvres majeures : *Le Cas Wagner*, *Le Crépuscule des idoles*, *L'Antéchrist*, *Ecce Homo*, et *Nietzsche contre Wagner*.

La littérature laisse apparaître les ressorts de son énergie créatrice, par exemple en 1973, lorsque Romain Gary, sous le pseudonyme d'Emile Ajar, écrit *Gros câlin* en moins de quinze jours, dans la même année où il publie *Europa* et *Les Enchanteurs*. Ils apparaissent encore lorsque Simenon dit écrire un roman en seulement huit jours : « Je n'ai jamais mis plus de dix à quinze minutes à trouver un sujet de conte, précise-t-il, plus d'une demi-heure à trois quarts d'heure pour l'écrire, même pour mon fameux *Sans-Gêne* où je publiais bientôt autant de contes qu'il m'en passait par la tête » (cité par Amoroso). Dans cet ordre d'idées, on peut ajouter que Louis Althusser rédigea sa première autobiographie, *Les Faits,* dans un accès d'exaltation de l'humeur, en quelques jours, au cours de l'été 1976.

L'écoulement facile des idées et l'accès très rapide à l'inspiration sont un atout considérable pour le génie créateur. « Au printemps on voit des manies, des mélancolies... », avait déjà remarqué Hippocrate, il y a plus de deux mille ans (*Aphorismes,* III, 20). Le caractère saisonnier des accès de l'humeur, manie et dépression, s'exprime souvent au printemps et à l'automne, ou encore de façon cyclique tout au cours de l'année. La psychose maniaco-dépressive, ou psychose périodique, qu'on appelle aujourd'hui, rappelons-le, trouble bipolaire de l'humeur, est caractérisée par l'alternance d'accès dépressifs et d'états maniaques qui s'expriment avec une intensité et une fréquence variables selon les sujets. En raison de l'impulsivité et des brusques changements de l'humeur, le risque suicidaire est très élevé – un cinquième des malades maniaco-dépressifs non traités se suicide. Cette maladie serait liée à des facteurs constitutionnels, à des causes héréditaires et souvent familiales.

En 1987, un psychiatre américain, Agop Akiskal, a décrit des formes atténuées et vraisemblablement fréquentes de la maladie maniaco-dépressive, mais qui restent souvent méconnues, car seules les phases dépressives semblent pathologiques au sujet et à son entourage. Les périodes d'euphorie et d'hyperactivité sont plutôt vécues comme un retour à la normale très valorisant.

Avec sa formidable vitalité, sa grande jovialité et l'ambiance de fête permanente qu'il inspirait, Ernest Hemingway semble avoir vécu toute sa vie en hypomanie chronique, ou plutôt en *état mixte,* mêlant l'exaltation de l'humeur à une nostalgie parfois mélancolique. Ce n'est qu'à la fin de sa vie, en 1960, qu'il acceptera une hospitalisation, mais ni les médications ni la sismothérapie n'arrivèrent alors à guérir sa mélancolie qui s'était chronicisée, et il se suicida huit mois plus tard comme son père et son oncle.

Les évolutions bipolaires sont à ce point fréquentes chez les créateurs que Kay Redfield Jamison, psychiatre et professeur à l'université John Hopkins à Washington, n'hésite pas à affirmer : « Il n'est pas impossible que la psychose maniaco-dépressive et la créativité soient intimement liées. » Il est vrai que de nombreux poètes, écrivains et créateurs connaissent à la fois une périodicité dans leur production artistique, des accès maniaco-dépressifs, mais aussi une importante hérédité familiale où l'on trouve des dépressions, des épisodes maniaques et des suicides. C'est le cas de Van Gogh, de Hemingway, de Virginia Woolf, de Byron, de Schumann, de Wittgenstein, de Nietzsche, de Schopenhauer...

Leonard, le mari de Virginia Woolf, décrit très clairement l'intensité des accès maniaques de Virginia qui alternaient avec de lourdes phases dépressives : « Quatre fois dans sa vie les symptômes persistèrent et elle traversa la frontière qui sépare la santé mentale de ce que nous appelons la folie. Elle eut une dépression mineure dans son enfance ; elle eut une dépression majeure après la mort de sa mère en 1895, une autre en 1914, et une quatrième en 1940. » Bien qu'elle soit rythmée par les événements de la vie et leur valeur symbolique, la maladie dépressive ne peut dissimuler son caractère auto-entretenu, et les accès sont en général toujours progressivement plus intenses, jusqu'au paroxysme du suicide en 1941. Il poursuit : « Dans chacun de ces cas, il y avait deux stades distincts de la maladie ; on les nomme maniaco-dépressifs d'un point de vue technique. Au stade maniaque, elle était extrêmement excitée ; son esprit galopait ; elle parlait avec volubilité, et, au plus fort de la crise, de façon incohérente ; elle avait des hallucinations et entendait des voix ; par exemple elle me disait qu'au cours de la seconde crise, elle entendait les oiseaux parler grec dehors dans le jardin. [...] Au stade dépressif, toutes ses pensées et ses émotions étaient le contraire de ce qu'elles avaient été au stade maniaque » (cité par Anne-Marie Pezous).

Dans une récente étude biographique sur trente-six grands poètes britanniques et irlandais du XVIIIe siècle, Kay Jamison a constaté chez eux la très grande fréquence des troubles bipolaires de l'humeur : deux se sont suicidés, huit ont connu une évolution psychotique, quatorze avaient une histoire familiale riche en psychoses, mélancolie et suicides, enfin six d'entre eux ont terminé leur vie en asile. La proportion est impressionnante.

Un autre élément, indirect, retient l'attention : le caractère saisonnier de l'œuvre, significatif des fluctuations de l'humeur. Déjà, au siècle dernier, Lombroso avait remarqué une certaine périodicité dans la création des œuvres qu'il qualifiait de géniales. Il s'intéressa tout d'abord à la correspondance de Schiller dans laquelle, au fil des ans, le poète se dit incapable de travailler à l'automne et en hiver, et profondément inspiré dès que viennent le printemps et l'été. « Pour moi, écrit Schiller en novembre 1817, pendant ces tristes journées, sous ce ciel de plomb, j'ai besoin de toute mon élasticité pour me sentir vivant et je ne me sens pas encore capable d'un travail sérieux. » « Grâce au beau temps, poursuit-il en juillet 1818, je me porte mieux; l'inspiration lyrique, qui obéit moins encore que toutes les autres à la volonté, ne tarde pas à venir. »

L'hyperactivité maniaque et l'œuvre créatrice paraissent donc saisonnières, comme les suicides, fréquents dans cette pathologie bipolaire, qui surviennent surtout autour du solstice de printemps en mars, en avril et en mai. La liaison de cette alternance génétique de l'humeur avec les cycles saisonniers est confirmée par l'observation de données inverses dans l'hémisphère sud.

Poursuivant son idée, Lombroso fait un long travail de compilation mensuelle de la création « géniale », qui apparaît au premier abord comme un inventaire quelque peu hétéroclite : Dante composa son premier sonnet le 15 juin 1282 et écrivit la *Vita nuova* au printemps 1300, Pétrarque conçut *L'Afrique* en mars 1338; Léonard de Vinci commença son livre *De la lumière et des ombres* et la statue équestre des

Sforza le 23 avril 1490 ; la grande fresque de Michel-Ange fut conçue entre avril et juillet 1506... Ou encore, pour prendre deux exemples plus récents, Wagner composa *Le Vaisseau fantôme* au printemps 1841 et Darwin eut les premières idées de *L'Origine* au mois de mars, puis en juin. Mais Lombroso est bientôt obligé d'admettre octobre, d'admettre janvier, d'admettre février... Il est bien évident que la création ne s'est jamais limitée au printemps et à l'été ; il est cependant surprenant qu'elle y connaisse une fréquence que le vieil auteur italien a eu le mérite de remarquer, même si son raisonnement était alors profondément spécieux. Ce caractère cyclique de l'œuvre sera retrouvé par Kretschmer chez Goethe ou par Jamison chez Van Gogh.

Pour renforcer son idée de la proximité fou/génie, Lombroso établit un parallèle entre la fréquence des hospitalisations psychiatriques, la température atmosphérique moyenne et la production d'œuvres de génie. Les créations géniales présenteraient un pic de fréquence maximum en avril-mai et en septembre tandis que les hospitalisations culminent en mai-juin. Critères et méthodologie pourraient sembler suspects, si aujourd'hui encore ces données n'étaient retrouvées par de nombreux auteurs. Dans sa récente étude sur des écrivains et artistes contemporains, que nous avons déjà mentionnée, Jamison fait le même constat : leur productivité s'accentue sensiblement à la fin du printemps et au commencement de l'automne.

L'évolution cyclique et la maladie maniaco-dépressive de Goethe ont été remarquablement étudiés par deux grands psychiatres allemands, Möbius et Kretschmer. Goethe lui-même était conscient des fluctuations de son humeur. Il écrit le 26 mars 1780 : « Il faut que j'observe de plus près le cercle des bons et des mauvais jours qui se meut en moi. Les passions, l'attachement, l'instinct, la découverte, l'exécution, l'ordre, tout change et forme un cercle régulier, de même que la gaieté, la tristesse, la force, l'élasticité, la faiblesse, la tranquillité, le désir » (45, 115).

Goethe présenta toute sa vie des fluctuations rapides de

l'humeur, variations annuelles marquées par une dépression en fin d'année, et des grands cycles maniaco-dépressifs tous les deux ans espacés, tous les sept ans, par des dépressions qu'il qualifiera lui-même de « pathologiques ». Dès l'adolescence, sa joie de vivre et son exaltation se transformèrent rapidement en dépression chargée de thèmes suicidaires. C'est alors que commença – il avait 18 ans – sa phase de créativité géniale, scandée par une première période maniaque suivie d'une dépression. On le retrouve à 37 ans, en 1786, fonctionnaire appliqué ; il quitte sans raison son emploi et disparaît pour son fameux voyage en Italie qui inaugure une phase d'exaltation d'environ deux ans. Puis il connaîtra jusqu'en 1794 une période socialement plus équilibrée, mais dans laquelle sa fertilité littéraire sera particulièrement faible. Après ces sept années de tonalité dépressive et de faiblesse créative, il connaît de nouveau l'exaltation, redevient productif et sociable. Le troisième âge le retrouve tourmenté, cyclothymique, mais fertile. Goethe, qui a lui-même beaucoup écrit sur la question du génie, précise très finement, dans ses *Entretiens avec Eckermann*, le rapport qui lie le génie aux faiblesses pathologiques de la personnalité : « Les actes extraordinaires que de tels hommes accomplissent présupposent une organisation très frêle qui leur permet d'éprouver des sentiments rares et de percevoir les voix célestes. Or une telle organisation est facilement troublée et blessée dans les conflits avec le monde [...] et facilement soumise à un état maladif permanent. » Conscient du caractère pathologique des phases majeures de sa dépression, Goethe qualifie de « maladie » l'impulsion suicidaire et le dégoût de la vie, *taedium vitae*, qui l'a si souvent habité et, dans une lettre à Zelter du 3 décembre 1812, il rappelle les efforts qu'il lui fallut fournir « pour échapper jadis aux vagues de la mort ». Cette étude exemplaire rendue possible par l'importante correspondance et l'auto-analyse de Goethe peut apparaître comme un modèle pour comprendre tant d'autres génies maniaco-dépressifs.

François-Pierre Gontier, plus connu sous le nom de Maine

de Biran, est un philosophe français aujourd'hui méconnu, de la fin du XVIIIe siècle et du début du XIXe. Son *Journal* nous offre une très belle illustration des fluctuations saisonnières de l'humeur du créateur et de l'inspiration littéraire :

Mai 1815 : « Je suis dans la névrose de printemps : et, par envie de trop faire, je ne fais rien. » – 23 mai : « Je suis heureux de l'air que je respire [...] il me semble que l'inspiration soit toute passée dans la sensibilité. » – 17 juin : « Irrésistible volupté de penser ; inspiration. » – 4, 6, 17 octobre : « Le vide dans les idées. Tristesse. »

25 janvier 1816 : « Triste et paresseux. Ma vie est inutile. » – 24 avril : « Je suis un autre homme ; tous les jours me semblent des fêtes. Il y a dans cette époque de l'année quelque chose qui me semble entraîner mon âme dans une autre région, et lui donner une force propre à surmonter toutes les résistances. »

13 avril 1917 : « Excité. » – 7 mai : « Je travaille sur Condillac. » –10, 18 juillet : « Activité merveilleuse. » – 12 octobre : « Je suis transformé ; la pensée tourne au vulgaire, à la niaiserie. » – 22, 23, 25 novembre : « Agitation stérile. Altération de toutes mes facultés mentales. »

Maine de Biran, qui n'a jamais exprimé de pathologie franche, nous laisse le témoignage exceptionnel de son humeur au jour le jour. Il présente, comme de nombreux créateurs, une structure bipolaire, maniaco-dépressive a minima, c'est-à-dire sans que les à-coups dépressifs ou maniaques n'atteignent un niveau qualifié de pathologique. Styron parlait, quant à lui, d'une « dépression récurrente infra-clinique », dont il n'aurait pris conscience qu'a posteriori, et qui aura accompagné l'ensemble de son œuvre. L'observation de Maine de Biran nous permet de comprendre combien les variations cycliques de l'humeur rythment l'invention et la créativité. On peut facilement imaginer qu'une telle sensibilité prédispose à l'exaltation nécessaire au génie, mais également à la dépression, qui en est le corollaire.

La dépression saisonnière du grand dramaturge norvégien

Henrik Ibsen est un autre modèle qui permet de comprendre comment l'humeur vire à l'exaltation. Jeune auteur au théâtre de Bergen, Ibsen va s'essayer à tous les genres. Il connaîtra la dépression à l'âge de trente ans, en 1858, et pensera à plusieurs reprises au suicide. Quand, en 1864, il part pour l'Italie et s'y exile plus de vingt ans, l'influence méridionale semble le libérer. Il découvre, dit-il, « ce qu'il a à dire » et écrit successivement tous ses grands chefs-d'œuvre jusqu'en 1873, où commence une période stérile de quatre ans, au cours de laquelle il voyage en Europe et notamment à Munich. En 1877, il revient à Rome et reprend son œuvre abandonnée. L'alternance est manifeste entre les périodes créatrices et les périodes stériles, entre le soleil de l'Italie et le faible ensoleillement du nord de l'Europe. Un psychiatre norvégien, le Dr Ytrehus, vient de faire l'hypothèse chez Ibsen d'une forme bipolaire saisonnière de dépression activée par la nuit, le froid et la pluie du ciel norvégien, et inversée par le soleil et la chaleur de l'Italie.

Orphelin de père à l'âge de dix ans, Samuel Coleridge connut une adolescence agitée, la dépendance à l'opium, puis une forte période créatrice suivie d'un épuisement de l'humeur. Bien que l'on puisse penser que sa toxicomanie a amplifié, majoré ou même déclenché ses troubles de l'humeur, Coleridge semble avoir, lui aussi, vécu une alternance maniaco-dépressive, l'ensemble de son œuvre ayant été écrite en seulement quelques années, entre 1798 et 1803, au cours de phases maniaques et mélancoliques.

L'alternance maniaco-dépressive a été évoquée chez de nombreux créateurs ou personnages hors du commun, parmi lesquels on peut citer Balzac, Auguste Comte, Gérard de Nerval, Luther, Byron, Schumann, Géricault, Gary, Hemingway, Althusser, Jean Rostand, Daninos, Frédéric Dard..., qui avaient eux-mêmes plus ou moins conscience de cette évolution. Certains, comme Schumann, jouèrent de l'alternance par une sorte de conscience bipolaire autour de deux personnages, Eusebius et Florestan, doubles ou pseudos, derrière lesquels il se dissimule comme le ferait un marionnettiste. Eusebius est un poète nostalgique et Florestan le génie impétueux, l'un est mélancolie, l'autre exaltation. Les *Kreisleriana* sont eux-mêmes composés de continuelles juxtapositions de motifs antinomiques, comme la vie du musicien faite d'alternance cyclique.

Le caractère familial de la maladie maniaco-dépressive s'accompagne d'une lourde prédétermination. Kay Jamison, qui a étudié la généalogie de vingt-cinq familles de créateurs, a fait des observations saisissantes sur certains détails biographiques ou généalogiques souvent passés sous silence. Alfred Tennyson, le plus grand poète de l'Angleterre victorienne, était obsédé par la lourde hérédité mentale familiale que l'on a appelée « le sang noir des Tennyson ». Son père, épileptique, est mort en asile, il avait un frère lourdement dépressif, un autre psychotique interné, d'autres également dépressifs, tandis qu'Alfred sera habité d'une mélancolie chronique, cédant parfois le terrain à une brève rémission. Jamison fait l'hypothèse très vraisemblable d'un trouble familial de l'humeur s'exprimant chez lui sur un mode dépressif.

On retrouve une même maladie familiale dans la tragique histoire de Virginia Woolf : un père maniaco-dépressif qui sera le rédacteur des soixante-trois volumes du *Dictionary of National Biography*, une mère mélancolique, un cousin germain décédé dans un épisode maniaque et des troubles de l'humeur chez tous ses frères et sœurs.

L'écrivain Henry James qui connut une dépression récurrente avait deux frères maniaco-dépressifs et plusieurs dépressions dans la famille. Le père de Robert Schumann souffrait d'une maladie maniaco-dépressive, sa sœur Emilie et un oncle se sont suicidés et l'un de ses fils a passé trente ans en asile. On peut aussi évoquer la lourde hérédité familiale de la mère de Byron, les multiples maladies maniaco-dépressives et dépressions dans son ascendance. Le père de Byron se serait suicidé et sa fille, remarquable mathématicienne, a connu des épisodes délirants. Ou encore le philosophe Ludwig Wittgenstein qui vécut dans la dépression et la tentation du suicide entre les phases créatrices de son œuvre intense. Son frère aîné, musicien prodige, se suicide en 1902, le troisième, homosexuel, s'empoisonne en 1903, le cadet se suicide après la défaite de 1918 ! Paul, le plus jeune, célèbre pianiste, fut le dédicataire du concerto pour la main gauche que lui écrivit Maurice Ravel.

Jamison nous rapporte encore le cas de deux très surprenantes familles : Hemingway et Van Gogh. Le 2 juillet 1961, en se tuant d'un coup de fusil, Ernest Hemingway répète le geste de son père en 1928, mais aussi, ce qui est moins connu, le suicide de son frère et de sa sœur. L'un de ses fils présentera cette même maladie maniaco-dépressive qui provoque tant de suicides dans les moments majeurs de ses impulsions d'angoisse. C'est aussi le cas de « Vincent » que l'on peut considérer aujourd'hui comme une évolution maniaco-dépressive en raison du caractère impulsif et saisonnier de l'œuvre et surtout de la forte hérédité familiale. Van Gogh connaissait chaque été des phases maniaques, contemporaines d'une exaltation de sa peinture. Théo, le frère de tous les instants, fut hospitalisé au Centre psychiatrique d'Utrecht et mourut psychotique ; le plus jeune frère se suicida lui aussi, et Wilhelmina, leur sœur, passa de nombreuses années en asile. Evidemment, de telles précisions ne semblent pas très valorisantes dans une biographie, surtout lorsqu'on est, comme Vincent, fils et petit-fils de pasteur.

Enfin la très intéressante étude de Nancy Andreasen sur la prévalence de la créativité chez les parents de premier degré de trente écrivains et de trente sujets témoins non créateurs, a nettement montré que la créativité et les troubles de l'humeur « surviennent conjointement dans les mêmes familles » avec, en outre, une fréquence élevée des troubles de l'humeur chez les parents de créateurs. Ces fréquentes variations pathologiques semblent stimulantes lorsque leur amplitude est modérée, mais néfastes à la création et constituant surtout un risque vital, celui du suicide, lorsqu'elles sont majeures.

8. Le suicide

« Le suicide est un des tristes privilèges de l'espèce humaine ; pour se tuer, il faut d'abord savoir que l'on vit et que l'on vit mal », affirme Paul Morand dans *L'Art de mourir*, sa très belle étude sur le suicide en littérature.

On a tout dit sur le suicide selon le moment, selon l'humeur, selon le temps, selon la mode... car, précise Morand, « en six mois, même la mort change de mode ». On a tout dit du suicide métaphysique des « raffinés et des philosophes », de cette « maladie des peuples corrompus », selon la formule de Chateaubriand, du suicide d'idée, du suicide désintéressé, du « beau suicide », du suicide solution, du suicide testament... Mais derrière chaque suicide n'oublions pas qu'il y a toujours de la souffrance et une intense douleur morale.

Le suicide frappe par sa fréquence chez les créateurs, et en tout premier lieu en littérature et en poésie. Au cours de sa dépression et alors que disparaissent autour de lui des écrivains proches et amis – il parle d'Abbie Hoffman, de Randall Jarrell, de Primo Levi –, William Styron se révolte en rappelant « Hart Crane, Vincent Van Gogh, Virginia Woolf, Arshile Gorky, Cesare Pavese, Romain Gary, Vachel Lindsay, Henry de Montherlant, Sylvia Plath, Mark Rothko, John Berryman, Jack London, Ernest Hemingway, William Inge, Diane Arbus, Tadeusz Borowski, Paul Celan, Ann Sexton, Serge Essenine, Vladimir Maïakovski – la liste n'est pas close » (*Face aux ténèbres*). Pourquoi ces hommes et ces femmes doués de tant de talents ont-ils été voués à la mort ?

Deux points de vue antagonistes s'affrontent qui reflètent encore la dichotomie de l'âme et du corps dont on veut toujours affubler l'homme : le point de vue de la philosophie et du suicide existentiel ; celui de la médecine et de la psychopathologie.

Loin d'être une négation de la volonté, le suicide apparaît au philosophe comme la marque la plus puissante de l'affirmation. Au moment même où il se supprime, le suicidé affirme très paradoxalement sa volonté de vivre. Il faut se libérer de l'illusion, nous dit Schopenhauer : « Celui qui se donne la mort, voudrait vivre. » Le suicide apparaît ici comme une suprême preuve de la volonté qui signe l'humain, la maîtrise des conditions de l'existence et la liberté accordée à chacun de décider de son propre destin.

La psychanalyse nous propose un modèle intermédiaire, entre médecine et philosophie. Dans l'ordre du symbolique, le suicide équivaut à tuer l'objet dont on ne peut faire le deuil. Qui veut-on tuer lorsqu'on se donne la mort ? Une part de soi-même ? Une image archaïque ? Un passé surinvesti ? La douleur au présent ? Tuer la vie ? « Les morts volontaires d'écrivain, répond François Nourrissier, expriment toujours, et radicalement, une inaptitude au " métier de vivre ", une difficulté d'être qu'ils partagent avec tous les créateurs. » (*Le Magazine littéraire,* 1983). Cette opinion qui vaut pour la littérature semble devoir être pondérée dans d'autres domaines de la création, comme la peinture ou la musique.

Le médecin, quant à lui, n'explique pas, il décrit, il constate. Devant le suicide, il constate la mort que l'on dit volontaire. Il constate l'impressionnante réalité du suicide : douze mille morts en France chaque année, se répartissant environ en neuf mille hommes et trois mille femmes. Stupéfiante proportion qui reste stable d'année en année, autour de quarante sur cent mille pour les hommes et quinze sur cent mille pour les femmes, et qui conserve le même rapport – deux à trois fois plus d'hommes que de femmes – quel que soit le pays, en Occident. Cette stabilité sociologique déjà énoncée par Durkheim il y a un siècle, semble difficile à expliquer seulement par le cumul des destins individuels ou la volonté concertée des suicidants annuels et l'exigence de la seule pulsion de mort. D'autant que tous ces suicidés s'entendent chaque année sur le moment de leur suicide, puisque l'on note invariablement un grand pic de la fréquence du suicide au mois de mai et un second de moindre intensité en octobre. Pour nous, psychiatres, ces mois de l'année sont les périodes de décompensation des dépressions graves, des mélancolies et de la maladie maniaco-dépressive. Cette puissante tendance et sa régularité annuelle nous font clairement sentir le fondement biologique qui sous-tend l'acte suicidaire, mais qui se heurte, comme le ferait une insulte, à l'idée littéraire du choix de la vie dans la mort, à l'image pure et immaculée du suicide des héros.

La biologie du suicide, nous la connaissons mieux aujourd'hui, mieux encore que celle de la dépression, dans la mesure où l'on peut faire l'analyse cérébrale d'un suicidé – pas d'un dépressif –, ce qui permet de décrire a posteriori la tonalité humorale des dépressions graves habitées par les pulsions suicidaires.

Bien qu'il soit difficile de s'imaginer ce que vit l'homme ou la femme dans les jours qui précèdent une tentative d'autolyse, chacun d'entre nous a réagi à l'annonce du suicide d'un proche. Mais réagi avec ses propres défenses, son système d'explication du monde, les éléments de sa propre vie. Il faut imaginer que les idées suicidaires sont présentes depuis des mois, tapies dans les replis de la vie depuis tant d'années. En relisant certains de ses romans après sa dépression, William Styron dit son étonnement d'avoir tant de fois créé le paysage de la dépression et agité le thème du suicide que réalisent trois de ses personnages majeurs. Enfin, suprême paradoxe, si peu noble vis-à-vis d'une philosophie : c'est très habituellement pour faire taire cette voix intérieure lancinante et impérieuse qui réclame le suicide que le mélancolique met fin à sa vie.

Le suicide apparaît comme le risque majeur de l'évolution dépressive, elle-même aboutissement possible de l'angoisse existentielle des névroses. En cela, la réalité biologique du suicide n'infirme en rien l'histoire individuelle, les conflits intrapsychiques, la lutte permanente des pulsions de vie et des pulsions de mort, ni non plus les positions philosophiques personnelles, mais elle affirme que le seuil de l'évolution psychologique volontaire est dépassé. Toutes nos observations le confirment : 90 % des suicidés présentent des troubles mentaux et 60 à 80 % d'entre eux une maladie dépressive, comme le pressentait déjà Voltaire lorsqu'il affirmait dans une lettre à M. Mariott : « En général, ce n'est pas dans un accès de raison qu'on se tue. »

Il me semble ici très important de lever une idée fausse, celle de la décision volontaire du suicide, équivalent du choix existentiel des philosophes de l'Antiquité. Je n'ai jamais entendu un dépressif, habité chaque jour par la lancinante obsession du suicide, me dire qu'il avait forgé ces idées. « Et puis les idées reviennent sans cesse, elles s'imposent, elles se bousculent dans ma tête. Comment faire pour les arrêter ? »

Indépendamment de l'histoire personnelle, la pulsion suicidaire témoigne d'une chute brutale de l'estime et de la confiance en soi, d'un effondrement de tous les niveaux de désir – je n'ai plus envie de rien –, contemporains de l'épuisement de certaines hormones cérébrales et notamment de la sérotonine. De nombreuses études ont montré la faible concentration en 5-HIAA, une substance dérivée de la sérotonine, dans le liquide céphalo-rachidien des suicidés. D'autres études ont clairement mis en évidence l'augmentation des récepteurs aux antidépresseurs dans le cerveau des suicidés, comme s'ils témoignaient du manque criant de ces hormones cérébrales nécessaires à leur équilibre. Enfin – dernier argument –, il est profondément surprenant de voir en quelques jours disparaître les idées de suicide avec la prise d'un antidépresseur approprié, c'est-à-dire avec le retour des hormones cérébrales à leur taux normal. Si les idées de suicide étaient volontaires et consciemment élaborées, il faudrait admettre qu'elles modifieraient des hormones, mais ensuite que ces hormones pourraient à leur tour modifier les idées et les faire disparaître, ce qui semble parfaitement insupportable à la thèse du libre arbitre. Si l'on regarde de cet œil le suicide des créateurs et des personnages d'exception, si l'on pénètre sans a priori leur biographie, les derniers jours de leur vie ne nous semblent en rien différents de ceux des patients que nous sommes amenés à consulter dans les mêmes conditions. Nous retrouvons une réflexion identique chez Wittkower, qui est surpris de ne pas retrouver dans le suicide des artistes le courage et la décision lucide que prônait l'Antiquité. « Les cas dont nous avons connaissance sont moins héroïques ; ils évoquent les difficultés, les souffrances et les frustrations d'hommes tourmentés. »

Nous sommes le lundi de Carnaval, 27 février 1854. Depuis plusieurs jours Robert Schumann est habité d'anges et de démons et il se sait malade. Les angoisses l'assaillent de leurs obsessions. Wasielewski raconte : « Pendant la conversation, le maître quitta la chambre sans mot dire. On croyait qu'il allait revenir [...]. Il avait quitté la maison en négligé, nu-tête ; il était allé tout droit au pont sur le Rhin et s'était précipité dans le courant, cherchant à mettre un terme à ses souffrances. Des bateliers sautèrent dans une barque et le retirèrent des flots. Il avait la vie sauve, mais quelle triste vie ! » (Cité par Gavoty.)

Nietzsche a 36 ans en 1880, l'âge de la mort de son père, lorsqu'il commence sa vie d'errance : Venise, Turin, l'hiver à Eze, l'été à Sils-Maria. Son humeur est instable et les idées de suicide permanentes. A la suite de sa rupture avec Lou Andréas Salomé, il semble qu'il ait fait trois tentatives de suicide, en 1882, par une prise massive de chloral. Dans une évolution cyclique comme celle de Nietzsche, il est habituel que les thèmes suicidaires soient récurrents pendant de longues années et s'imposent de façon obsessionnelle et impérieuse lorsque le moral s'effondre, par exemple ici lors de la blessure narcissique de la rupture. C'est cependant au décours de cet épisode aigu qu'il concevra l'idée du surhomme, rival de la grande nature, et qu'il commencera *Zarathoustra*.

Leonard Woolf témoigne du tempérament suicidaire de sa femme, Virginia, dans les graves moments de mélancolie qui émaillèrent sa longue maladie maniaco-dépressive. Il est difficile d'admettre que ces impulsions aient un caractère volontaire : « Au stade dépressif, toutes ses pensées et ses émotions étaient le contraire de ce qu'elles avaient été au stade maniaque. Elle était plongée dans une mélancolie et un désespoir profonds, elle parlait à peine, refusait de manger, refusait de croire qu'elle était malade et soutenait que son état était dû à sa propre culpabilité ; c'est au paroxysme de ce stade qu'elle tenta de se suicider, lors de la crise de 1895, en se jetant par la fenêtre et, en 1913, en prenant des cachets de Véronal ; en 1941, elle alla se noyer dans l'Ouse » (cité par Anne-Marie Pezous).

Dans la nuit du 1er au 2 janvier 1892, Maupassant est assailli par les angoisses de sa démence syphilitique et tente de se donner la mort. Il sera interné dans la clinique du Dr Blanche à Passy, où il mourut un an plus tard.

Les tentatives d'attenter à ses jours, qui appartiennent à l'histoire de chacun, ont en commun un profond climat mélancolique et un certain automatisme des gestes et des idées. Que peut vouloir dire *volonté* dans de tels moments d'accablement de l'humeur ? Il est également évident que la position de l'Église, qui condamne le suicidé en lui refusant une sépulture chrétienne, dans une idéologie du libre arbitre, a renforcé la thèse de la prétendue volonté suicidaire et, pour permettre l'inhumation, a plutôt conseillé de déclarer la mort naturelle. Dans les siècles passés, les suicides ont ainsi été très certainement plus fréquents qu'il n'y paraît aujourd'hui.

Auguste Comte, le fondateur du positivisme, prophète et grand-prêtre de l'Humanité, comme il se qualifia, fit une tentative de suicide par noyade au cours d'un accès mélancolique de sa psychose cyclique. Ses accès maniaques ou dépressifs, qui se déclaraient toujours au printemps, n'avaient bien entendu rien de volontaire ni de délibéré. Ils lui donnèrent cependant l'énergie de son œuvre et l'originalité de sa philosophie prédélirante.

Lorsque je relis de nombreuses biographies ou analyses d'œuvres, je suis frappé de constater l'unanimité à parler de volonté ou de décision consciente à propos du suicide des créateurs ou des grands hommes, alors que mon expérience clinique me ferait bannir ces deux termes du vocabulaire d'un suicidaire. Depuis des semaines, cet homme – ou cette femme – est aux prises avec une souffrance indicible dont il n'a le plus souvent jamais parlé à qui que ce soit. Il est en proie aux angoisses et à la constante imprécation de la mort. Il ne décide pas. Il ne peut décider tant il est envahi. Il est le jouet de ses angoisses. Il est joué. Il est agi et se plie de guerre lasse à la voix impérieuse qui lui réclame la vie.

Ce lien quasi constant entre le suicide et l'accès mélancolique n'est pas encore largement compris, peut-être pour conserver l'image de l'être conscient et maître de ses décisions, surtout lorsqu'on évoque un personnage d'exception. Une récente analyse critique d'une biographie de Jack London commentait : « Il est vrai qu'il mourut volontairement à quarante ans... », et précisait plus loin : « Enfant bâtard ... fougue et dynamisme ... rongé par l'alcoolisme ... toute sa vie il fut hanté par l'idée du suicide », comme s'il pouvait ne pas y avoir de lien entre les idées obsédantes de mort qui s'imposent inlassablement et l'acte impulsif de la délivrance. Décision ? La volonté est bien peu de chose dans ce moment inouï du raptus suicidaire, de l'impulsion incontrôlable, de la vague mélancolique.

Dans son vivant témoignage *Face aux ténèbres*, William Styron décrit cette stupeur automatique qui accompagne la préparation de la mort, cette sorte de lassitude libératrice qui envahit la pensée et tout le champ de la conscience dans les phases majeures de la dépression. Styron se dit comme hébété, dans un état second automatique qui, pour lui, s'évanouira à l'écoute d'une rhapsodie de Brahms réveillant à la vie son être endormi : « Cette mélodie, à laquelle [...] j'étais dans ma torpeur resté insensible pendant des mois... »

La récente biographie de Tchaïkovski, par André Lischke, lève le voile sur son vraisemblable suicide en 1893, alors que la légende familiale écrite par ses frères et son neveu, pieusement entretenue par l'orthodoxie musicale et le monde des soviets, l'avait fait mourir du choléra en quelques jours. A l'époque, Diaghilev et le milieu musical de Saint-Pétersbourg avaient bien évoqué l'hypothèse du suicide de Tchaïkovski dans un moment de désespoir, et à la veille d'être publiquement accusé d'homosexualité pour trop s'intéresser au neveu du tsar. La crainte d'une affaire de mœurs et les pressions exercées à son encontre ont pu jouer sur la fragile personnalité du compositeur, que l'on décrit comme veule, triste et masochiste, pour provoquer le raptus nécessaire à son acte suicidaire.

On ne peut qu'être frappé par la grande fréquence du suicide et des tentatives de suicide en littérature, et par leur rareté en peinture et dans la musique. Dans une large revue biographique du monde de la peinture, Wittkower ne trouve que quatorze cas de suicide sur quatre cent cinquante ans, de 1350 à 1800, cinq en Italie, neuf en Europe du Nord, et aucun qui ne soit d'un artiste majeur. Hormis le cas Schumann et le vraisemblable suicide circonstanciel de Tchaïkovski, quelques tentatives seulement peuvent être relevées dans l'univers de la musique, mais rien de comparable au fléau de la mort mélancolique qui s'acharne sur le monde des lettres. La littérature toucherait-elle à un fruit défendu, ou bien l'œil et l'oreille protégeraient-ils de la folie suicidaire ?

On a par ailleurs soutenu, comme une idée reçue, que les créateurs qui exprimeraient dans leur œuvre l'idée du suicide ne passeraient pas à l'acte, tandis que ceux qui n'en parleraient pas le réaliseraient. On pense tout de suite à Goethe et aux *Souffrances du jeune Werther*, prototype littéraire du suicide mélancolique, qui a peut-être cristallisé les pulsions suicidaires du jeune Goethe, car celui-ci n'attentera jamais à ses jours malgré sa lourde cyclothymie. On peut évoquer le double suicide qui clôt *Les Enfants terribles* de Cocteau, la mort d'Emma Bovary, ou celui qui termine *Le Triomphe de la mort* de Gabriele D'Annunzio. En revanche, cela ne se vérifie pas pour des écrivains comme René Crevel ou Cesare Pavese, qui ont construit leur vie et leur œuvre autour de l'idée du suicide-obsession, et qui l'accomplissent. On peut raisonnablement penser que l'idée s'impose à leur esprit – et non leur esprit qui la décide – en raison d'une longue évolution maladive. Mais l'élaboration imaginaire fera toujours de la pensée d'un créateur une trajectoire hors du commun. « Tous ces suicides sont réels, avertit Paul Morand. Du vrai sang a coulé. Et cependant, ils sont littéraires, par l'influence qu'ils ont subie d'abord, puis à leur tour exercée » (*L'Art de mourir*).

S'il n'était mêlé de l'insoutenable pression du désespoir, on pourrait décrire un suicide testament. C'est Paul Gauguin, en 1897, revenu à Tahiti pour un dernier séjour aux îles, qui conçoit la fin dans un moment de grande détresse où se mêlent excitation et dépression. Abandonné par sa femme et abattu par la mort d'Aline, sa fille chérie, Gauguin sombre dans la dépression et parle de se tuer depuis plusieurs mois. En décembre, et selon ses propres termes, il peint « durant tout le mois... jour et nuit avec une fièvre inouïe », et nous laisse ce monumental testament pictural qu'il intitule : *D'où venons-nous ? Qui sommes-nous ? Où allons-nous ?* Puis il part dans la montagne et prend une dose massive d'arsenic. La nature se venge : il vomit et vivra encore cinq ans dans la précarité et la maladie.

Le raptus suicide impressionne par sa soudaineté comme un coup de tonnerre sur un ciel serein. C'est ce que l'on a pu dire de Malcolm Lowry ou même de Vincent Van Gogh. Si Lowry a connu une vie tourmentée entre l'alcool et la littérature, son suicide survient en 1957 alors que les projets sont nombreux et qu'il travaille dans le même temps à six livres qui resteront inachevés. « C'est dire, remarque Evelyne Pieiller, que la mort n'était pas vraiment au rendez-vous, mais qu'elle a surgi comme une insurmontable tentation » (*Le Magazine littéraire*, 1988).

Comme plus tard Dali, Vincent est un enfant de remplacement, prenant le nom et la place du frère aîné mort un an plus tôt. Il développera ensuite la lourde maladie familiale, rythmée par les « crises ». Mais en 1890, lors de son retour à Auvers, rien ne semble présager de son acte. On ne trouve aucune allusion au suicide dans sa riche correspondance. Et le 27 juillet, il se tire une balle de revolver dans la poitrine. Le raptus suicide est une brutale impulsion qui peut survenir à n'importe quel instant et précipiter le mélancolique dans la mort. Depuis près d'un mois et malgré son désespoir, Vincent peignait intensément. L'impulsion est venue le saisir, imprévisible. Cette possibilité permanente du suicide met le mélancolique en danger de mort surtout lorsqu'il s'ignore ou lorsqu'on l'ignore.

Le suicide répétition nous renvoie à l'obsession du deuil impossible qui revient comme un lancinant message dans la vie ou dans l'œuvre. On peut penser à Hemingway répétant le geste de son père ; à Romain Gary, profondément affecté par la mort de Jean, et bien qu'il ait affirmé dans son dernier message à la presse : « Aucun rapport avec Jean Seberg » ; à Klaus Mann, le fils aîné de Thomas, dont le suicide en 1949 vient en écho de celui de René Crevel dont il ne s'était jamais remis. Les liens qui unissent deux êtres peuvent être d'identité, d'admiration, de fusion, mais parfois suffisamment archaïques pour qu'ils ne puissent imaginer d'être séparés par la mort. En 1941, revenu dans son exil brésilien de Petropolis, Stefan Zweig s'enfonce dans le pessimisme que lui inspirent l'état du monde et l'avancée de la guerre. Son état dépressif ne cesse d'empirer. Il écrit le 2 septembre à Jules Romains : « Avant tout il faut retrouver l'équilibre et combattre la fatigue morale qui m'a envahi les derniers mois. » Le 23 février 1942, et alors qu'il assistait au carnaval de Rio, il s'effondre en apprenant la chute de Singapour et se suicide avec sa femme.

La maladie maniaco-dépressive de Max Linder alterne une hyperactivité professionnelle qui le fait réussir à Hollywood, réaliser plus de trois cents films et devenir président de la Société des auteurs, mais, dans le même temps, plonger dans la mélancolie lorsque le rideau est tombé. L'euphorie du succès fait alors place aux phases dépressives puis mélancoliques. « Je sens que je ne suis plus comique [...] cependant, je tiens à être gai, à être joyeux, je chante à tue-tête, je siffle, je danse [...] et je suis triste, triste, infiniment », écrit-il à sa mère en 1921 (cité par Brigitte Degeilh). Après deux tentatives de suicide du couple, en 1924, il entraîne sa femme dans la mort un an plus tard, et à la suite de grandes phases mélancoliques qui l'ont fait démissionner de sa présidence et abandonner tout nouveau projet.

L'accompagnement dans la mort, comme pour la partager, comme pour ne pas rester seul au monde, se retrouve encore dans le trajet mélancolique du poète et dramaturge allemand Heinrich von Kleist qui, à 34 ans, accablé par la vie et miné par la mélancolie, en proie depuis des mois à l'obsession du suicide, se donne la mort avec une jeune femme exaltée, Henriette Vogel, le 21 novembre 1811, sur les bords du Wannsee. Suicide romantique, pourrait-on ajouter, car les romantiques allemands ont tant parlé de la mort et du *taedium vitae*, ce dégoût d'une vie inactive et sans objet. Suicide désespoir d'un poète de génie promis à un rare avenir, « mais, nous dit Alfred Bougeault en 1875, une maladie mentale, entrecoupée d'intervalles lucides, arrêta l'essor de ses facultés poétiques ». Chez tous les créateurs confrontés à la mélancolie et au suicide, on retrouve la trace d'une maladie dépressive dont le suicide est l'aboutissement.

La dépression et le suicide rythment *Les Désemparés*, cette judicieuse analyse par Patrice Delbourg, de cinquante-trois portraits d'écrivains. Jacques Rigaut, ce dandy de la dérision, « aventureman suicidé » comme il se dénommait, qui cultivait le suicide comme une idée fixe, fonda une Agence Générale du suicide et se tira une balle dans le cœur, antithèse de la mort romantique. Ghérasim Luca se jeta dans la Seine en février 1994 pour quitter un monde « où les poètes n'ont plus de place ». André Frédérique, poète et bouffon grandiose, choisit à 42 ans un cocktail magistral, cognac, gardénal et émanations de gaz, comme dix ans plus tard son ami Chaval. Gérald Neveu, le Lorca de la Canebière, disparaît lui aussi à 39 ans dans l'échec et la solitude. C'est encore Jean-Pierre Duprey, poète fulgurant, qui se pend à la porte de son atelier après avoir adressé à André Breton son dernier manuscrit, *La Fin et la manière*; Jean-Philippe Steinbach dit « Salabreuil », « éternel enfant grave », qui tire sa révérence à

30 ans ; et Francis Giauque, poète en souffrance d'un délire désespéré, qui s'ouvre les veines à 31.

Que dire encore du suicide à deux de Victor Escousse et Maurice Lebras qu'évoque Tristan Corbière dans *Un jeune qui s'en va* et qui se lit entre les lignes du *Chatterton* de Vigny ? Ils n'avaient que 19 et 21 ans. Cette maladie de la jeunesse romantique qui manie le désespoir avec l'inconscience du génie, nous montre la grande parenté de la poésie et de la mort, du travail au plus profond de soi, au cœur du sacrifice. L'articulation intime des sentiments premiers et de l'identité se cache au fond des mots et seule la poésie pénètre autant à l'âme. Certains appelleraient folie ce que l'on nomme poésie, quand l'idée est vécue en place de la vie et comme un trait de plume. C'est Jules Lequyer, cet idéaliste passionné qui, le 11 février 1862, nage vers le large à en perdre ses forces. « Cette croyance en la liberté, je voudrais la saisir au prix de ma raison même », avait-il écrit.

Au firmament des créateurs, nombreux sont les poètes tombés au champ d'honneur : Alphonse Rabbe et Jacques Vaché, les météores surréalistes emportés dans les brumes de l'opium ; Henry de Montherlant, Walter Benjamin, Nicolas de Staël, Raymond Roussel, Pierre Drieu la Rochelle, Jean-Louis Bory, Pierre Molinier, Ernest Hemingway, Yukio Mishima, Yasunari Kawabata ...

IV

LES LIMITES DU GÉNIE

« Où s'arrête la sécurité de l'esprit ? » interroge Breton dans son *Manifeste du surréalisme* en 1924. « Reste la folie, poursuit-il, la folie qu'on enferme, a-t-on si bien dit. Celle-là ou l'autre... »

Dans la liberté de sa pensée sans contraste, Breton énonce cette dualité de la folie qui a tellement de sens dans notre interrogation sur le génie et la création. L'autre folie, la folie créatrice, est nécessaire à l'âme du génie, elle la nourrit de sa sève inédite. En cela on peut dire, avec la tradition, qu'il y a toujours un peu de folie dans le génie, mais une folie très différente de la maladie mentale, car la création teinte l'esprit d'une couleur bien particulière et, en retour, la folie dote la création d'une sensibilité inégalable. Si nous sommes contraints à parler du génie en termes pathologiques lors de grands accès de la folie, cela n'enlève en rien la valeur de l'inspiration qui peut animer le poète dans le même moment. Le vrai laboratoire de l'œuvre est dans l'être intérieur, avec sa liberté et ses contradictions. Serait-il malade, la maladie fait partie de l'œuvre, n'en est pas moins une œuvre.

Dans cette bien indécise lisière entre le génie et la folie se dressent les trois gorgones que sont la folie stérile qui paralyse l'œuvre, l'illusion trompeuse de l'art des fous, et la terrible sentence des déchets du génie.

1. La folie stérile

« Qu'est-ce donc que la folie, dans sa forme la plus générale, mais la plus concrète, qui récuse d'entrée de jeu toutes les prises sur elle du savoir ? Rien d'autre, sans doute, que *l'absence d'œuvre.* » C'est dans ces quelques lignes de la préface à la première édition de son *Histoire de la folie à l'âge classique* que Michel Foucault lance – « un peu à l'aveugle », précisera-t-il plus tard – cette formule lapidaire et réductrice qui émaille aujourd'hui toutes les réflexions sur l'art : *folie, absence d'œuvre* ! Au paroxysme de la crise, l'angoisse de la folie paralyse les forces de la création. Toute l'attention du poète est portée vers la douleur morale qui offre sa béance insondable. Alors le peintre cesse de peindre, le musicien de composer, le poète d'écrire, le savant de penser, le prophète de parler. Il n'a plus accès à la vérité.

« De l'homme à *l'homme vrai*, le chemin passe par *l'homme fou* », dit encore Foucault (*op. cit.*). Encore faut-il qu'il s'agisse de l'autre folie, celle qui s'ouvre sur la liberté. Mais l'aliénation mentale, celle qui rend *autre* au sens d'*alienus* (autre), celle de la démence et des accès de fureur, celle de l'exaltation et de la déraison, des yeux hagards, insensés, hébétés, l'aliénation de la mélancolie, de la psychose et de la dépression, celle-là ne permet plus aucune création.

Les exemples en sont nombreux, dans tous les domaines de la création. Miné par l'éther et la syphilis, Maupassant fut atteint de stérilité littéraire après la publication de *Notre cœur*, en 1890. C'était apparemment le premier signe de sa démence. Sa vie littéraire était terminée.

Dans les moments aigus de sa maladie cyclique, Robert Schumann était paralysé et ne composait plus. « Dès qu'il se livrait à un travail intellectuel, rapporte le médecin qui l'examina à Dresde, apparaissent des tremblements, une lassitude et un froid des membres inférieurs, un état d'angoisse accompagné d'une peur caractéristique de la mort qui se manifestait par la peur des hautes montagnes et des habitations élevées... » (cité par Rémy Stricker). Puis l'accès dépressif cédait habituellement devant la fécondité de l'épisode maniaque. Mais à partir de 1854, la folie et la mélancolie envahiront son esprit au point qu'elles ne laisseront plus de place à l'œuvre. Encore compose-t-il des *Variations* sur un thème en mi bémol au matin du 23 février, et au milieu du délire qui l'habite. Mais la démence est trop forte, l'œuvre est terminée. Schumann mourut deux ans plus tard, dans la maison de santé du Dr Richarz, près de Bonn, sans avoir pu retrouver la musique.

On pourrait en dire autant de la fin de la vie de Nietzsche qui, après l'extraordinaire créativité de l'année 1888, et l'euphorie de Turin en janvier 1889, n'écrira plus jusqu'à sa mort, dix ans plus tard. Le temps de la démence est arrivé qui ne laisse plus aucune place à l'œuvre.

C'est enfin la psychose paranoïaque de Camille Claudel qui envahit peu à peu son esprit et étouffe sa créativité dès 1905, avant son long internement de trente ans, de 1913 à 1943. Il n'est que de constater le désordre des idées qui accompagne les épisodes délirants de nos patients, et le peu de cohérence de leur production graphique ou picturale au cours des phases aiguës de la maladie, pour prendre conscience de l'impossibilité à poursuivre une œuvre dans un accès de folie.

Les grands délirants scientifiques, mathématiques ou philosophiques nous montrent avec évidence la proximité de leurs idées avec celles des prophètes ou des génies mathématiques, c'est-à-dire avec « ceux d'entre eux » qui ont réussi aux yeux du monde. Les inventeurs gardent jalousement le secret de leur invention et le calcul qui permet de l'établir. Ils sont persuadés du caractère révolutionnaire de leur découverte et de l'importance universelle de leurs idées. En l'absence d'une bonne connaissance de leur domaine scientifique, il est parfois difficile de savoir s'il s'agit d'un malade délirant ou d'un inventeur méconnu, qui vit son discrédit comme une persécution. Il existe des inventeurs de génie : s'ils ne sont pas reconnus, ce sont des paranoïaques. Encore une fois, la définition du génie passe par la reconnaissance sociale.

Les mêmes arguments peuvent être appliqués aux idéalistes passionnés qui rêvent de refaire le monde, qui rêvent de la paix universelle et du grand ordre mondial. Ils nous livrent leur délire exubérant avec une foi souvent très convaincante. Dans une certaine mesure ils ne sont, eux aussi, que des prophètes qui n'ont pas réussi. Que seraient devenus Jésus, Moïse, Luther, Confucius ou Mahomet s'ils n'avaient pas eu de disciples ? Ou encore Charles Russel, le fondateur des Témoins de Jéhovah, Joseph Smith, celui des Mormons, Ron Hubbard, de la Scientologie, ou Sun Myung Moon, de l'Église de l'Unification ? Le délire et la réalité étant si proches chez les philosophes et les meneurs d'hommes, l'œuvre de certains d'entre eux dérive insensiblement à la mesure du crédit qu'on veut bien leur accorder. Comment, par exemple, séparer ce qui peut être considéré comme métaphysique de ce qui est délirant chez Auguste Comte, lorsqu'il fonde le positivisme, cette école philosophique qui accompagnera l'ère scientifique du XXe siècle, puis, dans un deuxième temps, lorsqu'il énonce son catéchisme de la nouvelle religion universelle, en 1852 ? Il prône alors la foi dans le Grand Être, l'humanité, entouré du Grand Milieu, l'espace, et du Grand Fétiche, la terre, religion dont il est bien sûr le grand-prêtre et dont il fixe les rites et les dogmes, aidé en cela par les trois « anges gardiens » que sont Rosalie, sa mère, Clothilde, son épouse et inspiratrice, Sophie, sa fidèle servante qui deviendra ensuite sa fille adoptive.

Au sens de la clinique psychiatrique, il est indéniable que nous sommes en présence d'un délire paranoïaque, même s'il s'agit d'un grand philosophe. En cela, les idéalistes passionnés délirent, dans la mesure où ils construisent un « idéal de soi » imaginaire, que leur impose la régression archaïque d'un moi infantile tout-puissant. Et peut-être fallait-il à Auguste Comte l'extravagance délirante des prolongements théologiques de sa doctrine, pour que sa philosophie ait une cohérence. De la même façon, on veut bien fermer les yeux sur les idées tardives d'Arthur Schopenhauer, qui connaissait une exaltation périodique de son humeur cyclique et des phases délirantes dans ses moments maniaques. Le délire de persécution se mêlait alors aux idées de grandeur, qui faisaient de lui l'égal du Christ, comme il l'écrira dans une lettre de 1816, un être inspiré d'idées divines et adorateur de son propre portrait, dont un admirateur fit l'acquisition pour le placer « dans une espèce de chapelle, comme l'image d'un saint », nous précise Lombroso.

Cette folie stérile formera toujours l'une des frontières de la création, assurément la moins prévisible.

2. L'art des fous

Peut-il exister un art des fous ? Oui, répond avec enthousiasme André Breton, qui est décidément le défenseur de toutes les libertés. « Les mécanismes de la création artistique sont ici libérés de toute entrave, précise-t-il dans *La Clef des champs*, autrement appelée *L'Art des fous*. Par un bouleversant effet dialectique, la claustration, le renoncement à tous profits comme à toutes vanités, en dépit de ce qu'ils représentent individuellement de pathétique, sont ici les garants de l'authenticité totale qui fait défaut partout ailleurs et dont nous sommes de jour en jour plus altérés. » Breton voit dans l'expression libre de la folie une grande proximité avec la vérité absolue et la pureté des valeurs morales, et dans le monde fermé de l'asile, un rempart contre le capitalisme qui, selon lui, pervertit l'expression artistique.

L'art des fous est une découverte récente, ou plutôt nous lui portons un certain intérêt depuis la fin du siècle dernier où, dans le même temps, se développe la psychiatrie et se transforme l'expression artistique qui n'accepte plus le carcan de l'académisme. Ce n'est pas un hasard si les deux ouvrages précurseurs en la matière, *Les Ecrits et les Dessins dans les maladies nerveuses et mentales*, du Dr Jean Rogues de Fursac, et *L'Art chez les fous* de Marcel Réja, datent respectivement de 1905 et 1907, années mêmes où naît le fauvisme autour de Matisse, Rouault et Van Dongen, au Salon d'automne 1905, et où paraît le cubisme avec *Les Demoiselles d'Avignon*, en 1907. Reconnaître une valeur à l'expression de la folie équivalait alors à consommer la rupture avec l'esthétique classique. D'ailleurs, ne dira-t-on pas plus tard, devant une œuvre sommaire et peu estimée – ce sera le cas des dessins d'aliénés : « C'est du Picasso ! »

La question que pose Rogues de Fursac est d'ordre clinique : dans quelle mesure l'étude des écrits et dessins d'aliénés peut-elle aider au diagnostic des maladies mentales ? Marcel Réja y répond deux ans plus tard, en affirmant que la production artistique des aliénés n'est pas un simple étalage de documents pittoresques, mais reflète leur personnalité et, dans une certaine mesure, le trouble mental qui les habite. Il s'interroge tout de même sur « cette impulsion qui asservit le sujet à l'exécution d'une entreprise dénuée de toute portée pratique et qui, dans la notion courante, passe pour la caractéristique la plus saillante de la folie ». Mais c'est aussi de folie que l'on taxe généralement l'artiste ou le poète qui poursuit un art chimérique au mépris de son intérêt matériel.

Au centre de ce débat, se trouve l'interrogation sur la nature de l'impulsion créatrice qui s'empare du fou dans un moment fécond. Il faut bien préciser qu'il s'agit toujours d'une phase maniaque ou d'un moment psychotique, mais jamais d'un accès mélancolique. Car ce moment productif ressemble étrangement aux moments lucides où l'artiste – le « voyant », comme disait Rimbaud – crée son œuvre, habité par l'inspiration. Marcel Réja a le mérite de poser deux limites à cette réflexion lorsqu'il précise : « Il paraît sans doute excessif d'employer le mot " œuvre d'art " à propos de telles productions », et que, parmi les œuvres écrites, il distinguera « les fous qui étaient déjà poètes », et « les fous qui n'avaient jamais écrit », pour lesquels il suppose un rôle orthopédique de la prosodie. Cette distinction permet à mon sens de dégager deux critères majeurs qui peuvent qualifier l'art et la création : l'intentionnalité et la continuité de l'œuvre. Certaines productions « géniales » d'un moment de folie seront sans lendemain, alors que, malgré les accès de la psychose et des troubles de l'humeur, Artaud, Nerval ou Van Gogh font une œuvre. La proximité naturelle des accès de génie et des accès de folie n'échappe pas à Marcel Réja qui souligne cette évidence : « L'homme de bon sens, et de sens pratique, probe travailleur, bon citoyen et bon époux, ne fut jamais un grand poète. »

L'intérêt pour l'art des fous se manifesta vraiment à partir de 1920, soutenu par quatre acteurs majeurs. C'est d'abord la publication à Berlin, en 1922, de l'ouvrage de Prinzhorn, *Expressions de la folie*, représentant près de cinq mille œuvres, dites « artistiques », effectuées par quatre cent cinquante aliénés, en majorité schizophrènes. Ce sont ensuite les travaux du grand psychiatre français Pierre Janet, qu'André Breton a côtoyé à l'hôpital Sainte-Anne. C'est aussi la publication, en 1924, du premier *Manifeste du surréalisme*, qui dénoncera la psychiatrie asilaire et l'enfermement des artistes, mais prônera dans le même temps le principe de l'écriture automatique. C'est enfin, en 1946, que Jean Dubuffet proposera son *Prospectus aux amateurs de tout genre* et, dans un travail de « déconstruction », qu'il présentera sa collection d'*art brut*, composée d'œuvres de marginaux, délinquants, prisonniers, retraités, mais aussi et surtout d'aliénés.

Pour officialiser ce mouvement dit « artistique », c'est en 1950 qu'aura lieu, à Paris, la première Exposition internationale d'art psychopathologique – près de deux mille œuvres émanant de trois cent cinquante malades –, au cours du premier Congrès mondial de psychiatrie, manifestation qui témoignait surtout du grand intérêt que portent les psychiatres à l'expression artistique. Car on peut légitimement s'interroger sur le sens et l'intérêt d'une telle exposition, d'un tel rassemblement d'œuvres, réunies non pas autour du projet de leurs auteurs, mais plutôt du désir psychiatrique de repérer l'origine du moment créatif. Une part d'entre elles provenaient d'ateliers d'art-thérapie, où se mêlent parfois l'apathie du patient et le désir du psychiatre.

Ce très riche courant scientifique présente aujourd'hui deux directions distinctes : une direction analytique, l'étude de la psychopathologie de l'expression, qui analyse les fondements de l'acte créateur et ses liens avec les processus pathologiques ; et une direction thérapeutique constituée par les ateliers d'art-thérapie.

Il est d'abord très surprenant de remarquer que les œuvres dont il est question ici sont en premier lieu picturales et plastiques, comme si la peinture était le seul ou le plus fréquent moyen d'expression de la « folie ». Or les moyens les plus naturels d'expression pour tous les humains sont la parole, puis l'écrit – on a d'ailleurs souvent dit que l'écrit était pour le psychotique ce que la parole était au névrotique. Mais la peinture reste l'expression qui « donne le plus à voir », surtout depuis qu'elle peut se comparer aux productions récentes de l'art abstrait, de l'art brut, de l'art concret ou même métaphysique. Aucune chance, pour un aliéné du XIXe siècle à peine libéré de ses chaînes par Pinel, de rivaliser avec l'académisme qui rejetait déjà l'individualisme en peinture.

Il en va de même pour la poésie de la folie, qui s'apparente plus aux écoles modernes qu'aux envolées hugoliennes, plus au délire phonétique d'Isidore Isou qu'à la rigueur métrique de Corneille ou Racine. Le beau recueil de Charles Nodier sur ses *Fous littéraires*, qui illustre l'incohérence psychotique de quelques auteurs méconnus, est un exemple de ces écrits plus proches de la folie que de l'œuvre. D'ailleurs, qui lirait les centaines de pages écrites d'un seul jet par ce patient hagard en proie à la folie maniaque ? La plume vole sous ses doigts. Il ne s'agit plus d'écriture automatique. Il est une plaie ouverte qui laisse couler cette sève intarissable de l'angoisse, il est une fenêtre directe sur l'inconscient qui se répand au fil des pages. Son délire le délivre. Il s'arrête épuisé, mais apaisé. Ces écrits n'ont en général aucune prétention, ni intérêt littéraire. Ils sont cependant l'expression spontanée la plus fréquente des moments de folie, qui ont fondé l'intuition de l'art-thérapie, et initié la réflexion sur la fonction de l'œuvre chez l'artiste.

Par ordre de fréquence, l'expression de la folie sera donc

écrite, picturale et, très exceptionnellement, musicale. Dans la littérature psychiatrique sur ce sujet, je n'ai relevé qu'un seul cas d'expression délirante musicale spontanée. Au cours d'un délire de grandeur et de persécution, ce patient, qui croyait être un musicien célèbre et reconnu, composa des pièces pour piano, violon ou hautbois et même un quatuor à cordes. A la différence de l'écriture, que chacun apprend dans l'enfance, de la peinture à laquelle on s'exerce spontanément, la musique requiert un long apprentissage technique qui limite sa possibilité d'expression dans la folie. Il est très surprenant de remarquer la moindre fréquence des troubles psychopathologiques dans le monde de la musique, que renforce la quasi-absence d'expression musicale de la folie. Hormis Schumann, Wolf ou Beethoven, dont les troubles maladifs n'ont cependant pas empêché l'œuvre, on trouve relativement peu de pathologie psychologique et mentale chez les musiciens. *La musique protégerait-elle de la folie?*

Les thérapies par l'expression créatrice, que l'on appelle volontiers art-thérapie aux Etats-Unis, se sont développées depuis quelques dizaines d'années dans le cadre de l'hôpital psychiatrique et comme moyen thérapeutique complémentaire de la chimiothérapie et des psychothérapies. Cette approche thérapeutique intervient au niveau d'un langage symbolique, plus sécurisant pour certains que la parole, et qui permet d'exprimer des affects et de l'émotion à mots couverts. C'est ainsi que les modes privilégiés de ces thérapies par l'expression seront non verbaux : le dessin, les arts plastiques, la danse, le mime... qui permettent une extériorisation émotionnelle sans que l'angoisse se mobilise trop. Il existe au contraire très peu d'exemples d'ateliers d'écriture.

L'un d'entre eux, atelier de lecture-écriture, ouvert à Brest en 1989 dans le service hospitalo-universitaire de psychiatrie, propose une séance bimensuelle de deux heures à laquelle participe un groupe de six patients psychotiques chroniques, schizophrènes et paranoïaques. Walter précise que le début de cette expérience s'est faite dans l'effervescence et dans une certaine passion littéraire. Il est vrai que l'acte d'écrire, plus que tout autre, met le sujet en position d'auteur. L'interprétation du contenu est une autre étape thérapeutique, qui n'est cependant pas toujours nécessaire, car le temps fondamental de l'art-thérapie est surtout celui de l'expression écrite qui travaille le sujet comme l'œuvre naît chez le créateur. Dans une réflexion sur ce travail d'atelier, Guy Lafargue fait un parallèle intéressant entre l'élaboration artistique, création d'une œuvre, et l'élaboration psychothérapique, création de soi, répondant toutes deux à une tendance dynamique de la personnalité à résoudre les conflits, à réduire la souffrance morale et, en définitive, à naître à soi-même. « Art et thérapie, précise-t-il, travaillent à une même finalité : trouver le chemin de la parole réprimée et interdite de représentation. La création en est le commun dénonciateur. »

Dans cette démarche thérapeutique, nous retrouvons la fonction apaisante de l'œuvre pour le créateur qui, une fois qu'il l'a terminée, se sent profondément soulagé et ne peut, ou ne désire pas, la relire. Le processus de gestation puis de séparation d'avec l'œuvre, qui peut évoquer une symbolique d'enfantement, a longuement été développé par la psychanalyse qui y voit la possibilité réparatrice de se séparer, sous forme d'œuvre, d'une part d'émotion ou d'angoisse insupportable, qui sont ensuite « poubellisées », selon le mot de Lacan. Le don, la vente, la publication réalisent ce processus de séparation, qui est effectivement un processus psychothérapique.

On peut rappeler la très belle remarque de Bernard Grasset, dans sa *Psychologie de l'immortalité,* sur l'aptitude de l'homme au renoncement et au détachement de l'œuvre matérielle, qui seule lui permet de créer. Il illustre son propos en publiant prématurément le premier volet d'un triptyque : « Si je publie isolément une œuvre aussi courte, c'est, je l'avouerai, que j'ai hâte de m'en séparer. »

Bien qu'il procède d'un même désir de réparation, l'art des fous ne peut être qualifié d'art à proprement parler, peut-être en raison de la discontinuité ou de l'absence d'œuvre. Le cas très singulier de quelques malades qui ont spontanément réalisé une œuvre dans sa continuité nous montre, s'il en était besoin, combien ces critères sont fragiles et combien les limites sont floues entre le génie et la folie. C'est tout d'abord Adolf Wölfli, un schizophrène interné dont l'œuvre produite en asile fut connue par une monographie que publia Morgenthaler à Leipzig en 1921, et surtout parce qu'elle fit partie de la collection de l'art brut. C'est aussi James Henry Pullen, le génie de l'asile d'Earlswood, personnage de dimension nationale au XIXe siècle en Angleterre, qui passa soixante-six ans à l'asile où il disposait de son propre atelier et où il constitua une œuvre considérable, dont une pièce fut même primée à la Fisher's Exhibition de 1883. C'est enfin Aloyse, une jeune schizophrène internée dont l'œuvre originale et relativement importante fut présentée, en 1961, dans *Les Petits Maîtres de la folie*, un livre accompagné de textes de Jean Cocteau, qui présentait cet art intermédiaire.

En 1951, dans *Les Voix du silence*, André Malraux s'est exprimé, avec son génie lucide, sur la partition entre l'art et la folie : « Le vrai fou, parce qu'il ne joue pas, possède authentiquement un domaine commun avec l'artiste : celui de la rupture. » Mais, précise-t-il, « la rupture de l'artiste est un secours et un moment de son génie, celle du fou est une prison ». En poursuivant sa pensée, on peut dire que, si la folie permet au malade et à l'artiste d'être en rupture avec leurs contemporains, c'est-à-dire d'être en mesure de créer et d'innover, c'est parce que l'art et la folie ont en commun cet automatisme mental qui génère à l'infini des combinaisons de soi-même, au sens de notre capacité illimitée à créer du langage. L'inconscience géniale de la création spontanée est une autre propriété de cet automatisme mental.

3. Les déchets du génie

C'est une vieille idée, mais qui semble bien souvent vérifiée, qu'il n'y ait pas deux « génies » ou deux personnages d'exception dans une même famille. Panizza nous rapporte ce mot de Griesinger : « Lorsque j'entends dire qu'il y a un génie dans une famille, je demande aussitôt si elle ne compte pas aussi un idiot en son sein. » Le XIXe siècle appelait *idiotie* ce que nous nommons aujourd'hui *arriération mentale*, et qui évoque pour nous une psychose infantile ayant évolué, en l'absence de soin et d'attention, vers l'arriération. Dans la société traditionnelle, le jeu empirique des équivalences voulait que naisse un enfant lorsque quelqu'un mourait, et que vienne un idiot lorsque naissait un génie, un peu comme si celui-ci cristallisait en lui les forces de toute une famille. Car le génie, avec toutes ses marques d'exception, est toujours l'expression d'un groupe, d'une famille, d'une école de pensée, avec laquelle il peut ensuite se trouver suffisamment en rupture pour s'en détacher. Il est sans doute bien peu de grands créateurs qui n'aient eu le ferment culturel indispensable d'une famille nourricière ou d'un initiateur de talent. Mozart fut bien entendu l'élève de son père, tout comme Raphaël confié ensuite au Pérugin. Maupassant eut Flaubert pour « père » et Victor Hugo une formidable dynamique familiale, en dépit des traumatismes de l'enfance. Le génie exprime à un degré élevé l'excellence et l'originalité d'un groupe social dont il fait partie, et l'on peut penser que certaines familles, au sens large, développent sur plusieurs générations des aptitudes particulières dans le domaine des arts, de la philosophie, de la politique, des relations humaines... qui trouveront leur aboutissement dans la notoriété d'un seul individu possédant de remarquables qualités dynamiques de la personnalité et l'acquis culturel de sa famille de pensée.

Dans son livre intitulé *Porter un talent, porter un symptôme*, Denise Morel a bien précisé les qualités nécessaires à une telle famille pour qu'en son sein puisse s'exprimer un génie. Une famille génératrice de vie doit être une famille ouverte à ce qui vient du dehors, mais également à ce qui germe à l'intérieur, sans crainte pour soi ni pour le groupe. Cela implique l'acceptation de la douleur du créateur, de ses doutes, de ses angoisses, de la mort qu'il porte en lui. On a parfois parlé de « névrose familiale de caractère », où chaque membre de la famille s'identifie et se projette dans l'un d'entre eux, qui solidifie le noyau familial autour de lui et, à ce titre, chacun accepte sa présence dérangeante et parfois tyrannique. « Quel créateur, nous dit Denise Morel, n'est pas amené à tuer père et mère, à tordre le cou aux idées reçues, à déchirer l'enveloppe familiale, à craquer sa coquille pour naître enfin ! »

Si l'on imagine maintenant une famille où coexistent plusieurs créateurs de génie, les tensions et le déchirement seront tels que la structure familiale, susceptible d'éclatement, va se défendre contre l'anéantissement. Elle va choisir, elle va privilégier l'un et barrer l'autre, ou si ce n'est la famille, ce sera la folie qui s'en chargera. Mais c'est en réalité la même chose. Ce n'est qu'à ce prix que les autres membres échappent à la pathologie familiale. Le potentiel créatif de la famille semble se focaliser sur un élu, qui en reçoit toute l'énergie, qui s'en nourrit, qui s'en gave, et qui la transforme en œuvre ou en symptôme. A voir de quelle façon on glisse facilement de l'œuvre à la folie et de la folie à l'œuvre, on peut raisonnablement penser que le potentiel créatif et le potentiel pathogène sont en quelque sorte équivalents, et que cette équivalence se transmet entre les membres de la famille qui peuvent soit se répartir le talent, soit l'offrir à l'un d'entre eux, ou bien encore sacrifier l'un pour que vive l'autre.

Les exemples sont nombreux mais, encore une fois, on ne peut que remarquer de grandes différences entre les frères et sœurs de génies en littérature d'une part, et en peinture ou en musique d'autre part. S'il est fréquent que la gloire du grand créateur étouffe celle de la fratrie, l'éclipse est radicale et souvent très lourdement pathologique dans le monde de la littérature ; elle n'est qu'un effacement discret ou une gloire subalterne en musique et en peinture. Faudrait-il convenir que le génie est d'une nature différente lorsque l'on touche à la nature des mots, au verbe ou au sens ?

Ces familles qui cultivent un talent particulier et favorisent l'éclosion d'un génie sont donc très nombreuses en musique, parfois en peinture, peu en littérature. Chacun pense à l'extraordinaire famille des Bach – Geiringer ne compte pas moins de soixante-cinq musiciens sur sept générations, de 1650 à 1846 –, à François Couperin – son père et ses deux oncles étaient de grands musiciens –, à Mozart – sa sœur et son père, eux aussi remarquables –, à Beethoven – son père et son frère –, à Johann Strauss – ses deux frères et son fils –, mais encore à Brahms, Lulli, Rameau, Vivaldi, Cherubini, Schubert, Offenbach... Parmi les peintres, certains ont dans leur proche parenté un artiste de même sensibilité : Dürer, Bruegel, Cranach, Raphaël, les Holbein, les Van de Velde, les Bellini, ou encore le Titien qui connut une véritable dynastie avec pas moins de huit peintres entre son ascendance et sa descendance. Mais on trouve fort peu de dynasties littéraires, ou de faible envergure. Une ou deux exceptions, les deux Dumas – père et fils –, les trois Daudet – Alphonse, Ernest et Léon –, les frères Grimm, les sœurs Brontë... La différence fondamentale de la filiation dans ces grandes familles – peinture, musique – porteuses d'un talent artistique et de secrets artisanaux s'explique peut-être parce que leur art nécessite un long apprentissage technique, tandis qu'en littérature, il semble qu'il y ait d'autres filiations qui ne passent pas par la famille.

Dans ces familles à potentiel créatif, dans ces familles prêtes à tout pour nourrir le génie, c'est-à-dire dans ces familles à risque, va se perpétrer un crime : le meurtre du rival potentiel. C'est Camille, la sœur de Paul Claudel, c'est Eugène, le jeune frère de Victor Hugo, c'est Cornélie, la sœur de Goethe, ou encore Patrick Branwell, le frère d'Anne, de Charlotte et d'Emily Brontë...

Camille Claudel est un enfant de remplacement, née en 1864 quinze mois après le décès de Charles-Henri à seize jours. Viendront ensuite Louise, en 1866, et Paul, en 1868. L'enfance est marquée par la grande complicité de Camille et de Paul. Elle pétrit très tôt sa terre de la Marne, décide de devenir sculpteur et s'en confie à Paul. A quinze ans, elle rencontre le sculpteur Alfred Bouchet et prend deux ans plus tard un atelier rue Notre-Dame-des-Champs. Elle sera l'une des rares femmes sculpteurs, exposant dès 1882. Sa liaison avec Rodin inaugure dix années de tempête qui mèneront à son isolement progressif dans le délire de persécution, dès 1905, et à son long internement qui durera de 1913 à sa mort en 1943. Admirée et encouragée par son père, Camille est fortement rejetée et même niée par une mère qui n'a pas accepté la disparition de son fils et qui ne peut concevoir la forte personnalité de sa fille. De 1892 à 1898, année de sa rupture avec Rodin, Camille sculpte une œuvre puissante qui fait l'admiration de tous. Dans le même temps, Paul découvre Rimbaud, puis Mallarmé, et écrit son œuvre de jeunesse, *Tête d'or* en 1889, *La Ville* en 1890 et, en 1893, *La Jeune Fille Violaine* dans laquelle il met en scène la relation coupable de Rodin et Camille, roman qui deviendra, en 1910, *L'Annonce faite à Marie.* Dans le même temps, Paul prend sa dimension de poète planétaire et Camille disparaît, détruit son œuvre et s'endort à la vie. Elle était le symptôme d'une famille au puissant potentiel pathogène, qui avait su laisser éclore le frère et qui devait, pour lui permettre de poursuivre son œuvre, étouffer la sœur prise entre les cruelles mâchoires du déni de la mère et de la jalousie de sa propre sœur.

Nous sommes en 1815, Eugène et Victor se serrent l'un contre l'autre et subissent la dure loi de leur tante, la veuve Martin, et de la pension Cordier où ils resteront jusqu'en 1818. Eugène et Victor écrivent à leur père des lettres pathétiques qui l'implorent de venir les délivrer de cette lourde tutelle. « Mon cher papa, C'est avec la plus grande surprise que nous avons été informés de ton départ. Nous voulions t'écrire : mais Madame Martin a refusé jusqu'ici de nous dire où tu étais [...] Adieu, mon cher papa... portes-toi bien et aime toujours tes fils soumis et respectueux, Eugène et Victor » (31 mars 1816). Maréchal de camp de Joseph Bonaparte à Madrid, le général Hugo a été chargé de défendre Thionville après la retraite d'Espagne. Il s'installera ensuite à Blois en 1816 avec sa maîtresse, qui était sa compagne depuis 1803 et deviendra sa deuxième épouse en 1821, à la mort de la générale Hugo. Eugène et Victor vivront douloureusement la séparation de leurs parents dont ils seront l'enjeu permanent. Nous sommes dans une famille cultivée à prétention littéraire. Le père s'essaiera longtemps à une médiocre poésie, mais publiera plusieurs *Mémoires militaires*, *Journaux historiques* et ses *Mémoires* en trois volumes. Abel, le frère aîné, qui vivait de sa plume, à réuni une œuvre littéraire considérable, avec son *Traité du mélodrame*, des pièces de théâtre et des contes, mais surtout géographique et historique avec pas moins de vingt-trois ouvrages très importants, dont une *France historique* en cinq volumes, une *France militaire* également en cinq volumes, une *France pittoresque* en trois... Les deux jeunes frères, Eugène et Victor, débutent ensemble en littérature. Ensemble ils apprennent la vie, ensemble ils inventent le monde et construisent leur univers imaginaire. Eugène dirige le clan des Veaux, et Victor, le clan des Chiens. Ils couvrent de vers leurs cahiers d'écoliers. Victor obtient une mention au concours de l'Académie française en 1817 et Eugène le concours de l'Académie des jeux floraux en 1818. Quatre ans plus tard, Victor épouse Adèle le 12 octobre et Eugène décompense brutalement sa schizophrénie le 18 décembre. Recueilli chez son père à Blois, il tentera d'assassiner sa belle-mère, sera soigné quelque temps par Esquirol, puis entrera à Charenton où il passera le reste de son existence. L'indéniable talent poétique d'Eugène éclate dans le même temps que celui de son frère, mais très vite s'impose la personnalité de Victor. Il écrit et publie le premier. Il quitte symboliquement Eugène en épousant Adèle. Le délire a remplacé la poésie.

Cornélie fut la seule des frères et sœurs de Goethe qui parvint à l'âge adulte. Quatre d'entre eux moururent en bas âge. Tous les proches s'accordaient à dire qu'elle ressemblait étonnamment à son frère de génie par de nombreux détails physiques. Ce fut un être maladif, déplaisant, « indéfinissable », selon le mot de Goethe. Son humeur triste et insatisfaite la mena à la mélancolie et à la maladie mentale, jusqu'à sa mort à l'âge de 27 ans, en 1777. Kretschmer, qui rapporte son histoire, la décrit comme une personnalité schizoïde dépressive avec des accès épisodiques de mélancolie, tendance familiale que possédait Goethe dans une moindre mesure et qui fut l'une des forces de son génie. Cornélie n'avait aucune place au côté de son frère. Elle s'effaça, elle aussi, dans la maladie.

Patrick Branwell et ses trois sœurs sont les seuls rescapés d'une série de deuils qui les frappent cruellement dans l'enfance : en 1821, le décès de leur mère, puis, en 1825, celui de leurs deux sœurs aînées. Ils seront élevés dans le presbytère de Haworth par leur père, le pasteur Brontë, et leur tante, ou plutôt par eux-mêmes en s'appariant par couples – Branwell et Charlotte, Ann et Emily – et en construisant un mythe collectif dont chacun donnera une version littéraire. Comme le dira plus tard Shirley, l'héroïne féministe de Charlotte Brontë : « Je veux vivre en imagination ce que la réalité ne me donnera pas. » On connaît les romans d'Anne, de Charlotte, notamment *Jane Eyre*, mais surtout d'Emily, qui fut un grand poète et une prodigieuse romancière avec *Wuthering Heights (Les Hauts de Hurlevent)*. Seul garçon de la fratrie, Branwell est vite admiré de tous, notamment en raison de ses talents de peintre et d'écrivain. Il semble avoir été le plus précoce en rédigeant dès l'âge de 12 ans, en 1829, le *Branwell's Blackwood's Magazine* auquel collabora Charlotte et qui fut la première tentative littéraire familiale. Il est le favori du père mais aussi le héros de ses sœurs. Et, bien involontairement, il deviendra le personnage central de leur vie romanesque, apparaissant en filigrane aussi bien dans *Jane Eyre* que dans *Les Hauts de Hurle-Vent*. L'absence de la mère, l'espoir que tant d'êtres chers mettaient en lui, et le poids de la mise en scène familiale eurent raison de ses forces. Il sombra dans l'alcool, la violence et la mélancolie. « Malgré ses tentatives pour se fondre dans le mythe familial, nous dit Denise Morel, il fait tout de même figure de cavalier seul et se voit contraint de se retirer du jeu ! » Raymond Bellour parlera même de la « destruction progressive dont Branwell est alors l'objet ». On peut voir en lui un symptôme du roman familial qui s'écrivait au quotidien dans cette famille imaginaire dont Emily, plus qu'une autre, tirait toutes les ficelles.

Autres destinées tragiques, celles de Carla et Julia, les deux sœurs de Heinrich et Thomas Mann, qui se suicident à 29 et 50 ans, et celle de la sœur de Henry et William James, qui connaîtra, elle aussi, une évolution pathologique. Dans l'impitoyable course au génie, avec tout ce qu'elle implique d'efforts et de souffrance morale pour les êtres d'exception et pour leur entourage, il semble qu'il y ait toujours eu des laissés-pour-compte, des êtres différents, isolés, plus fragiles, oubliés, tandis que tous les regards se portent vers l'enfant prodige, qui représente l'espoir d'une famille entière.

Pour pondérer cette logique implacable, on peut mettre en contrepoint le monde de la peinture et celui de la musique où n'apparaissent pas autant la souffrance, la violence et la mort. On connaît quelques lignées de grands peintres, plasticiens ou architectes, les Bruegel, les Van Eyck, les Gabriel et, plus près de nous, les Bonheur, les Vernet, les Alaux... Mais il ne semble pas que la souffrance morale ait autant affecté l'un d'entre eux quand la gloire s'attachait à l'autre. On peut en dire autant des dynasties ou des familles musicales, au premier chef les Bach, mais aussi les Mozart, les Couperin, les Gaultier, les Beethoven, les Purcell, les Strauss, les Rubinstein..., tous ces artisans de la musique, au sein desquels éclot tout naturellement le génie. Et ni Marianne, la sœur de Mozart, ni Jean-Christophe, le frère de Bach, ni Michel, le frère de Haydn, ni la sœur de Mendelssohn, célèbre pianiste virtuose, ne seront des « déchets du génie », comme on a pu le voir en littérature. L'excellence leur sera reconnue. Et si dans le cas de Marianne, par exemple, la gloire de son frère a certainement éclipsé sa propre réussite et sa virtuosité prodige, les oncles, le frère ou les fils de Jean-Sébastien ont largement connu l'estime et la reconnaissance de tous, malgré la très grande notoriété de leur parent.

Le regard et l'admiration familiale portés vers le héros ne semblent pas si différents selon le mode d'expression du génie. Il faut donc penser que c'est la famille qui est différente et contient en elle le ferment de la douleur morale, qui lui fera plutôt panser ses plaies avec des mots qu'avec des sons ou avec des couleurs. Car la vie s'articule à ces deux niveaux que sont le symbolique et l'émotionnel.

4. Faut-il soigner les génies ?

« Mon cher docteur, je me mets entre vos mains. Faites-moi ce qu'il vous plaira. Je vais vous dire bien franchement mon étrange état d'esprit, vous apprécierez s'il ne vaudrait pas mieux qu'on prît soin de moi pendant quelque temps dans une maison de santé plutôt que de me laisser en proie aux hallucinations et aux souffrances qui me harcèlent. » Ces premières lignes de *La Lettre d'un fou* que Maupassant publie dans le *Gil Blas* du 17 février 1885 préfigurent les propos qu'il tiendra au Dr Blanche, quelques années plus tard, à l'acmé de sa folie. C'est en quelque sorte Tissot qui lui répond, en 1770, dans sa curieuse réflexion sur la *Santé des gens de lettres* : « Dès qu'un homme de lettres est véritablement malade, la première ordonnance qu'on doit lui faire c'est une cessation absolue de toutes ses études ; quelque violent que lui paraisse ce moyen, il est indispensable et c'est lui rendre un bien mauvais service que d'avoir de l'indulgence dans ce cas-là. »

De nombreux créateurs ont tenté de se soigner et ont souvent trouvé eux-mêmes les conditions les meilleures pour maîtriser le malaise, à une époque où l'on n'avait pas d'autre recours. Baudelaire, Cocteau, Sartre ou Edgar Poe ont certainement usé de l'opium et d'autres toxiques comme d'un antidépresseur, de la même façon que l'alcool fut thérapeutique pour Verlaine, atténuant la douleur morale et lui permettant de surmonter ses inhibitions : « Pendant les trois jours qui succédèrent après l'enterrement de ma chère cousine, je ne me soutins qu'à force de boire de la bière et encore de la bière [...] si bien que rentré à Paris où la bière est affreuse, ce fut sur l'absinthe que je me rejetai, l'absinthe du soir et de la nuit. »

En réalité, il n'est pas très différent de prendre de l'alcool, de l'opium, du café – rappelons-nous la cafetière de Balzac – ou des sédatifs, antidépresseurs, anxiolytiques et excitants, tous psychotropes, et sensiblement de même nature. Ce n'est qu'une affaire de mode et de drogue licite ou illicite. Là où Verlaine prenait l'absinthe du soir et de la nuit, d'autres prennent aujourd'hui un calmant ou un somnifère.

La question se pose de façon très directe : faut-il soigner les génies ? « Non », répondent en chœur et avec colère Jean Dubuffet, André Breton et Sainte-Beuve. « Oui », plaident Schumann, Styron ou Daninos. On se souvient des attaques et des invectives de Breton à l'égard des psychiatres, que ce soit dans le *Manifeste* ou dans *Nadja* : « Je sais que si j'étais fou, et depuis quelques jours interné, je profiterais d'une rémission que me laisserait mon délire pour assassiner avec froideur un de ceux, le médecin de préférence, qui me tomberaient sous la main. » On se souvient aussi de la réaction à ces propos de Pierre Janet et de Gaétan de Clérambault à la Société médico-psychologique, en novembre 1929, qui parleront de diffamation et d'incitation au meurtre. Parfait dans son rôle abusif de provocateur, Breton sera de tous les combats contre la psychiatrie, qui l'avait tellement fasciné pendant son parcours médical avorté. Il tentera inlassablement de réhabiliter la folie – « Ce sont des gens d'une honnêteté scrupuleuse, et dont l'innocence n'a d'égale que la mienne » (*Manifeste* de 1924) – et de dénoncer l'internement et les psychiatres. Il est également vrai que les conditions asilaires du début du XXe siècle étaient peu acceptables pour un esprit épris de liberté comme Breton, lequel énonçait alors sur le sens de la folie des vérités qui se heurtaient à un insupportable principe de réalité.

La position de Jean Dubuffet sera la même que celle de Breton, quelques décennies plus tard, rendant les psychiatres et les traitements responsables de l'épuisement de la créativité chez les malades mentaux. Pour Dubuffet, ce réservoir d'art brut que constitue la folie doit être préservé comme un sanctuaire et il n'est pas question de soigner la folie de peur d'étouffer le génie.

Si l'on revient en arrière dans le temps, Sainte-Beuve eut la même réaction un siècle plus tôt, en 1848, en dénonçant le regard clinique de Lélut sur *L'Amulette de Pascal* : « Pascal, en un mot, comme on l'a dit de Lucrèce, n'a-t-il pas eu, vers la fin, un véritable égarement de la raison ? [...] Mais si tout autre qu'un poète, si un de ces savants qui se piquent de rigueur, si un physiologiste venait, sur la foi de cette anecdote, réclamer Pascal comme un de ses malades, et faisait mine de le traiter en conséquence ; oh ! alors, au nom du bon sens comme au nom du bon goût, nous lui dirions : Holà ! » (*Port-Royal*, III).

L'image des grands hommes et le regard hagiographique que l'on a tendance à porter montrent à quel point cette question du soin au « génie » est sensible à tous. Ce n'est pas un hasard si l'opinion contraire est soutenue par ceux qui souffrent et ont pu connaître l'insupportable douleur morale au quotidien. On se rappelle Robert Schumann, habité par l'angoisse et tourmenté par le délire, qui range ses compositions, réclame une voiture, et demande qu'on le soigne et qu'on l'interne. La souffrance est telle qu'elle ne peut être vécue sans aide ni sans risque. Ne la nient que ceux qui ne l'ont pas vécue.

« Je suis convaincu que j'aurais dû être hospitalisé des semaines plus tôt [...] L'hôpital fut une étape, un purgatoire. » Dans son témoignage, *Face aux ténèbres*, William Styron réagit aux idées reçues et aux opinions toutes faites qui rejettent l'idée de traitement, et en définitive celle de maladie, dans une conception métaphysique bien loin de la réalité de la maladie dépressive. Arthur Kœstler, qui était passionné par la neurophysiologie et fasciné par le progrès irréversible que représentent les psychotropes, posait cependant la question de la liberté de ces traitements et de l'obligation de consentement. Les psychotropes sont aujourd'hui si banalisés que l'on peut, à l'inverse, poser la question de la limite de leur libre accès en autoprescription, et par ailleurs de l'obligation de traitement pour assistance à personne en danger.

Dernier témoin au prétoire de la folie, Pierre Daninos se

fait l'avocat du traitement et l'apôtre du lithium, avec lequel il est soigné depuis de nombreuses années et qui, dit-il, lui a changé la vie. Mais combien de difficultés a-t-il fallu résoudre pour accéder au traitement, car il faut enjamber tous ceux, pour de multiples raisons, qui le déconseillent et le discréditent : « Je crois bien n'avoir jamais reçu autant de conseils qu'au moment où, en pleine dépression, j'étais étreint par un invisible boa et réveillé à l'aube par une livide Sœur Angoisse » (*Synapse*, 1987). Au point, précise-t-il, « que l'on en vient à se demander : 1° s'ils ne sont pas tous passés par là ; 2° s'ils vont jamais consulter » (*op. cit.*).

La question est ainsi posée : peut-on avoir une représentation de la douleur morale lorsqu'on ne l'a pas connue ? Peut-on imaginer la souffrance de la dépression ? Et surtout, peut-on parler de la douleur d'un être d'exception sans toucher à l'image qu'on a de lui ? L'expérience montre que le créateur a conscience de sa souffrance et souvent du seuil de la maladie, mais que les proches, ou même les plus lointains, en acceptent rarement l'idée, mettant sur le compte d'une philosophie existentielle ce qui est une réelle souffrance vitale. Quelques litiges reviennent à notre esprit. Fallait-il interner Camille Claudel pour la sauvegarder ou pour préserver son entourage ? Le débat idéologique s'est uniquement développé autour de la négation de sa maladie mentale. Fallait-il soigner Roussel, avec Janet d'abord, puis à Valmont en Suisse, et à la clinique de Saint-Cloud ? Fallait-il soigner Artaud ? L'interner d'office en 1937 ? Le transférer à Rodez ? Lui faire des électrochocs ?

La question se pose différemment aujourd'hui où meilleure est notre connaissance des maladies dépressives et des processus biologiques qui sont en cause, indépendamment de l'histoire personnelle et littéraire. Il y a obligation de soin si le patient-créateur le demande, mais également si nous estimons que sa vie est en danger. Dans le cas bien particulier des êtres créatifs, il ne sera pas facile de le savoir, car il faut se demander s'il existe une alternative entre créativité et guérison, et à quoi la guérison touchera, dans la mesure surtout où nous avons l'intime conviction que création et maladie procèdent des mêmes mécanismes.

On pourra enfin poser la question de l'indication d'un traitement – psychothérapique, psychanalytique, médicamenteux –, indication qui s'impose d'elle-même en fonction du type d'évolution, de la structure de personnalité et de l'avancée de la maladie, et non selon notre bon vouloir.

De par sa proximité avec les milieux littéraires ou artistiques, la psychanalyse a souvent été proposée comme moyen thérapeutique à des créateurs, des écrivains, des peintres, des poètes..., et la cure analytique comparée au processus de la création. Wilgowicz identifie l'écrivain à l'analysant et le lecteur à l'analyste : « Si le peintre entre dans le tableau à la fin de l'œuvre, l'analyste et l'analysant se séparent à la fin de la cure, mais chacun garde en soi son tableau de l'aventure. » Pour la psychanalyse, dénouer un conflit ou délier le sens des événements équivaut à créer. Reste que nous pouvons nous interroger sur l'effet de ce travail psychologique chez un créateur qui vit du conflit intérieur et se nourrit de liaisons interdites. « On peut, certes, “ psychanalyser Van Gogh ”, nous répond Eliane Amado Levy-Valensi, de *L'Oreille coupée* aux *Tournesols* où certains ont voulu voir des vulves béantes – mais ce ne serait qu'une très faible part de la révélation qu'il nous apporte. » L'œuvre est beaucoup plus riche que ce que l'analyse pourrait nous dévoiler, plus riche aussi que ce qu'aurait pu révéler l'analyse de son auteur. Enfin, cette analyse aurait-elle été thérapeutique ou aurait-elle stérilisé la création ?

La dépression mélancolique de Serge Rachmaninov a duré trois ans, au cours desquels il resta d'abord muet, inhibé, stuporeux, apathique et très profondément suicidaire, puis inactif et obsédé par des pensées morbides pendant près de deux ans. Il n'échappa au suicide que par la grande sollicitude et la surveillance constante de ses proches, et finit par accepter de consulter le Dr Dahl, un psychiatre moscovite spécialiste en hypnose. Rachmaninov suivit avec lui une psychothérapie intensive à raison d'une séance chaque jour, de janvier à avril 1900, thérapie que nous pourrions qualifier aujourd'hui de déconditionnement de l'angoisse et de réassurance narcissique, qui lui permit de dépasser l'épisode dépressif et, au décours de cette cure, de composer son concerto n° 2 en *ut* mineur, assurément la pièce la plus populaire de son œuvre. Cette psychothérapie a bien évidemment joué un rôle positif dans la résolution de la phase dépressive, peut-être même dans la gestation de l'œuvre.

Georges Bataille témoigne, lui aussi, de l'importance de sa thérapie pour la continuité de son œuvre écrite. Bataille commence son analyse en 1925, avec le Dr Borel : « Je crus devenir fou, si bien que j'allai voir un médecin. Il me proposa de revenir régulièrement. J'acceptai. J'écrirais une part du récit et porterais les pages écrites à chaque séance, c'était l'essentiel d'un traitement psychothérapique sans lequel j'aurais eu du mal à m'en sortir » (cité par Lime). Bien qu'écourtée, cette thérapie fut très positive pour Bataille qui put continuer à écrire.

Psychothérapies et psychanalyse constituent un secours d'importance pour les créateurs en souffrance, dans la mesure où elles permettent la prise de conscience du mal-être et son dépassement, pour éviter la décompensation dépressive. La nécessité, dans certains cas, des traitements médicamenteux pose un problème différent. Ce n'est plus une question de choix. La maladie est constitutionnelle ou a suffisamment évolué pour qu'il soit nécessaire de traiter l'accès dépressif, mélancolique ou l'état psychotique. « Je considère, nous dit Jamison, les écrivains et les artistes en général comme un groupe à risque. Si les traitements ne sont pas sans risque, leur absence est bien plus dangereuse. » Il faut rappeler ici qu'un cinquième des patients atteints d'une maladie maniaco-dépressive non traitée se suicide, et qu'une majorité des êtres créatifs semblent posséder cette caractéristique, au moins a minima.

La vie de Louis Althusser fut rythmée par sa maladie maniaco-dépressive, ses multiples hospitalisations et ses hésitations sur le traitement de la maladie. Déjà à l'âge de 14 ans, il fait une première tentative de suicide en tentant de se tirer une balle dans le ventre avec la carabine que venait de lui offrir son père, et l'on note des fléchissements de l'humeur à 16 et 17 ans. Il fait une première dépression à 20 ans, en 1938, dépression camouflée, car c'est encore une maladie honteuse. Deux ans plus tard, elle s'accompagne d'une crise mystique et, en 1949, il commence une analyse. Pendant plus de trente ans il dissimulera sa maladie, taira ses accès de folie, mais les confessera dans son autobiographie, *L'Avenir dure longtemps* : « Je ne suis pas stable, je passe par des états d'âme successifs et absolument opposés même. » Les crises dépressives et mélancoliques vont se succéder en 1956, 64, 68, 70, 73, 74, mêlées de la grave dépression de sa sœur en 1957 – qui fait penser à une sensibilité familiale – et du suicide d'amis ou de proches : Jacques Martin en 1962, Engelmann en 1948, Nikos Poulantzas en 1979 et Pêcheux en 1983. En 1964 il change d'analyste et, sept ans plus tard, il est mis sous traitement au lithium, dont on vient de découvrir les propriétés régulatrices de l'humeur. Il connaîtra ainsi une relative stabilité pendant quelques années. Puis il semble qu'on lui ait conseillé d'arrêter sa médication, et le 16 novembre 1980, après de nombreuses scènes de couple, un chantage permanent au suicide et au double suicide, Louis « suicide » Hélène en l'étranglant, et s'en accuse aussitôt auprès de son médecin. Il sera hospitalisé, mis sous tutelle et bénéficiera d'un non-lieu. La philosophie et la psychanalyse, si promptes à défendre le libre arbitre du suicide, n'hésiteront pas un instant à le déclarer irresponsable de son acte. Le mouvement d'opinion en sa faveur sera à la mesure de sa personnalité, de l'importance de son œuvre et de son enseignement, mais aussi, en définitive, de l'importance de sa maladie qu'il est aujourd'hui nécessaire de soigner. Devant le risque d'une telle pathologie pour soi et pour les autres, il n'y a pas d'alternative, car elle n'est ni du ressort des seules psychothérapies ni de la psychanalyse. Dans l'obligation de la thérapie, il faudra estimer l'incidence des traitements sur la créativité et, autant qu'on le pourra, préserver la part d'originalité du créateur.

Dans sa récente étude menée sur quarante-sept artistes et écrivains anglais de grande notoriété, Kay Jamison a relevé que 38 % d'entre eux suivaient un traitement pour dépression – essentiellement des poètes et des écrivains. Parmi eux, la moitié encore avaient été traités ou hospitalisés pour dépression sévère. Et sur une large population de patients dépressifs, Akiskal a pu constater que 10 % des cyclothymiques et des patients atteints de troubles bipolaires de l'humeur de type II – c'est-à-dire associant une dépression majeure et des phases hypomanes – étaient des artistes. C'est dans ce groupe des maniaco-dépressifs et des cyclothymiques, souvent a minima, que semblent se recruter les créateurs. Mais c'est aussi un groupe à risque quand l'amplitude des mouvements de l'humeur est trop importante : risque dépressif, risque mélancolique, et surtout risque suicidaire. Les traitements psychotropes qui sont alors nécessaires sont-ils nocifs ou préjudiciables à la créativité des artistes ? On peut raisonnablement le penser dans la mesure où ils s'opposent aux forces inconscientes qui sont le moteur de l'œuvre, dans la mesure aussi où ils limitent la descente aux Enfers nécessaire au poète pour toucher du doigt sa vérité. Et puis l'on peut enfin objecter qu'Artaud a encore été créatif à Rodez et sûrement protégé dans le cadre de l'institution psychiatrique.

Dans une récente analyse de l'effet des médicaments régulateurs de l'humeur sur la créativité, Eliane Gabail-Guillibert rapporte les propos d'un patient bipolaire, un peintre renommé, qui décrit ainsi sa manière picturale avant le traitement : « Pendant tout le temps que duraient mes phases d'excitation, de vigilance, je peignais par accès, partout, chez des amis, dans les chambres d'hôtel. Des portraits, des paysages très violents, et très expressionnistes [...] souvent je dansais en peignant. Je n'avais besoin d'aucune réflexion pour choisir une couleur, d'aucun effort pour établir une composition [...] Tout était physique, instinctif et immédiat. » Il fut mis sous lithium pendant trois ans, au cours desquels il se décrivait comme indifférent, puis arrêta le traitement et parle de sa nouvelle manière : « Je peins plus difficilement. Mes couleurs sont devenues sereines au lieu d'être heurtées. J'emploie beaucoup plus de courbes alors que j'utilisais le plus souvent la ligne brisée [...] Ma peinture était troublante, elle est devenue reposante. La violence, l'agressivité du dessin et de la couleur, qui étaient ma marque, ont presque totalement disparu [...] Ma peinture était un cri, elle est devenue un murmure, presque un silence... »

Cette atténuation de la spontanéité et par conséquent de la créativité est ressentie par une minorité de patients qui peuvent se vivre comme bridés et ralentis, par comparaison avec les élans d'exaltation et d'excitation qui faisaient leur pathologie mais aussi leur génie. Certains, par contre, ont le sentiment de créer et de produire comme avant ou parfois même mieux, en se sentant protégés des accès incontrôlables de l'humeur et surtout des phases de dépression mélancolique.

Il n'y a aucune règle en la matière, et le vécu du patient-créateur est le seul guide pour envisager avec lui une stratégie thérapeutique qui lui permette un certain confort de vie tout en préservant sa créativité, autant qu'il est possible.

J'ai le souvenir de l'un de mes patients, maniaco-dépressif et comédien célèbre, dont les envolées lyriques et la puissance du jeu étaient admirées de tous, mais dont les accès imprévisibles de l'humeur rendaient sa présence sur scène très incertaine. Depuis quelques années et malgré son grand talent, les producteurs hésitaient à l'engager et il sombrait dans la mélancolie. Un traitement régulateur fut instauré avec son plein accord. Il pouvait de nouveau occuper la scène, mais son jeu était plus terne. Il n'avait plus cette colère naturelle qui le faisait reconnaître entre mille. Il arrêta le traitement et les accès reparurent. On ne l'engagea plus, il déprima de nouveau. Cruel dilemme sans solution vraie ou immédiate, car la vie pour le créateur n'est évidemment que dans la création.

De même, les personnages hors du commun, meneurs d'hommes, politiques, dirigeants, syndicalistes... peuvent voir une stabilisation du moral et une régulation de l'humeur s'accompagner d'une disparition de leur élan social, de leur charisme, de leur aura, de leur motivation, si bien que parfois ils abandonnent leur conviction première.

La créativité étant souvent un reflet de la condition mentale, névrotique, psychotique, cyclothymique..., il existe réellement un risque qu'elle soit gommée lorsque disparaissent les symptômes de la maladie. Faut-il soigner le génie au risque de l'étouffement ou de la stérilité ? Le psychiatre répond tout de suite : « Non, préservons l'originalité de chaque être et ses capacités de création. » Mais le problème se pose différemment. Par la psychothérapie, avec ou sans médication, le thérapeute mène le patient vers la voie de la guérison ou de la stabilisation de son état. Si l'œuvre n'est plus l'œuvre de la névrose, elle sera toujours celle de son auteur. Un créateur évolue certainement, mais il continuera sans aucun doute de créer, car, encore une fois, la création ne se résume en aucun cas à un processus pathologique.

Le psychiatre ne peut que répondre à la demande du patient, et le seul qui l'ait clairement formulée, c'est Robert Schumann lorsqu'il demandait qu'on le soigne, qu'on l'hospitalise. Comment aurait-il évolué si sa maladie, incontestablement cyclique à dominante dépressive, avait été équilibrée ? Ses moments d'exaltation auraient certainement été atténués, et la composition lui aurait demandé plus d'effort ; mais les grandes phases dépressives et mélancoliques qui éteignaient toute inspiration auraient, elles aussi, disparu et il n'aurait pas connu les terribles années stériles de la fin de sa vie, quand la maladie l'épuisait dans la nuit de sa démence. Mais Schumann aurait continué à composer car Schumann aurait toujours été Schumann. Le psychiatre doit rester médecin, mais aussi un poète.

V

LE SECRET DU GÉNIE

L'alchimie du génie est secrète, on ne peut pas la pénétrer. Quand bien même nous comprendrions mieux certains des processus qui participent de la création ou de l'exception, et notamment dans le domaine que nous avons développé, celui de la psychopathologie, cette approche ne rendrait que partiellement compte de l'extraordinaire singularité de chaque être qui conserve à jamais son mystère, comme le portefaix des *Mille et Une Nuits* : « Chez moi le secret est enfermé dans une maison aux solides cadenas dont la clef est perdue et la porte scellée. »

Cette alchimie tient de l'histoire, tient de la vie, tient du hasard des rencontres, mais aussi d'un *primum movens*, d'un mouvement premier, qui naît au cœur de l'être intérieur, dans cette fibre qui nous vient en naissant. Dans son introduction à *L'Eau et les Rêves*, Bachelard suppose la nature originelle de la beauté qui se cache derrière les images, mais que seul « un philosophe iconoclaste » peut découvrir en allant à la racine de la force imaginante : « Au fond de la nature pousse une végétation obscure ; dans la nuit de la matière fleurissent des fleurs noires. Elles ont déjà leur velours et la formule de leur parfum. » Ce que nous appelons le génie, c'est certainement ce mélange d'infinies potentialités et des miracles du hasard.

Le génie se dessine maintenant mieux à nos yeux. Il se

définit d'abord par une œuvre innovante, transgressante, en rupture avec le contexte social qui l'a engendré, et par une continuité dans l'œuvre, qu'il soit peintre, musicien, écrivain, inventeur, politique, mystique... Le génie est durablement reconnu de tous pour sa portée universelle, ou du moins pour sa contribution à l'héritage de l'humanité.

Le génie est en général un homme. A part quelques noms qui viennent sur toutes les lèvres – Jeanne d'Arc, Marie Curie, George Sand, Camille Claudel –, les êtres hors du commun sont rarement des femmes. Dans son étude de 1978 sur une population de 699 personnages illustres, population recrutée en raison du critère très spécieux de la taille de leur biographie dans les *Encyclopedia britannica* et *americana,* Marvin Eisenstadt ne relève que 20 femmes pour 679 hommes. Eliane Amado Levy-Valensi n'hésite pas à parler de guerre des sexes, mais aussi du « colonialisme masculin » qui revendique pour lui seul « la fleur précieuse de la créativité, bornant la femme dans le meilleur des cas à être sa muse muette ou maternellement attentive... ».

Il est vrai que l'ordre masculin de la société n'a que très récemment permis l'accès des femmes à l'accomplissement personnel et notamment aux activités créatives, et il semble que l'on retrouve la proximité entre les tourments de l'âme et l'écriture chez les femmes, de même que chez les hommes. La récente publication de Ludwig sur la psychopathologie de 59 femmes écrivains contemporaines comparées à un même échantillon de témoins a montré une proportion de troubles mentaux deux fois supérieure dans le groupe des écrivains, essentiellement à type de dépression (56 % contre 9 % pour les non-écrivains), de troubles bipolaires de l'humeur, d'alcoolisme (20 % contre 5 %), de troubles anxieux (14 % contre 5 %).

Cet aspect « sexiste » de la sélection du génie apparaît clairement lorsque ceux que nous avons nommés les *déchets du génie* s'effacent devant un frère pour une sœur, ou une sœur pour un frère. Cela nous renvoie à la sélection parentale et à l'investissement œdipien de la mère dans un être d'exception, son fils, et à la rivalité qu'elle entretient avec sa fille. On se souvient combien l'admiration et les encouragements du père Claudel pèseront peu par rapport au rejet froid et distant d'une mère qui confine Camille dans la négation de son être. On pourrait en dire autant de l'estime que le pasteur Brontë portait à son fils et qui ne fut pas suffisante à son accomplissement. A lui aussi il aura manqué une mère. Ce regard maternel, certainement indispensable, se portera toujours plus naturellement sur le fils que la mère investit de tous ses espoirs. Enfin, la forte pression patriarcale de nos sociétés occidentales aura eu tendance, dans les siècles passés, à limiter l'accès des femmes à la tête de la société. Un témoin, s'il en fallait un, de cet ostracisme masculin nous est offert par l'évolution récente de la proportion de femmes canonisées par l'Eglise catholique. Elles n'étaient que 10 % jusqu'au début du XXe siècle, elles sont aujourd'hui 43 %.

Le génie multiforme, intuitif et précoce pour les uns, plus tardif et persévérant pour d'autres, présente cependant de grands traits constitutifs de sa nature. Ces quatre points peuvent permettre de préciser ce qui fait le génie : sa structure, son histoire, son œuvre et les tentatives permanentes pour trouver un point d'équilibre.

1. Sa structure

On peut résumer les développements précédents en disant avec Kretschmer qu'il existe des tendances particulières prédisposant aux intuitions géniales, non au sens d'un appareil psychique particulier comme il le proposait, mais plutôt d'un fonctionnement particulier de cet appareil psychique. La transmission génétique de cette aptitude peut se déduire de la fréquence de certaines psychoses et des formes secondaires de la maladie maniaco-dépressive chez les créateurs, les personnages hors du commun et leur famille.

En 1869, le travail maintenant ancien de Francis Galton sur l'hérédité des génies avait montré que les personnages célèbres étaient cent fois plus apparentés entre eux que le reste de la population. Selon lui, cent hommes éminents avaient en moyenne trente et un pères importants, quarante et un fils célèbres, dix-sept grands-pères éminents et quatorze petits-fils illustres. Plusieurs études comparables montrent le même phénomène de parenté des hommes éminents, célèbres et illustres. Kretschmer nous démontre par exemple les origines communes de Schelling, Hölderlin, Uhland et Mörike d'où émanent encore des liens de parenté avec Hauff, Hegel et Mozart. Il rappelle également la parenté de Goethe avec Lucas Cranach. Quelque séduisants que puissent être ces exemples, ils ne sont pas suffisants pour l'argument génétique, car ils peuvent s'expliquer par la transmission de la culture au cœur d'une aristocratie intellectuelle.

Les récentes études psychopathologiques chez les créateurs sont autrement convaincantes. Marc Bourgeois rapporte l'intéressante étude de Karlsson qui a fait l'inventaire des admissions psychiatriques en Islande de 1851 à 1940. Les parents au premier degré des malades psychiatriques apparaissent deux fois plus souvent dans le *Who's who* islandais que le reste de la population. Les personnages célèbres ou éminents, à quelque titre que ce soit, sont donc deux fois plus apparentés à des troubles mentaux que la population générale. Nancy Andreasen, Kay Jamison et Agop Akiskal constatent tous trois, sur des populations différentes d'artistes, de créateurs, d'écrivains, et sur leur parenté proche, un taux beaucoup plus élevé de troubles bipolaires de l'humeur que dans la population générale.

L'étude de Joseph Schildkraut sur l'école des expressionnistes abstraits de New York, qui utilisaient une technique d'automatisme mental dérivée du travail des surréalistes, c'est-à-dire par association libre sans dessin ni étude préparatoire, a montré que plus de 50 % d'entre eux souffraient de troubles de l'humeur souvent associés à une dépendance alcoolique. Sur quinze artistes dont il a suivi la biographie, quatre – dont Jackson Pollock et Mark Rothko – avaient présenté une dépression récurrente, un virage maniaque, deux se sont suicidés, deux autres sont morts dans des circonstances qui pouvaient également le laisser supposer.

Enfin dans un travail de 1988, Richards constate que la créativité est très élevée chez les parents au premier degré de malades maniaco-dépressifs ou cyclothymiques, la créativité la plus élevée se retrouvant chez les parents sains de malades maniaco-dépressifs. L'ensemble de ces éléments, tous concordants, suggère une association familiale entre créativité et troubles de l'humeur, et plutôt une meilleure créativité chez les porteurs sains de ce trait génétique, ou présentant une forme mineure qui ne gêne pas l'œuvre par des périodes pathologiques trop intenses. Il semble encore que le charisme et la créativité côtoient fréquemment ce que nous nommons trouble bipolaire II, et qui se caractérise par une possibilité de dépression majeure alternant avec une hypomanie, c'est-à-dire un surcroît d'activité presque permanent, une activation des actes et des idées. Peut-être même existe-t-il encore des formes a minima de ce profil très particulier qui a le mérite de procurer une puissante concentration et une prodigieuse énergie à celui qui le possède.

La description n'explique pas à elle seule le génie et la créativité, ni toutes les formes du génie, mais elle rend assez bien compte du facteur énergétique constitutionnel que semblent présenter tous les personnages hors du commun lorsqu'on considère l'importance et l'étendue de leur œuvre. Il faut se rendre à l'évidence : le génie n'a jamais appartenu à un être conformiste, lent, apathique et sans énergie.

Pour la psychanalyse, les troubles de l'humeur qui accompagnent le génie montrent leur parenté avec la mélancolie. Dans *Deuil et Mélancolie*, en 1915, Freud nous rappelle ce travail intérieur du patient mélancolique, si proche de celui du créateur, et qui lui fait « saisir la vérité avec plus d'acuité que d'autres personnes qui ne sont pas mélancoliques ». Mais, devant tant de souffrances occasionnées par ce tourment intérieur, Freud pense qu' « il pourrait bien, selon nous, s'être passablement approché de la connaissance de soi, et la seule question que nous posions, c'est de savoir pourquoi l'on doit commencer par tomber malade pour avoir accès à une telle vérité ». Nous voici encore à l'articulation intime entre les deux concepts *génie* et *folie*, mais également à l'articulation de la lecture psychanalytique et de celle des troubles de l'humeur, lectures complémentaires qui nous montrent combien les mécanismes biologiques et psychologiques sont intimement liés. Au regard de ce que nous connaissons aujourd'hui des facteurs possibles de prédisposition, mais aussi de la constitution psychologique des créateurs, cette remarque de Kretschmer apparaît criante de vérité : « Si nous ôtions de la constitution de l'homme de génie ce facteur héréditaire psychopathologique, ferment de l'inquiétude démoniaque et de la tension psychique, il ne resterait plus qu'un homme normalement doué. »

2. Son histoire

Le génie est dessiné aussi par le labyrinthe inédit du roman de la vie. Rien ne peut le réduire à un quelconque facteur stéréotypé. Nous avons relevé la fréquence des pertes parentales, des abandons précoces, qui ont sans doute joué un rôle dans la vie de chacun, mais il est bien des créateurs et des êtres d'exception qui n'ont pas connu ces deuils de l'enfance et n'en sont pas moins de grands créateurs. Il est vrai qu'en littérature, on a l'habitude de penser qu'il n'y a pas de créateur sans blessure, sans angoisse, sans douleur. Il n'est que de voir la formidable dynamique que crée l'angoisse chez un être blessé qui va s'en nourrir, qui va l'apprivoiser et puis cultiver la douleur dans une relation masochiste dont nous savons combien elle peut entretenir la dépression. « Quand on observe les manuscrits des grands écrivains, nous dit Jean-Marie Rouart, les manuscrits de Proust, les manuscrits de Balzac, on se rend compte de leurs repentirs incessants, de cet extraordinaire travail, de cette torture du manuscrit. » Le labeur de construction et de déconstruction au plus profond de soi est un reflet des arcanes de l'histoire personnelle. Et il évolue entre crise et création, entre enthousiasme et dépression, qui rythment naturellement ces deux moments complémentaires.

Le créateur est confronté au doute et à la dépression affective lorsqu'il affronte le scepticisme de l'entourage et connaît les désillusions de l'incompréhension. « Lorsqu'un vrai génie apparaît dans le monde, avertit Jonathan Swift, vous le reconnaissez à ce signe que tous les sots sont ligués contre lui » (*Le Voyage de Gulliver*). Par définition, la prescience du génie ne peut lui être reconnue, puisqu'il est seul à en être convaincu. En cela il rejoint dans le sens commun ce fou délirant dont personne ne peut croire les prophéties.

Malgré l'incompréhension qui l'environne, la conviction du génie est toujours la plus forte. Il déploie une énergie considérable à lutter contre une part de lui-même qui voudrait baisser les bras devant l'adversité. Chaque histoire nous fait toucher du doigt combien l'abattement de la dépression est souvent très proche, et comment le ressort du génie provoque un nouveau sursaut créatif.

L'histoire du génie, c'est aussi l'histoire de sa famille, celle du roman familial qui alimente l'œuvre en littérature, celle de l'éducation précoce aux aptitudes artisanales en peinture, et surtout en musique. Certaines dispositions sont alors volontairement cultivées selon le désir d'un parent. Le façonnage précoce des musiciens prodiges en est le meilleur exemple. Mais le modèle d'une tendance maternelle à l'introspection et au lyrisme joue de la même façon, chez le futur poète, du désir mimétique. André Bourguignon le dit aussi de l'imitation du père pour avoir accès à l'abstraction. Dans le façonnage précoce d'un être d'exception, on ne peut sous-estimer le climat de l'environnement infantile et les tonalités culturelles du groupe familial, qui vont teinter de leur originalité le potentiel expressif de ce génie en puissance. On ne peut pas non plus sous-estimer la capacité des parents à renforcer le narcissisme du jeune créateur et la conviction de l'originalité de son œuvre. Tout cela est irréductible à des stéréotypes, et reflète seulement la diversité des trajectoires de la vie. Le génie ressemble à tout le monde, mais personne ne lui ressemble.

3. Son œuvre

« C'est bien la maladie qui fut l'ultime fond de toute poussée créatrice ; / en créant je pouvais guérir, / en créant je trouvai la santé. » C'est ainsi que s'exprime Kierkegaard à travers cette citation de Heine que reprend Freud en 1914 dans *Pour introduire le narcissisme.* Kierkegaard, qui met directement en relation son génie et sa souffrance, évoque ici le lien qu'il a vécu entre créativité et guérison.

« J'ai fait quelque chose contre la peur, poursuit Rilke dans *Les Cahiers de Malte Laurids Brigge.* Je suis resté assis toute la nuit et j'ai écrit. » La douleur de l'enfance incomprise inspire les pages de ces carnets autobiographiques de Rilke, lui qui disait toujours « faire des choses avec de l'angoisse ».

Quel profond paradoxe : cette angoisse qui permet de créer, et par là même d'exister, mène également à la mort et au bord de l'abîme. La folie volontaire de Rimbaud témoigne, elle aussi, de la fascination que peut exercer l'inconnu des confins de la personnalité : « Le poète se fait *voyant* par un long, immense et raisonné *dérèglement* de *tous les sens.* » Il faut alors au poète l'écriture pour se préserver de la folie et se protéger du délire. On a pu dire ainsi que l'écrit a la même fonction que le délire, car on observe, chez certains psychotiques, une alternance entre les phases de délire et les phases d'écriture. Les célèbres *Mémoires d'un névropathe* du Président Schreber ont certainement joué un tel rôle pour ce patient de Freud qui exprima son délire dans un long récit autobiographique.

Il en va de même pour Céline, dont l'écriture a, semble-t-il, contenu le processus délirant. « Ma tare, je la mets dans mes livres », écrivait-il. La violence et l'incohérence des pamphlets antisémites comme *Bagatelles pour un massacre,* en 1937, ou

L'Ecole des cadavres, en 1938, paraît avoir cristallisé son délire de persécution dans l'écriture et lui avoir évité de sombrer dans la folie.

L'œuvre est littéralement un « garde-fou », un équivalent du délire chez Maupassant, chez Hölderlin, mais également et pourquoi pas, chez Proust : le délire de Marcel a pour nom *La Recherche*.

Pour la psychanalyse, l'acte créateur naîtrait du besoin de réparer un « objet » perdu, un objet aimé, qui devient donc un symbole intérieur permanent. Le travail de symbolisation permettrait alors de dépasser la position dépressive dans laquelle le deuil de l'objet aimé confine le créateur. L'œuvre travaille, l'œuvre répare, en venant combler ce manque et en mobilisant l'énergie intérieure vers la sublimation, alternative à la dépression. L'œuvre apparaît comme la re-création, à l'extérieur de soi, de cet objet perdu, et seulement motivée par le désir de réparation.

C'est ainsi que Lacan a pu dire que l'écrit, chez Joyce, avait permis de faire suppléance à l'effondrement de la fonction symbolique dans sa personnalité.

Les témoignages sont nombreux, mais toujours dans l'écriture, de la fonction apaisante de la maladie créatrice. Le grand psychologue qu'était Jean Piaget confiait qu'entre chaque livre il était angoissé et devait au plus vite en mettre un autre en chantier pour apaiser cette douleur.

« Le seul calmant, c'est l'écriture », ajoute Yves Navarre dans *Romans, un roman*. L'acte de création, et particulièrement celui d'écrire, servirait à colmater une brèche et, en quelque sorte, à se réparer soi-même d'une maladie créatrice dont on ne peut guérir tant elle fait partie de soi, ce dont Sartre était lui conscient, qui confesse dans *Les Mots* : « Ce vieux bâtiment ruineux, mon imposture, c'est aussi mon caractère : on se défait d'une névrose, on ne guérit pas de soi. » Cette œuvre qui travaille le créateur et répare sa douleur semble imposer son mode d'expression.

La nature de l'œuvre pose la question de son rapport au conflit intérieur, à la position dépressive, à la maladie créatrice. A quoi tient le fait d'être peintre, musicien, d'être poète, romancier, inventeur, ou mathématicien... ? D'être un meneur d'hommes ou un grand mystique ? Un génie décide-t-il de sa vocation ?

Si j'ai longuement développé l'idée d'une psychopathologie fréquemment associée au génie et à la création – c'était l'objet de ce livre –, c'est aussi pour tenter de dégager des tendances de ce caractère selon le style sensoriel et la forme de pensée.

On peut d'abord évoquer le plus facile : le cas des grands mystiques et de certains meneurs de l'humanité qualifiés de génies – Jésus, Mahomet, Confucius, Hitler, MacArthur –, dans la mesure où leur originalité de caractère et leurs particularités de comportement nous renvoient très directement à des tableaux pathologiques qui nous sont habituels, et dont ils présentent la plupart des signes cliniques. Ce sont les délires mystiques, prophétiques ou mégalomaniaques, qui se développent dans les psychoses chroniques. On les observe rarement au début de la schizophrénie, mais progressivement plus tard lorsqu'ils se sentent investis d'une inspiration divine, d'une mission rédemptrice de l'humanité, libératrice d'un peuple ou qu'ils sont habités d'un destin prodigieux.

Mon propos n'est pas d'appliquer aux prophètes une étiquette de malades mentaux qui auraient réussi, plutôt de remarquer qu'ils en ont tous les signes, mais pas la maladie. La réussite sociale et la reconnaissance des proches disciples contribue très vraisemblablement à cet équilibre, au même titre que l'enseignement qu'ils dispensent chaque jour sous forme orale, et les liens qu'ils tissent au plan des relations humaines. A la différence du schizophrène incompris de son entourage, le grand mystique, ou l'homme politique, a construit un monde nouveau qui l'accompagne et le préserve du délire. Ce monde nouveau, c'est son œuvre réparatrice.

Puis viennent les génies créateurs selon trois modalités d'expression : la plastique visuelle des peintres, sculpteurs et architectes, l'architecture sonore des musiciens, et la trace graphique du langage chez les poètes, les penseurs et les écrivains.

On a déjà remarqué, du point de vue qui nous occupe, que peinture et musique se distinguaient très nettement du monde de la littérature. Pendant des siècles, peinture et musique ont été des arts de la tradition, développés dans des écoles, au sein de familles ou d'ateliers détenteurs de talents et de secrets. On venait au monde dans une lignée de musiciens, qui transmettait son héritage culturel dès l'enfance, et nous avons pu estimer le rôle du facteur familial et la valeur déterminante de cet apprentissage précoce. On entrait quelques années plus tard dans une académie, ou dans l'atelier d'un grand peintre, pour y apprendre la technique et former sa manière. Là encore, dans les arts plastiques, les grands génies ont toujours eu un maître.

Mais en littérature, le métier de poète c'est *le métier de vivre*, selon la formule de Pavese. Et la vie se confond très vite avec l'œuvre. Sans maître ni atelier, l'écrivain devient son propre guide et se retire du monde. Les maîtres sont dans les livres. Déjà à l'époque classique Montaigne se retirait dans sa tour, lieu de vie isolé, paradis autonome de la maisonnée, avec sa bibliothèque et même sa chapelle.

Peinture et musique restent des disciplines très artisanales, du moins pendant toute la période classique, nécessitant des gestes et du temps. En musique, l'apprentissage gestuel précoce et la terrible discipline quotidienne forgent un outil technique qu'il n'est pas possible d'acquérir autrement. Cet indispensable bagage technique constituera d'ailleurs un frein à l'expression spontanée de la folie sous une forme musicale.

En peinture, le travail des grands maîtres est « une longue patience », nous aurait dit Buffon ; c'est un art qui a pour lui le temps et la ferveur d'une école. Si l'œuvre de Rodin ou celle de Rubens ont une dimension considérable, il faut aussi savoir que c'est l'œuvre d'une école, des élèves, des praticiens en sculpture, qui dessinent les esquisses et parachèvent le travail. Il faut des jours et des semaines pour préparer les fonds et broyer les couleurs. L'accès à l'émotion est un peu différé, d'autant que le peintre n'est jamais seul, un maître comme le prolixe David a eu près de trois cents élèves tout au cours de sa vie.

Au plan de la folie, de la dépression et de la douleur morale, le constat est indéniable, il existe sans commune mesure beaucoup moins de pathologie psychologique et mentale en peinture et en musique qu'en littérature. Les grands musiciens, compositeurs ou interprètes semblent avoir développé, ou reçu constitutionnellement, une aptitude à l'hypersensibilité, à l'« hypersensorialité », disait Chantriot, qui place cet art dans le champ de l'émotion sensorielle. L'impressionnabilité de Chopin était légendaire, comme celle de Liszt ou de Berlioz. Les proches de Schubert savaient combien ses créations l'émouvaient, et Rossini avait des crises de pleurs dans les moments d'émotion. A côté de la classique évolution bipolaire de Robert Schumann ou de celle d'Hugo Wolf, dont nous avons longuement parlé, on ne relève que peu de pathologie mentale dans le monde de la musique : le mysticisme de Gounod et d'Henri Duparc, la névrose dépressive de Beethoven, les originalités d'Erik Satie...

On peut en dire autant des arts plastiques, où la folie est relativement rare. L'histoire de l'art n'est pas faite de névroses, c'est tout le contraire. Si la création est par nature active, et parfois impulsive dans la modernité, la peinture ou la sculpture sont des activités lentes et réfléchies. Le peintre a pour lui la durée. Pensons que Monet a inlassablement peint ses *Nymphéas* pendant plus de vingt ans dans le grand atelier de Giverny.

Une très belle remarque de Pierre Veilletet dans *Mari-Barbola* m'avait évoqué la même idée : « J'ai eu le loisir de rencontrer quelques écrivains ; la plupart m'ont déçue [...] Le vieil écrivain pénétré de soi-même ou en guerre avec ses semblables est une fréquentation déprimante. Au contraire, la peinture produit assez souvent des vieillards magnifiques, légers comme des nuages, qui s'éloignent en douceur, absous par un gâtisme radieux. » En effet, à part Van Gogh ou Nicolas de Staël, à part la tendance dépressive d'un Géricault à ne pas finir ses toiles et les frasques caractérielles de Michel-Ange, le peintre est un génie tranquille.

En face, sur l'autre rive du Styx, se trame un autre drame.

La littérature semble un jeu à risque, un engagement total de l'être et de sa vie. « C'est curieux, un écrivain, nous dit Marguerite Duras dans *Ecrire*. C'est une contradiction et aussi un non-sens. Ecrire c'est aussi ne pas parler. C'est se taire. C'est hurler sans bruit. » Un écrivain est tout entier contenu dans sa solitude. La solitude d'avant et d'après la vie. Et plus loin, elle précise : « A vivre comme ça, comme je vous dis que je vivais, dans cette solitude, à la longue il y a des risques qu'on encourt. [...] Dès que l'être humain est seul il bascule dans la déraison [...] parce que rien ne l'arrête dans le surgissement d'un délire personnel. » Duras nous en offre un visage exemplaire. Son œuvre-vie sur laquelle elle porte un constant regard, s'écoule à jet continu de la large plaie qui partage ses entrailles. Du *Barrage* et d'*Hiroshima* au *Ravissement de Lol V. Stein* et au *Vice-Consul*, peut-être même à *L'Amant*, elle s'identifie à cette source de vie qu'est l'écriture, au risque même de la vie. A l'image de la mère qui s'efface pour que naisse un enfant. L'écrivain est un être-écriture toujours en mal d'enfant. Il est ce palimpseste dont parle Baudelaire, qui se viderait de son encre pour laisser place aux mots. Nombreux sont les héros tombés au champ d'honneur, envahis par la littérature et gagnés par la mort.

Dans son travail de 1989 sur les célébrités britanniques, Kay Jamison avait tout de même montré que les poètes étaient ceux des artistes qui étaient le plus frappés par des troubles psychologiques et mentaux, puisque 33 % d'entre eux avaient connu la dépression et 17 % des épisodes maniaques. C'étaient aussi les seuls à avoir été hospitalisés et avoir reçu en traitement du lithium ou des électrochocs. La longue étude de Deirdre et Stuart Montgomery, deux psychiatres américains qui ont suivi cinquante poètes en entretiens individuels sur vingt-cinq ans, a relevé, au cours de cette période, dix-sept décès dont trois suicides, une tentative de suicide et de fréquentes dépressions – 23 % d'entre eux –, ainsi que de véritables épisodes hypomaniaques. Ils furent de plus surpris par « une proportion considérable de troubles psychiatriques », selon leurs propres termes, alcoolisme, toxicomanie – 28 % d'entre eux –, phobies sociales, troubles obsessionnels, dépression, suicide...

L'étude plus récente (1994) de Félix Post sur deux cent quatre-vingt-onze personnalités – réparties en scientifiques, politiques, philosophes, peintres, musiciens et écrivains – des XIXe et XXe siècles, si elle montre pour chacun de ces groupes la grande fréquence de caractéristiques inhabituelles de la personnalité, met aussi en évidence la disparité de l'expression psychopathologique. Si environ 50 % d'entre eux présentaient des troubles de la personnalité potentiellement handicapants, ce critère était de 60 % pour les philosophes et de 70 % chez les écrivains. Si environ 20 % de chacun de ces groupes avaient présenté un épisode psychiatrique sévère, ils étaient 42 % d'écrivains. Enfin, en ce qui concerne la dépression, qui s'exprime en moyenne autour de 30 % – 28,9 % des scientifiques, 30,4 % des politiques, 30,8 % des musiciens, 26,2 % des philosophes, 31,2 % des peintres –, elle touche 72 % des écrivains. Au total, on peut remarquer une plus grande proportion de troubles de la personnalité et de dépression chez les personnages hors du commun que dans la population générale. Par contre, les psychoses semblent très peu représentées et même moins fréquentes. Enfin les écrivains présentent deux fois plus d'épisodes psychiatriques majeurs et de dépressions.

Comment expliquer – si on peut l'expliquer – cette si grande fréquence des troubles de l'esprit dans la littérature ? Et plus encore chez les poètes ?

Le caractère prédéterminé des troubles bipolaires de l'humeur, que nous avons fréquemment rencontré dans la littérature, peut suggérer que c'est plutôt la structure cyclique de l'humeur qui choisirait la littérature comme mode d'expression, que la littérature qui choisirait ses personnalités. Mais on peut penser aussi que le littérateur, et le poète au premier rang, réveille des mécanismes générateurs de poésie, susceptibles de déstabiliser une structure de personnalité déjà fragile.

Pour une fois, Breton vient à notre aide, toujours dans

Nadja, en précisant ce qu'il entend par la démarche poétique : « Et que l'on comprenne bien qu'il ne s'agit pas d'un simple regroupement des mots ou d'une redistribution capricieuse des images visuelles, mais de la re-création d'un état qui n'a plus rien à envier à l'aliénation mentale. » Il est vrai, pour qui a connu des jeunes malades délirants, que les mécanismes sont apparemment les mêmes ou semblent très proches. Et nous avons tous été passionnés – Breton le premier – par les trouvailles inédites et la facilité géniale d'un schizophrène halluciné. Dans sa langue du XIXe siècle, Charles Richet ne disait pas autre chose, dans sa préface à *L'Homme de génie* : « C'est chez les poètes surtout que la promptitude et la bizarrerie de ces associations d'idées saugrenues sont étonnantes. Les fous procèdent, comme on sait, par calembours, par allitérations : chat..., chapeau..., peau..., manchon..., fanchon. Ce *modus agendi* intellectuel est extrêmement voisin de la poésie. »

Les poètes ne sont pas des fous, et je n'ai jamais vu un « fou » faire vraiment œuvre de poésie. Mais les poètes creusent au fond d'eux-mêmes, cherchent ce qui y vit et usent ainsi des mêmes procédés. C'est encore le plus génial d'entre eux, Arthur Rimbaud, qui témoigne de sa démarche authentique quand, par ce *long dérèglement de tous les sens*, « il arrive à l'inconnu, et quand, affolé, il finirait par perdre l'intelligence et ses visions, il les a vues ! » (15 mai 1871). Le poète est *voyant*, au risque de perdre la raison. Le « système Rimbaud culmine avec *Les Illuminations* qui nous proposent un monde de l'hallucination, riche de toutes les impressions sensorielles. C'est un défilé de féeries : les fleurs de rêve tintent... sous un ciel gris de cristal... un vert et un bleu très foncés envahissent l'image... il y a une horloge qui ne sonne pas... un agréable goût d'encre de Chine.

A la suite de Claudel, Etiemble précise combien, chez Rimbaud, « la suppression du mot " comme " favorise l'hallucination », et il rappelle ce très beau vers des *Assis*, en 1870 – Rimbaud n'avait pas seize ans : « Et leurs boutons d'habit sont des prunelles fauves. » La structure grammaticale se simplifie, « laissant le mot agir à l'état brut » (*op. cit.*). Les termes se juxtaposent jusqu'à n'en plus avoir de sens. Stefan Zweig, qui sera un passionné lecteur de Rimbaud et son traducteur en langue allemande, voit en lui un art du symbole qui nous permet d'accéder à cet avant le langage, ce rêve d'une langue originelle, la musique de l'âme.

Pour accéder au cœur de toutes choses, le poète ne peut que dénouer l'écheveau de la vie, ce fil que la névrose a patiemment tissé pour continuer à vivre. Artaud témoignera à sa façon être allé aussi loin dans ce langage premier fait d'images et de quelques symboles – peut-être ce *mentalais*, le langage mental de l'enfant qui ne parle pas encore, selon le terme du linguiste Fodor. Dans la folie de son délire bien réel, Artaud « était langage », au point où se taire signifiait aussi mourir, et tant il faisait corps avec sa parole.

Mais aucune explication ne rendra jamais compte de la prodigieuse singularité du poète. Ces quelques lignes ne sont encore que des repères dans notre réflexion entre génie et folie, repères imposés par notre esprit classificatoire. Pour comprendre les particularités de chaque mode perceptif et du style émotionnel de l'expression artistique du génie, j'opposerai volontiers un mode verbal à un mode non verbal, je séparerai peinture et musique de la littérature, la poésie, la philosophie... (voir le tableau ci-dessous). D'une certaine manière, cela renvoie à la distinction que fait Levi-Strauss entre le mythe et la musique, entre le sens et le son. Il y a des messages où prédomine la signification et d'autres où le vecteur émotionnel – ici la peinture ou la musique – constitue tout le message.

On peut ajouter que l'acquisition infantile de ces deux composantes du message se fait successivement, avant l'âge de vingt mois pour la période perceptive du langage et sa musicalité, autrement dit l'intonation et la prosodie – c'est la période précoce de l'apprentissage des « génies musicaux » ; entre vingt et trente mois pour la part langagière du message, c'est-à-dire le sens et l'agencement des mots. On comprend comment un apprentissage musical très précoce est possible, pendant cette première phase, et alors que l'enfant n'a pas encore accès au langage, mais qu'il est dans une période sensible pour la musique.

Les modes perceptifs du génie

	Mode perceptif	*Style émotionnel*	*Précocité*	*Facteur psy*
NON VERBAL	temporel spatial	musique peinture	3-10 10-15	f. f.
VERBAL	lyrique abstrait	poésie philosophie	15-20 20-30	F. F.

Dans l'ordre du non-verbal, c'est-à-dire des modes artistiques qui n'utilisent pas le langage, on peut encore opposer une expression qui nécessite la pleine maîtrise du temps et une autre de l'espace. La musique est avant tout du rythme, un découpage et une organisation du temps, une mise en forme de l'éternité. Le musicien et le compositeur seront naturellement « doués » d'une maîtrise de cette perception temporelle, c'est-à-dire apprise dès la petite enfance.

Les arts plastiques, qui vont dominer l'espace, nécessitent un bagage neurologique plus complet, la maturation du système visuel, une maturité psychologique, la perception et la restitution de la perspective chez l'enfant..., bagage qui ne sera progressivement disponible qu'au cours de l'enfance. Le peintre, le sculpteur auront développé au cours de leur apprentissage infantile des capacités tout à fait particulières de « maîtrise » spatiale, qui les feront naturellement s'exprimer sur ce mode. On peut se demander si la perception intuitive du temps n'est pas plus précoce que celle de l'espace. Le jeune compositeur pourrait trouver une rapide harmonie, en se passant de tout autre acquis, tandis que le jeune peintre mettra des années à maîtriser l'espace.

On peut aussi remarquer que ces deux profils correspondent au mode de traitement de l'information que nous attribuons à l'hémisphère droit de notre cerveau, hémisphère aux propriétés temporo-spatiales, en opposition à l'hémisphère gauche, qui a plutôt des compétences verbales.

Parmi ceux qui cultivent le verbe, je crois avec Bourguignon qu'on peut opposer un mode lyrique de la perception – littérature et poésie – et un mode abstrait – philosophie et mathématiques –, qui seraient en relation avec l'influence exclusive de la mère ou du père. Cette tendance prédisposerait à l'écriture et à l'œuvre de fiction pour le premier mode, à la philosophie et aux mathématiques pour le second.

Deux remarques peuvent compléter cette réflexion : celle de la précocité décroissante selon le mode perceptif, qui nous renvoie encore à la contrainte physiologique de la maturation du cerveau. L'expression géniale nécessite la maturité progressivement plus longue de systèmes plus complexes. Et l'on voit tout naturellement s'exprimer les génies les plus précoces à trois ans en musique, à dix ans en peinture, à quinze en poésie et à vingt en philosophie. Enfin la fréquence de l'expression psychopathologique peut être qualifiée de faible (f) dans le premier groupe, de forte (F) dans le deuxième, fréquence pouvant être mise en relation avec la forte influence familiale et l'importance de la filiation dans le premier cas – peinture, musique –, et à l'opposé – en littérature – de profondes interrogations identitaires qui érigent le pseudonyme, absent majoritairement des premiers.

Le profond contraste qui anime ces trois domaines de la création artistique ne cesse de nous surprendre, et il nous faut bien convenir que le génie est d'une nature différente lorsqu'il touche à la nature des mots, au sens, ou seulement à l'émotion.

On peut enfin s'interroger sur le lien qui existe entre psychopathologie et style émotionnel, dans la mesure où l'on sait qu'une part de ces pathologies – bipolaires – sont vraisemblablement prédéterminées. Cela laisse penser que c'est plutôt le mode pathologique – lorsqu'il existe – qui choisit le style émotionnel sur lequel il s'exprimera : peinture, musique ou littérature.

4. L'équilibre du génie

Aux prises avec les multiples forces qui agissent sur lui, le génie tente de maintenir un bien fragile équilibre. On a vu au fil des pages se dessiner les forces vives du destin d'exception, facteurs constitutionnels, culturels, mais certainement aussi circonstanciels, ce que Balzac nommait les « miracles du hasard ». Sont encore nécessaires la détermination précoce des aptitudes intellectuelles, l'apprentissage d'une méthode et souvent d'un système cohérent de procédés techniques, l'obsession du travail et l'aptitude à la persévérance. Ce caractère obsessionnel de l'élaboration intérieure qui trace d'un jet lumineux l'ensemble de l'œuvre à venir, illustre, s'il en était besoin, les puissantes vertus de la continuité.

L'image du génie se construit ensuite autour du narcissisme et de l'idéal de soi, dont les blessures seront toujours prétexte au dépassement réparateur. La perte précoce du père chez les créateurs littéraires, de la mère dans les sciences abstraites, un deuil dans l'entourage proche, auront souvent été de puissants stimulants de la création, soutenus par le désir jocastien d'une mère attentive.

Ainsi m'est-il apparu que le « génie » présente souvent l'association de trois conditions nécessaires à son épanouissement : un facteur énergétique vraisemblablement prédisposé ; les aptitudes particulières d'un riche milieu culturel ; et le hasard des événements de la vie, de la présence ou de l'absence du milieu parental.

Ce difficile équilibre du génie me semble avoir été approché par de nombreux créateurs, dans une tentative de « contrôle » de la pulsion créatrice lors de l'autonomie de l'œuvre, dans ce moment inouï de l'accomplissement personnel, dans cette rupture du cordon ombilical qui marque une si difficile séparation. L'œuvre qui devient soi menace la vie de son auteur. La grande proximité fusionnelle de ce couple incestueux, du créateur et de sa « créature », rend l'entreprise plus périlleuse lorsque l'œuvre est rejetée, niée, lorsqu'elle est oubliée. Le Gary déprécié d'*Au-delà de cette limite...* est contraint de s'inventer un nouveau *moi* pour ne pas mourir, encore. Cette œuvre autonome qui échappe à son maître et qui va vers la mort tourne souvent au noir et menace son auteur.

Ce n'est qu'un juste retour des choses, semble nous dire André Green, dans cette alternative entre symptôme et créativité il reste des limites à ne pas dépasser : « La mort des artistes est souvent mystérieuse [...] Je soutiendrai l'hypothèse – qui pourra paraître audacieuse – que certains créateurs qui ont bravé les limites de la connaissance de l'Inconscient – car il y a un interdit à connaître, Tirésias est là pour nous le rappeler –, paient du prix de leur vie ce pillage des sépultures de l'Inconscient pour nourrir la création. » Un tel anathème, aux accents bibliques, me semble fondé en ce qui concerne la littérature et la poésie, qui touchent aux articulations de la pensée, aux unités minimales de la vie symbolique, mais aussi, d'une certaine façon, aux unités minimales du fonctionnement de l'appareil mental.

Le plus bel exemple de ce fragile équilibre du génie nous est donné par un Rimbaud qui tente toutes les expériences, approche la folie et arrête son œuvre. Il en viendra même à la nier pour s'en préserver lorsque, loin de Roche et de la mort, il sera devenu trafiquant d'armes en Abyssinie. Le spectre de la « folie » se lit en filigrane entre les lignes d'*Une saison en enfer.* « Les hallucinations sont innombrables... » « Aucun des sophismes de la folie – la folie qu'on enferme – n'a été oublié par moi : je pourrai les redire tous, je tiens le système. Ma santé fut menacée. La terreur venait. Je tombais dans des sommeils de plusieurs jours, et, levé, je continuais les rêves les plus tristes. J'étais mûr pour le trépas, et par une route de dangers ma faiblesse me menait aux confins du monde et de la Cimmérie, patrie de l'ombre et des tourbillons. » Et, la folie s'installant, les signes de la dépression viennent naturellement, assortis de quelques formulations qui peuvent faire penser qu'il a tenté la drogue et le suicide : « Jadis, si je me souviens bien, ma vie était un festin [...] Or tout dernièrement m'étant trouvé sur le point de faire un dernier *couac*! j'ai songé à rechercher la clef du festin ancien, où je reprendrais peut-être appétit. » « [...] de si aimables pavots [...] Ah! j'en ai trop pris [...] J'ai avalé une fameuse gorgée de poison [...] les entrailles me brûlent. La violence du venin tord mes membres, me rend difforme, me terrasse. Je meurs de soif, j'étouffe, je ne puis crier. C'est l'enfer, l'éternelle peine! [...] Et c'est encore la vie! [...] Un homme qui veut se mutiler est bien damné, n'est-ce pas? Je me crois en enfer, donc j'y suis [...] L'horloge de la vie s'est arrêtée tout à l'heure. Je ne suis plus au monde. »

Une saison en enfer, et tout particulièrement *La Nuit de l'enfer,* issue noire de l'œuvre-vie, semble avoir mis le point final au génie de l'expérience rimbaldienne. L'œuvre s'arrête, dans un moment de grande lucidité. Etiemble le date du retour à Bruxelles, en juillet 1873, quand Verlaine blesse Rimbaud d'un coup de feu au poignet, ce « coup de revolver qui le dégrisera ». Fin juillet, Rimbaud rejoint la maison familiale de Roche, dans les Ardennes, et termine *Une saison en enfer* commencée en avril. Claudel rapporte ces propos tenus à sa sœur Isabelle : « Je ne pouvais pas continuer, je serais devenu fou... »

Quelle force faut-il posséder pour se séparer d'une telle part de soi-même? Nombreux sont ceux qui ont pris conscience de ce processus sans pouvoir l'arrêter. « Ecœuré par les lettres, j'ai voulu dépasser les lettres et vivre mon œuvre, nous confie Cocteau. Il en résulte que mon œuvre me mange, qu'elle commence à vivre et que je meurs. Au reste, les œuvres se partagent en deux : celles qui font vivre; celles qui tuent » (*Opium*). Avant de mourir, Vincent Van Gogh avait griffonné quelques mots à la hâte à l'intention de son frère Théo : « Mon travail à moi, j'y risque ma vie et ma raison y a sombré à moitié... Mais que veux-tu?... »

Conséquence de ce travail forcené au cœur de l'être intérieur : l'œuvre se réveille, se dresse et se venge en laissant apparaître son visage le plus noir. On peut rappeler l'analyse de Michel Suffran sur le passage au noir qui, chez Mauriac, bloquera une œuvre qu'il ne maîtrisait déjà plus : « Voici que nous touchons au plus noir de cet univers clos. L'épaisseur de la forêt humaine recèle, il est vrai, de terribles menaces. » Et plus loin : « La pensée mauriacienne est construite sur de fragiles pilotis plongeant dans les profondeurs interdites du moi primitif... » Après *L'Agneau* en 1954, Mauriac abandonne de façon prolongée et presque définitive son œuvre romanesque, puisqu'il ne donnera plus qu'un seul roman, quinze ans plus tard, *Un adolescent d'autrefois,* en 1969. Mauriac laisse une œuvre immense et inachevée « pour raisons de sécurité », pourrions-nous dire. Les grands créateurs ne maîtrisent pas leur œuvre, quelle qu'elle soit, et n'ont que deux issues : l'interrompre comme Mauriac ou Rimbaud, ou s'y abandonner à corps perdu.

Je peux témoigner de l'expérience d'un poète peu connu, mais qui avait publié des pages remarquées. Il avait inventé un système d'écriture automatique qui générait des associations de sons permettant de multiples lectures. Il se laissa prendre à la fascination qu'exerçait sur lui ce jeu étrange entre les mots et leur musique, et me raconta un épisode fécond qui le remplit d'angoisse. C'était une fin de semaine et, pour la première fois, les mots venaient seuls d'une source profonde qu'il ne contrôlait plus. Ils s'écoulaient avec la perfection d'un langage intérieur tel qu'il l'espérait depuis tant d'années. L'automatisme mental l'habita quatre jours durant, quatre jours d'angoisse et de folie, au terme desquels il décida d'arrêter sa recherche et mit un point final à l'écriture poétique. L'angoisse n'est-elle pas déjà en soi un signal d'alerte sur le chemin de la folie ?

C'est le contrôle de la pulsion créatrice qui apparaît comme le principal facteur d'équilibre du génie. Contrôle de cette force animée de l'énergie intarissable qui habite le poète, et des thèmes noirs qu'elle laisse remonter. Walter Benjamin voyait en Péguy « une immense mélancolie maîtrisée », deux conditions nécessaires, l'une à l'inspiration, l'autre à son maintien. Diderot se plaignait des excès naturels des êtres d'exception : « Les hommes de génie [...] me paraissent plus faits pour renverser ou pour fonder les états que pour les maintenir, et pour rétablir l'ordre que pour le suivre. »

Le réalisme et la pondération sont rarement des vertus du génie. On peut cependant remarquer que ceux, parmi les plus grands, qui ont laissé un nom à la postérité, associent souvent une pointe de folie et la grande qualité de la persévérance. « Un grain de folie dans la sagesse », disait Sénèque. Ce qui rappelle la propension à l'alternance des humeurs que professe Aristote et dont témoigne Montaigne dans ses *Essais* : « J'ai la complexion entre le jovial et le mélancolique, moyennement sanguine et chaude... Ou l'humeur mélancolique me tient, ou la cholérique ; à cette heure le chagrin prédomine en moi, à cette heure l'allégresse. »

Assurément, le secret du génie – s'il existe – prend sa source dans cette alternance féconde entre hypomanie et dépression, lorsque l'amplitude en est modérée et surtout lorsque l'exaltation de l'humeur reste la période la plus fréquente. On peut alors parler de cyclothymie géniale, comme chez Montaigne, ou encore d'hypomanie créatrice, comme chez tant d'autres.

Sur le plan de l'énergie pulsionnelle, la créativité serait plutôt en relation avec des variations bipolaires de l'humeur a minima, c'est-à-dire ne montrant pas de signes cliniques ni pathologiques, mais présentant de grandes phases d'enthousiasme et de confiance en soi, et une haute énergie presque permanente.

Enfin, dernier facteur d'équilibre pour ces personnalités hors du commun et à fort potentiel énergétique : la diversité des modes d'expression et le polymorphisme de l'œuvre. On pense tout de suite à Léonard de Vinci, peintre, sculpteur, homme de sciences.... ; à Victor Hugo dont l'œuvre graphique a une réelle importance à côté de la littérature ; à Rousseau et à son intérêt pour la musique et la botanique ; plus près de nous à Jean Cocteau, peintre, poète, écrivain, homme de théâtre... Il n'est pas impossible d'interpréter cet intérêt pour des modes d'expression à la fois verbaux et non verbaux comme une tentative de stabilisation du déséquilibre permanent nécessaire à la création.

Je ne crois pas que l'on puisse mieux imager cet exercice de haut vol sans filet que réclame la gueule ouverte du génie, sinon par cette formule de José-Marie Bataille dans son étude sur *Proust* : Être fou sans que cela vous rende aphasique, cela s'appelle le génie...

CONCLUSION

LE POÈTE ET LE CHAMAN

Extraordinaire compromis entre les forces de dissociation et d'équilibre, le génie est un symptôme de l'humanité. C'est par lui qu'elle construit son histoire, qu'elle innove et se transforme. On constate le génie, on ne l'explique pas et, bien que les arguments psychopathologiques soient fréquents et solides, le génie n'est en aucun cas réductible à la seule folie. Malgré sa grave maladie, Artaud était Artaud et rien ne pourrait l'en spolier. Malgré – ou grâce à – sa cyclothymie, Goethe a accompli une œuvre considérable qui n'en est en rien diminuée. Van Gogh laisse une des lumières les plus originales de son siècle et la musique de Schumann reste incomparable. Qui irait reprocher son dynamisme cyclothymique à un Montaigne ?

Le génie est multiforme, mais puise souvent son énergie à une même source intérieure, celle de l'humeur féconde et du dynamisme des idées. Les créateurs d'univers sont rarement des êtres lymphatiques, conformistes et bien-pensants.

N'avez-vous pas trop tendance à relever les traits pathologiques ? me dira-t-on. Ne sélectionnez-vous pas les individus qui conviennent à cette recherche pour réduire l'histoire de l'art, de la musique ou de la littérature à quelques exemples qui ne sauraient être représentatifs de la réalité ?

Les nombreuses illustrations qui ont accompagné mon

propos sont pour la plupart bien connues des historiens et critiques spécialistes de chacun de ces domaines, et il est difficile de prétendre qu'ils ne sont pas représentatifs de l'art, du génie, de l'invention. Il semble cependant évident, à côté des personnalités turbulentes ou même pathologiques dont nous avons parlé, que l'on observe quelques vies tranquilles, la persévérance inlassable d'un Buffon, la bonhomie d'un Corot que l'on appelait pour cette raison le « bon Corot », la vie princière de Rubens, la douceur d'un Raphaël, le labeur familial de Jean-Sébastien, bon père de famille et maître de chapelle appliqué. Mais en littérature, il n'y en a pas vraiment. Il y a peu d'écrivains pères tranquilles, car la recherche identitaire impose des contraintes rarement compatibles avec une vie socialement bien réglée. Il est très surprenant, lorsqu'on pénètre sans préjugé la vie et la biographie de nombreux créateurs, d'y relever des particularités caractérielles ou de comportement, des épisodes pathologiques peu connus et quelquefois gommés ou passés sous silence, et qui laissent à penser que ce tableau est encore plus large qu'on ne le dit. Mais la mémoire familiale et le culte du héros l'emportent bien souvent.

« Pour quelle raison tous ceux qui ont été des hommes d'exception [...] sont-ils manifestement mélancoliques ? » demandait Aristote au début de cette réflexion. Remarquons la modernité de son interrogation, qui ne liait pas le génie à la folie, mais les destins exceptionnels aux troubles de l'humeur. La meilleure connaissance que nous avons de ces variations du moral nous incline aujourd'hui à penser qu'il avait vu juste, et qu'un moteur de l'âme géniale semble être souvent prédisposé par un facteur énergétique proche de la pathologie, ou qui s'exprime au risque d'une pathologie, tout spécialement dans les arts du verbe, poésie, littérature.

Le facteur « pychopathologique » qu'on a pu relever tout au long de cet ouvrage, celui qui a justifié le qualificatif de folie accolé au terme de génie, ce facteur qui nous semble, à nous psychiatres, devoir être qualifié de pathologique, doit nécessairement trouver une autre appellation du fait même qu'il est commun à tant d'humains et qu'il est admiré, sinon souhaité, par tant d'autres. Il paraît évident aussi que, pour s'aventurer sur le chemin de la création, il faut posséder quelques qualités d'entreprise ou quelques déviations du sens commun qui touchent habituellement à la névrose, voire à la psychose. Cette tendance maladive fortement valorisée par la société ne peut donc pas être seulement qualifiée de pathologique, mais doit être reconsidérée dans sa nature, dans son rapport à la nosographie et surtout dans sa dénomination.

Il n'est pas indifférent non plus de constater que le facteur énergétique n'est jamais perçu comme pathologique par celui qui le vit, même lorsqu'il connaît une grande amplitude. Ce facteur indispensable au génie, il est par excellence le *facteur humain* car, en définitive, c'est lui qui a permis tous les grands progrès de l'humanité, c'est lui qui a animé les aventuriers de l'impossible et tous les créateurs d'univers, poètes, mages, prophètes, inventeurs, musiciens, politiques... C'est ce *facteur humain* qui permet au génie d'être *autre* que ses contemporains, d'être un Rimbaud avant l'heure.

Bien avant la horde primitive de Darwin, et même celle de Freud, ce *facteur humain* aura permis au premier homme de se dégager des primates en inventant un monde à sa façon. Ce trublion originel était déjà en rupture avec la société primitive, dont la stabilité rituelle est un garant de la pérennité car, dès ce début de l'humanité, on retrouve chez les hominiens tous les éléments qui font le génie : le goût de la nouveauté, l'invention, le changement, la performance... La stabilité du groupe primate se trouva remise en cause par un trouble-fête désireux d'aller toujours plus loin, d'inventer, d'explorer, et qui devient nomade.

Ce comportement exploratoire qui marque le début de l'humanité, celui de l'enfant qui découvre l'espace, mais aussi du génie qui invente le monde, semble un phénomène originaire qui n'appartient qu'à l'homme, dans la mesure où on le retrouve dans toutes les sociétés humaines, et indépendamment de leur histoire. Ce *facteur humain*, au sens de facteur d'humanité, a d'abord eu un rôle d'agitation des idées puis, dans un deuxième temps, il semble s'être institutionnalisé, dans la mesure où la société naissante avait besoin de créateurs.

Si l'on regarde sans a priori les sociétés traditionnelles nomades qui demeurent aujourd'hui témoins des origines, ces grandes troupes de chasseurs-cueilleurs qui sillonnaient les continents, de la Sibérie à l'Europe du Nord et de l'Asie centrale aux deux Amériques, un personnage clé apparaît à nos yeux, qui présente tant de proximité avec notre idée du génie que nous pouvons légitimement nous demander si cet être hors du commun que nous avons poursuivi, ce créateur, cet inventeur, ce poète, n'est pas aujourd'hui le chaman qui manque à notre société.

Le chaman est un prêtre-sorcier des populations nomades de l'Asie centrale et du Nouveau Monde, intermédiaire entre les humains et les mondes parallèles, un thérapeute maître de la transe, de l'extase et, par là, maître des esprits. Le chamanisme se définit par le voyage du chaman à la poursuite des esprits, dans l'autre réalité, celle du monde des dieux, voyage qui apparaît comme « un processus de sacralisation de la réalité », selon les mots de Mircea Eliade. Lorsqu'il entre en transe, le chaman modifie volontairement son état de conscience, dérègle ses perceptions sensibles et rompt avec la réalité, pour tenter l'aventure onirique, rejoindre le monde du rêve et des hallucinations. Abîmé dans la danse ou dans la prière, le candidat visionnaire semble absent au monde, il s'agite et déambule. Tout comme le poète visionnaire, il est halluciné, il est « voyant », il est Rimbaud. Tout comme le musicien inspiré, tel Beethoven, il arpente sa modeste demeure, il s'agite au-dehors et se nourrit de l'extase. L'analogie est frappante du poète au chaman si l'on considère ses habitudes, son mode de vie, ses relations aux autres. Le chaman est un être étrange, difficile à comprendre et si différent des autres. Un être hors du commun qui vit de privations, en marge de la vie quotidienne et du monde des esprits. D'un individualisme marqué, il s'isole du groupe et se distingue de ses semblables par sa subversion et son insoumission. Le chaman transgresse l'ordre social, comme une marque de son pouvoir. Il est le maître de la transe, cet état hypnotique qu'il induit par des plantes ou des champignons hallucinogènes.

Le chaman s'intériorise. Il se coupe du monde et ramène à son retour le récit de ses voyages au-delà. Il vit dans cet espace intermédiaire entre le rêve et la réalité, toujours au risque de la folie. Cette rupture transitoire de l'équilibre mental évolue par crises, qui lui confèrent un caractère périodique et une image de grande instabilité. Le chaman est souvent recruté parmi ceux que notre société considérerait comme névrosés. Le chaman est enfin un homme – rarement une femme, âgée, ménopausée, car le groupe n'accepte pas qu'une femme jeune soit si peu disponible à la société.

En tout point le poète est un chaman. Sa conduite excentrique n'étonne personne, puisqu'il est un chaman.

La fonction chamanique du « génie » montre l'importance de ce facteur constitutionnel dans l'évolution des sociétés humaines. Le génie inspiré se dédouble, tel Socrate, tel Einstein, tel Rimbaud. Il vit intensément l'hallucination féconde de l'autre réalité. Il est habité de ce *facteur humain*, ferment d'avenir, qui le pousse à retrouver l'alternative nomade. Mais peut-être faut-il être dans un état second pour écrire, créer, inventer...

ANNEXES

BIBLIOGRAPHIE

AJURIAGUERRA J. de et JAGGI F. *Le poète Henri Michaux et les drogues hallucinogènes.* Sandoz éd., Bâle, 1963.

AKISKAL H.S. et AKISKAL K. *Reassessing the prevalence of bipolar disorders : clinical significance and artistic creativity.* Psychiatry and Psychobiology, 1988, 3, 29-36.

ALBERT R.S. *Toward a behavioral definition of genius.* Amer. Psychol., 1975, 30, 140-151.

ALBY J.M. *Personnages hors du commun.* Synapse, numéro spécial, avril 1994, 4-5.

ALLILAIRE J.F. *Camille Claudel ou la création brisée.* Synapse, 1984, I, 79-83

ALTHUSSER L. *L'avenir dure longtemps.* Stock éd., Paris, 1985.

AMADO LEVY-VALENSI E. *Créativité et dialogue, ou Y a-t-il une pédagogie à la créativité?* in « Créativité et guérison », L'Expansion scientifique française, Paris, 1969.

AMADO LEVY-VALENSI E. *Psychanalyse et créativité.* Confrontations Psychiatriques, 1992, n° 34, 75-82.

AMOROSO H. *Les Mécanismes du génie.* Presses de la Cité éd., Paris, 1983.

ANDREASEN N.C. *Mania and creativity.* In R.H. Belmaker, H.M. Van Praag, eds, « Mania : an Evolving Concept », Spectrum, New York, 1980, 377-386.

ANDREASEN N.C. *Creativity and Mental Illness : Prevalence Rates in Writers and their First-Degree Relatives.* American Journal of Psychiatry, 1987, 144, 1288-1292.

ANDREASEN N.C. et CANTER A. *The creative writer : Psychiatric symptoms and family history.* Compr. Psychiatry, 1974, 15, 123-131.

ANDREASEN N.C. et POWERS P.S. *Creativity and psychosis : an exa-*

mination of conceptual style. Arch. Gen. psychiatry, 1974, 32, 70-73, 1979, 136, 62-66.

ANDRE-CARRAZ D. *L'Expérience intérieure d'Antonin Artaud.* Le Cherche Midi éd., Paris, 1973.

ANZIEU D.(sous la dir.) *Psychanalyse du génie créateur.* Dunod éd., Paris, 1974.

ANZIEU D. *Vers une métapsychologie de la création.* In « Psychanalyse du génie créateur », Dunod éd., Paris, 1974, 1-30.

ANZIEU D. *Le Corps de l'œuvre. Essai psychanalytique sur le travail créateur.* Gallimard éd., Paris, 1981

ARISTOTE *L'homme de génie et la mélancolie.* (Traduction et présentation de J. Pigeaud), Rivages éd., Paris, 1988.

ASSOULINE P. (sous la dir.) *La Drogue. Enquête.* Lire, 1989, 161, 39-51.

BACHELARD G. *L'Eau et les rêves.* José Corti éd., Paris, 1942.

BADER A. *Créativité humaine et folie.* Hexagone Roche, 1984, supp. 12/5, I-VIII.

BATAILLE G. *L'Expérience intérieure.* Gallimard éd., Paris, 1943.

BATAILLE J. M., *Camille Claudel : Méduse, ou le regard qui pétrifie,* in *Lyrisme et Féminité.* PUB, 1991, 163-175.

BATAILLE J. M., BRENOT P.H. et POEYDOMENGE J.M. *Marcel Proust.* In « Psychoscopie », Josette Lyon éd., Paris, 1993.

BAUDELAIRE C. *Conseils aux jeunes littérateurs.* 1846.

BEAUDOT A. *La Créativité.* Dunod éd., Paris, 1973.

BELLOUR R. *Préfaces à « Charlotte, Patrick Branwell Brontë ».* Laffont éd., Paris, 1992

BENOIT J.C. (sous la dir.) *Créativité et guérison.* L'Expansion Scientifique Française, Paris, 1969.

BESDINE M. *Complexe de Jocaste, maternage et génie.* In « Anzieu D., Psychanalyse du génie créateur ». Dunod éd., Paris, 1974, 168-208.

BLANCHOT M. *L'Espace littéraire.* Gallimard éd., Paris, 1955.

BOBON J. *Réflexions sur la psychologie et la psychopathologie de l'expression : néomorphismes, paramorphismes.* Bull. Acad. royale de méd. de Belgique, 1970.

BOREL J. *Génie et Folie de J.J. Rousseau.* Librairie José Corti, Paris, 1966.

BOSC DE VEZE E. *Traité théorique et pratique du Haschich.* Ed. des Curiosités, Paris, 1907.

BOTTAI T., BADEL F. et POUGET R. *Schumann, Van Gogh... Différence entre musique et peinture face aux troubles mentaux.* Nervure éd., 1992, V, 3, 51-56.

BOUCHET D. *Sublimation et création.* Bulletin de la Société Psychanalytique de Paris, 1982, 1, 20-26.

BOURGEOIS M. *Ecriture et psychose.* Psychopathologie de l'expression, supplément de *L'Encéphale,* mars 1969.
BOURGEOIS M. *Génie, création et psychopathologie : quelques travaux récents.* Confrontations Psychiatriques, 1992, n° 34, 245-256.
BOURGEOIS M. *Psychopathologie et psychobiogénèse du génie et de la créativité.* Annales Medico-Psychologiques, 1993, 151, n° 5, 408-415.
BOURGEOIS M. *James Henry Pullen.* Synapse, avril 1994, numéro spécial, p. 14.
BOURGEOIS M. *Les Idiots savants.* Synapse, numéro spécial, avril 1994, 13-16.
BOURGUIGNON A. *Personnages d'exception.* Synapse, numéro spécial, avril 1994, 6-9.
BRENOT P.H. *Le génie à la folie.* Impact médecin hebdo, 1993, n° 192, 144-150.
BRENOT P.H. *La musique protégerait-elle de la folie ?* Colloque Art-son-cerveau. Mouans-Sartoux, Sept. 1994.
BRETON A. *Manifeste du surréalisme.* Kra, Paris, 1924.
BRETON A. *Nadja.* Gallimard éd., Paris, 1928.
BRETON A. *L'Art des fous, la clef des champs,* Paris, 1948.
BROUSTRA J. *Expression et psychose.* ESF éd., Paris, 1987.
BROUAT J.P. *Le Fou et le dépressif.* In « Regards sur la folie », l'Harmattan éd., Paris, 1993, 245-249.
BURGESS A. *Le Conte américain d'Arthur Miller.* Le Magazine littéraire, 1988, 252-253, 74-75.
CATELL J. Mc. *A statistical study of eminent men.* Pop. Sci. Monthly, 1903, 62, 359-377.
CHANTRIOT P. *Les Manifestations précoces du génie musical.* Thèse de médecine, Paris, 1922, n° 23.
CHASSEGUET-SMIRGEL J. *L'idéal du Moi et la sublimation dans le processus créateur.* In « Essais sur l'Idéal du Moi, contribution à l'étude de la " maladie d'idéalité ", Revue Française de Psychanalyse, 1973, 37 (5-6), 831-874.
CHASSEGUET-SMIRGUEL J. *Réflexions sur le concept de « réparation » et la hiérarchie des actes créateurs.* In « Pour une psychanalyse de l'art et de la créativité ». Payot éd., Paris, 1977, 89-103.
CHAZAUD J. *Equilibre psychique et créativité.* In « Psychanalyse et créativité culturelle. » Privat éd., Paris, 1972,17-25.
CHIRICO G. DE *Mémoires.* Ed. de la Table Ronde, Paris, 1965.
COCTEAU J. *Opium.* Stock éd., Paris, 1930.
COCTEAU J., SCMIDT G., STECK H. et BADER A. *Petits Maîtres de la folie.* Lausanne, 1961.
COLOMBAT R. *Zweig, lecteur enfiévré de Rimbaud.* Le Magazine littéraire, 1987, 245, 24-28.

CRESSY D. Le Génie et la folie de Frédéric Nietzsche. Nervure, 1994, VII, 4, 44-47.
CYRULNIK B. *Sous le signe du lien.* Hachette éd., Paris, 1989
CYRULNIK B. *Les Nourritures affectives.* Odile Jacob éd., Paris, 1993.
DAIX P. *Dictionnaire Picasso.* Robert Laffont ed., Paris, 1995.
DALI S. *La Vie secrète de Salvador Dali.* La Table Ronde, Paris, 1952.
DALI S. *Le Journal d'un génie.* La Table Ronde, Paris, 1964.
DANINOS P. *La Rafale des conseils.* Synapse, 1987, 35, 78-82.
DEGEILH B., MATHIEU B. et MONTIGNY J.C. *Max Linder.* In « Psychoscopie », Josette Lyon, éd., paris, 1993.
DELAY J. *Névrose et création.* 52e congrès de Neurologie et psychiatrie de langue française, 1954.
DELAY J. *Névrose et création.* in « Aspects de la psychiatrie moderne », P.U.F. éd., Paris, 1955.
DELBOURG P. *Les Désemparés, 53 portraits d'écrivains.* Le Castor Astral ed., Paris, 1996.
DEL LITTO V. *Beyle-Stendhal : un nom un et multiple.* in « Le nom », Corps écrit, 8, PUF, Paris, 1983.
DE M'UZAN M. *Aperçus sur le processus de la création littéraire.* In « De l'art à la mort », Gallimard éd., Paris, 1983, 3-27.
DIDE M. *Les Idéalistes passionnés.* Félix Alcan, Paris, 1913.
DIDEROT D. et d'ALEMBERT J.R. *Encyclopédie ou Dictionnaire raisonné des Sciences, des Arts et Métiers.* Le Breton, Paris, 35 vol. de 1751 à 1780.
DIESBACH G. de *Proust.* Perrin éd., Paris, 1991.
DUGARIN J. et NOMINE P. *Toxicomanie : historique et classifications.* Confrontations psychiatriques, 1987, n° 28, 9-61.
DURAS M. *Ecrire.* Gallimard éd., Paris, 1993.
EHRENSWEIG A. *L'Ordre caché de l'art.* Gallimard éd., Paris, 1974.
EISENSTADT M. *Parental Loss and Genius.* Am. psychologist, 1978, 33, 211-223.
EISSLER K. R. *Léonard de Vinci.* Etude psychanalytique. PUF éd., Paris, 1980.
ELIADE M. *Le Chamanisme ou les techniques archaïques de l'extase.* Payot éd., Paris, 1978.
ELLIS H.A. *A Study of British Genius.* Houghton Muffin, Londres, 1926.
ESQUIROL J.E. *De la lypémanie ou mélancolie.* (1820) et Privat éd., Toulouse, 1976.
ETIEMBLE R. *Arthur Rimbaud.* Enc. Univ. 1968, 14, 277-279.
EY H. *La Psychiatrie devant le surréalisme.* L'évolution psychiatrique, 1948, 4.
EY H. *LSD et expériences psychiatriques.* L'évolution psychiatrique, 1969, 2, 249-296.

FELMAN S. *La Folie et la chose littéraire.* Le Seuil éd., Paris, 1978.
FERRERO F. et JOLIAT DU BERG S. *Drogues et créativité littéraire.* Confrontations Psychiatriques, 1992, n° 34, 257-278.
FICIN M. *De Tiplici Vita.* (1489) et éditions Obsidiane, Paris, 1988.
FOLMAN M. *Les Impuissants de génie.* Debresse éd., Paris, 1957.
FOLON J.M. *A propos de Matisse.* Communication personnelle.
FOUCAULT M. *Histoire de la folie à l'âge classique.* Gallimard éd., Paris, 1972.
FOURNIÉ-DEJEAN I. et Coll. *Stanislas Ignacy Witkiewicz.* Poster aux 9e Rencontres thématiques internationales. Lab. Duphar-Upjohn, Bordeaux, 3 avril 1993.
FRANCOIS T. et LOZANO F. *Giorgio de Chirico.* Poster aux 9e Rencontres thématiques internationales. Lab. Duphar-Upjohn, Bordeaux, 3 avril 1993.
FRANCOTTE X. *Le Génie et la folie.* Revue générale, Bruxelles, 1890.
FREUD S. *Un souvenir d'enfance de Léonard de Vinci.* (1910) et Gallimard éd., Paris, 1972.
FREUD S. *Über Coca* (sur la cocaïne) (1884) in *Freud et la cocaïne.* Editions Complexes, Bruxelles, 1976.
FREUD S. *Deuil et mélancolie.* in « Métapsychologie » (1915) et Gallimard éd., Paris, 1969.
FREUD S. *Délires et rêves dans la « Gradiva » de Jensen.* (1907) et Gallimard éd., Paris, 1949.
GABAIL-GUILLIBERT E. *Créativité, troubles thymiques et thymorégulateurs.* Psycho. méd., 1992, 24, 6, 555-560.
GALTON F. *Hereditary Genius : An inquiry into its laws and consequences.* Londres, 1869.
GARFIELD P. *La Créativité onirique.* La Table ronde, Paris, 1983.
GARRABE J. *Néologismes et néomorphies.* Confrontations Psychiatriques, 1992, n° 34, 147-168.
GAVOTY B. *Dix grands musiciens.* Gauthier-Languereau éd., Paris, 1962.
GEIRINGER K. *Bach et sa famille.* Buchet-Chastel éd., Paris, 1979.
GENIL-PERRIN G. *Histoire des origines et de l'évolution de l'idée de dégénérescence en médecine mentale.* Alfred Leclerc éd., Paris, 1913.
GEORGE M.S., MELVIN J.A. and MOSSMAN D. *Mental Illness and Creativity.* American Journal of Psychiatry, 1988, 145, 7, 908.
GERAUD M. et BOURGEOIS M. *Friedrich Hölderlin.* Poster aux 9e Rencontres thématiques internationales. Lab. Duphar-Upjohn, Bordeaux, 3 avril 1993.
GRANDMAISON M. de *Sœurs de grands hommes.* Mame et fils éd., Tours, 1900.
GRAPPIN P. *La Théorie du génie dans le préclassicisme allemand.* PUF éd., Paris, 1952.

GRASSET B. *Psychologie de l'immortalité.* Gallimard éd., Paris, 1929.
GREEN A. *La Réserve de l'incréable* in « créativité et/ou symptôme », Clancier-Guénaud éd., Paris, 1982.
GUILLAUMIN J. *La Souffrance travaillée par la pensée dans l'écriture,* in « Souffrance, plaisir et pensée », Les Belles Lettres, Paris, 1986.
GUYOTAT J. *Production délirante. Créativité et filiation.* Confrontations psychiatriques, 1992, n° 34, 185-192.
HAMILTON I. *L'Écriture et le reste. A la recherche de J.D. Salinger.* Payot éd., Paris, 1988.
HAYNAL A. *Dépression et créativité.* Césura éd., Lyon, 1987
HECAEN H. *Manie et inspiration musicale, le cas Hugo Wolf.* Thèse de médecine, Bordeaux, 1934.
HUGO V. *Post-criptum de ma vie.* Calmann-Lévy, Paris, 1901.
HUGO V. *Correspondance familiale et écrits intimes.* Robert Laffont éd., Paris, 1988.
HUXLEY A. *Les Portes de la perception.* éd. du Rocher, Paris, 1954.
HUYGHE R. *Gauguin.* Flammarion éd., Paris, 1958.
HUYGHE R. *Van Gogh.* Flammarion éd., Paris, 1959.
IREMONGER L. *The fiery chariot : a study of british prime ministers and the search for love.* Secker and Warburg, Londres, 1970.
JACOTTET Ph. *Rilke.* Seuil éd., 1970.
JAMISON K.R. *Mood disorders and seasonal patterns of creativity in British writers and artists.* Psychiatry, 1989, 52,125-135.
JAMISON K. R. *Touched with fire, manic depressive illness and the artistic temperament.* Free Press, New York, 1993.
JANET P. *De l'angoisse à l'extase.* Alcan éd., Paris, 1926
JUDA A. *The Relationship between High Mental Capacity and Psychic Abnormalities.* American Journal of Psychiatry, 1949, 106, 296-307.
KANDINSKI *Du spirituel dans l'art et dans la peinture en particulier.* (1912) et Denoël, Paris, 1989.
KANZER M. *Writers and the early loss of parents.* J. Hillside Hosp., 1953, 2, 148-151.
KARLSON J.L. *Genetic Association of Gigftedness and Creativity with Schizophrenia.* Hereditas, 1970, 66, 177-182.
KLEIN M. *Essais de psychanalyse.* Payot éd., Paris, 1967.
KOESTLER A. *Le Cri d'Archimède.* Calmann-Levy éd., Paris, 1965.
KRAUS A. *Maladie maniaco-dépressive et créativité.* Communication aux quatrièmes journées de Psychiatrie de Rodez « Art, folie, culture », juin 1996 (à paraître).
KRETSCHMER E. *Les Hommes de génie* (1929) et Centre d'étude et de promotion de la lecture, Paris, 1973.
KRIS E. *Psychanalyse de l'art.* PUF éd., Paris,1978.
KRULL M. *Les Magiciens, une autre histoire de la famille Mann.* Le Seuil éd., Paris, 1993.

LACAN J. *De la psychose paranoïaque dans ses rapports avec la personnalité.* Thèse de médecine, Paris, 1932.
LAFARGUE G. *Argile vivante.* Revue française d'éducation et de rééducation, 1989, n° 16.
LAMBOTTE M.C. *Le Discours mélancolique.* Economica éd., Paris, 1993.
LAMBOTTE M.C. *Du génie : une structure psychique particulière ?* Nervure, 1994, VII, H.S., 43-48.
LANGE-EICHBAUM *Génie, folie et gloire.* (trad. française du titre) Reinhardt éd., Munich, 1928.
LEDOUX M. *Vie, mort et création.* Revue française de psychanalyse, 1972, 36, 585-598.
LEIBBRAND W. *Musik und Psychopathologie.* Psychol. u. Med., Stuttgart, 1928/29, 143-148.
LELUT L.F. *Du Démon de Socrate.* Trinquart éd., Paris,1836.
LELUT L.F. *L'Amulette de Pascal, pour servir à l'histoire des hallucinations.* Baillière éd., Paris, 1846.
LELUT L.F. *Le Génie, La Raison et la Folie.* Baillère éd., Paris, 1855.
LEVI-STRAUSS C. *Mythe et musique.* Le Magazine littéraire, 1993, 311, 41-45.
LIME D. et Coll. *Georges Bataille.* in « Psychoscopie ». Josette Lyon éd., Paris, 1993.
LISCHKE A. *Tchaïkovski.* Fayard éd., Paris, 1993.
LITTRE P.E. *Dictionnaire de la langue française.* 1886.
LOMBROSO C. *Genio e Follia.* Hœpli, Milano, 1877 et *L'Homme de génie.* Félix Alcan, Paris, 1889.
LOMBROSO C. *L'Homme criminel.* Félix Alcan, Paris, 1895, 3 volumes.
LOUBET Ch. *Picasso et l'amour.* Colloque Art-cœur-cerveau, Mouans-Sartoux, sept. 1996.
LUDWIG A. M. *Mental illness and creative activity in female writers,* Am. Journal of Psychiatry, 1994, 151, 1650-1656.
LUQUET P. *Notes sur quelques problèmes posés par la sublimation dans l'art pictural.* Revue française de psychanalyse, 1979, 43, 901-922.
MALRAUX A. *Les Voix du silence.* Gallimard éd., Paris, 1951.
MAUPASSANT G. de *Lettre d'un fou.* Le Castor Astral éd., Paris, 1993.
MAURIAC F. *Le Romancier et ses personnages.* Buchet-Chastel éd., Paris, 1990.
MAUROIS A. *Terre promise.* Flammarion éd., Paris, 1942.
MENDEL G. *Approche des mécanismes psychologiques de la création romanesque.* Thèse de médecine, Paris, 1961, n° 375.
MIJOLLA A. de *Les Visiteurs du moi,* Les Belles Lettres, Paris, 1981.
MIJOLLA-MELLOR S. de *Le Plaisir de pensée,* PUF éd., Paris, 1992.
MILNER M. *L'Inconscient et la peinture.* PUF éd., Paris, 1976.

MORAND P. *L'Art de mourir.* l'Esprit du Temps éd., Bordeaux, 1992.
MOREAU de TOURS J.J. *Du haschich et de l'aliénation mentale, étude psychologique.* Librairie de Fortin, Masson éd., Paris, 1845.
MOREAU de TOURS J.J. *De l'identité de l'état de rêve et de la folie.* Annales médico-psychologiques, 1855, 361-408.
MOREAU DE TOURS J.J. *La Psychologie morbide dans ses rapports avec la philosophie de l'histoire ou de l'influence des névropathies sur le dynamisme intellectuel.* Victor Masson éd., Paris, 1859.
MOREL D. *Porter un talent, porter un symptôme. Les familles créatrices.* Ed. Universitaires, Bruxelles, 1988.
MORIN S. et GIRAULT D. *Sergheï Rachmaninov : sa créativité musicale, sa dépression.* Poster aux 9e Rencontres thématiques internationales. Lab. Duphar-Upjohn, Bordeaux, 3 avril 1993.
NERVAL G. de *Œuvres.* Gallimard éd., Paris, 1952.
NOVALIS *Journal Intime,* Paris, 1927.
OLIVIER F. et Coll. *Munch, peintre de l'angoisse.* Poster aux 9e Rencontres thématiques internationales. Lab. Duphar-Upjohn, Bordeaux, 3 avril 1993.
OLLIVIER E. *Jack London : le « Kipling du froid ». Le Figaro,* Paris, 12 août 1994.
OURY J. *Création et schizophrénie.* Galilée, Paris, 1989.
PANIZZA O. *Génie und Wahnsinn.* Munich, 1891 et *Génie et folie,* Ludd, Paris, 1993.
PARIS P.C. et Coll. *Louis Althusser.* Poster aux 9e Rencontres thématiques internationales. Lab. Duphar-Upjohn, Bordeaux, 3 avril 1993.
PAWEL E. *Franz Kafka ou le cauchemar de la raison.* Le Seuil, Paris, 1988.
PICHOT P. *Un siècle de psychiatrie.* Dacosta éd., Paris, 1983.
PEZOUS A. M. et Coll. *Virginia Woolf.* Poster aux 9e Rencontres thématiques internationales. Lab. Duphar-Upjohn, Bordeaux, 3 avril 1993.
PIGEAUD J. *Le Génie et la Folie : étude sur la psychologie morbide de J. J. Moreau de Tours.* L'Evolution Psychiatrique, 1986, 51, n° 3, 587-608.
POLLACK S. *Edgar Poë, un génie toxicomane.* Thèse de médecine, Paris, 1928.
POLLOCK G.H. *On mourning, immortality and utopia.* J. Amer. Psychoanal. Ass. 1975, 23, 334-362.
POST F. *Creativity and Psychopathology, A Study of 291 World-Famous Men,* British Journal of Psychiatry, 1994, 165, 22-34.
PRINZHORN H. *Expressions de la folie.* Berlin 1922 et Gallimard éd., Paris, 1984.
RENTCHNIK P., HAYNAL A. ET SENARCLENS P. *Les orphelins mènent-ils le monde ?* Stock éd., Paris, 1978.

RIBOT T. *L'Hérédité psychologique.* F. Alcan, Paris, 1878.

RIBOT T. *Essai sur l'imagination créatrice.* Félix Alcan, Paris, 1905.

RICHARDS R.L., KINNEY D.K., LUNDE I., BENET M. et coll. *Creativity in manic-depressives, cyclothymes, their normal first degree relatives, and control subjects.* J. Abnorm. Psychol., 1988, 97, 281-288.

RILKE R. M. *Les Cahiers de Malte Laurids Brigge.* Emile-Paul éd., Paris, 1947.

RIMBAUD A. *Œuvres.* Garnier éd., Paris, 1960.

ROSOLATO G. *Fonction du père et créations culturelles.* in « Essais sur le symbolique », Gallimard éd., Paris, 1969,172-183.

ROUART J.M. *L'Angoisse de l'écrivain.* in « Anxiété et littérature », Substantia éd., 1986.

ROUGEMONT T. *Thérapeutique par l'expression, ou quand on a tout dit, tout reste à dire.* Confrontations psychiatriques, 1992, 34, 225-244.

ROUQUETTE M.L. *La Créativité.* PUF éd., Paris, 1989.

ROUSSET J. *Narcisse romancier, essai sur la première personne dans le roman.* José Corti éd., Paris, 1986

SCHELER M. *Le Saint, le Génie, le Héros.* Emmanuel Vitte éd., Paris, 1958.

SCHILDKRAUT J.J. and al. *Mind and mood in modern art : Depressive disorders, spirituality and early deaths in the abstract expressionist artists of the New York School.* Am J. Psychiatry, 1994, 151, 482-488.

SEGOND J. *Le Problème du génie.* Flammarion éd., Paris, 1930.

SERIEUX P. et CAPGRAS J. *Les Folies raisonnantes.* Félix Alcan éd., Paris, 1893.

SIMONTON D. *Genius, creativity, and Leadership : Historiometric Inquieries.* Harvard University Press, Cambridge, 1984.

SOLIE P. *Angoisse et créativité poétique.* In « Créativité et Guérison ». L'Expansion scientifique française, Paris, 1969.

SOLLERS P. *Théorie des Exceptions.* Gallimard éd., Paris, 1986.

SOLLERS P. *L'Ecriture et l'expérience des limites.* Seuil éd., Paris, 1968.

STAROBINSKI J. *Le Rêve, la création, la destruction dans l'expérience de Baudelaire.* Confrontations psychiatriques, 1992, n° 34, 147-168.

STAROBINSKI J. *La Mélancolie au jardin des racines grecques.* Acta Psychosomatica, Geigy éd., Bâle, 1960.

STRICKER R. *Robert Schumann, le musicien et la folie.* Gallimard éd., 1984.

SUFFRAN M. *François Mauriac.* Seghers éd., Paris, 1973.

STYRON W. *Face aux ténèbres. Chronique d'une folie.* Gallimard éd., Paris, 1990.

TISSOT M. *De la Santé des gens de lettres.* François Grasset éd., Lausanne, 1770.

TOURNIER M. *Le Vent Paraclet*, Gallimard éd., Paris, 1977.
VALERY P. *Cahiers*. Gallimard éd., Paris, 1973, 2 vol.
VASARI G. *Les Vies des meilleurs peintres, sculpteurs et architectes*. (1550) et Berger-Levrault. Paris, 1981 à 1989, 12 volumes selon l'édition de 1568.
VAZEILLES D. *Les Chamanes*. Cerf éd., Paris, 1991.
VEIL C. *La guérison annule-t-elle la créativité?* in « Créativité et guérison. » L'Expansion scientifique française, Paris, 1969.
VEILLETET P. *Mari-Barbola*. Arléa éd., Paris, 1988.
VERDEAU-PAILLES *Le Deuil du père et la créativité – A propos d'une obsession mélodique*. C.R. du Congrès psych. et neurol. de langue française, Masson, Paris, 1981.
VOLMART R. *L'Art psychopathologique*. PUF éd., Paris, 1956.
WALTER M. *Approche psychanalytique du processus créatif chez le psychotique*. Psychol. méd., 1992, 24,6, 571-573.
WIDLOCHER D. *Les Logiques de la dépression*. Fayard éd., Paris, 1983.
WIDLOCHER D. et HARDY M.C. *La Dépression*. Hermann éd., Paris, 1989.
WILGOWICZ P. *Itinéraires*. Revue française de psychanalyse, PUF, Paris, 1980, 1.
WINNICOTT D. W. *Jeu et réalité*. Gallimard, Paris, 1975.
WITTKOWER R. et WITTKOWER M. *Born under Saturn, The Character and Conduct of Artists*. Random House ed., New York, 1963 et *Les enfants de Saturne, Psychologie et comportement des artistes, de l'Antiquité à la Révolution française*. Macula éd., Paris, 1991.
ZILSEL E. *Le Génie, histoire d'une notion*. (1926) et Éditions de Minuit, Paris, 1993.

GLOSSAIRE

Affect : réaction psychique élémentaire : plaisir, déplaisir, intérêt...

Aliénation : forme majeure de maladie mentale aboutissant à la transformation de la personne qui devient autre (*alienus* = autre).

Angoisse : malaise intense fait d'une « peur sans objet » accompagnée de sensations physiques : oppression, boule à la gorge, douleurs abdominales...

Antidépresseur : médicament ayant la propriété d'inverser l'humeur dépressive et de relever le moral.

Anxiété : contenu mental de l'angoisse.

Anxiogène : situation génératrice d'angoisse.

Anxiolytique : médicament réduisant l'angoisse ou l'anxiété, populairement appelé tranquillisant.

Art-thérapie : utilisation de l'expression artistique (en général plastique) pour faciliter l'expression psychologique et permettre une dimension psychothérapique.

Ascétisme : austérité liée à une autodiscipline contraignante et correspondant souvent à un mécanisme de défense contre l'angoisse.

Asocial : comportement inadapté caractérisé par le non-respect des règles sociales, la marginalisation et la délinquance.

Asthénie : fatigabilité physique et mentale.

Autisme : détachement de la réalité, repli sur soi et isolement centré sur la vie intérieure, caractéristique de la schizophrénie. L'autisme infantile est la plus précoce des psychoses.

Automatisme mental : syndrome hallucinatoire caractéristique de la schizophrénie et comportant une pensée automatique semblant imposée, avec l'impression que l'on force le sujet à parler, à agir, que la pensée est devinée.

Automutilation : amputation d'une partie du corps par le patient lui-même. Peut avoir la valeur d'un équivalent suicidaire.

Catatonie : syndrome majeur d'une forme de schizophrénie associant passivité, mutisme, négativisme, stéréotypie, maniérisme.

Cognitivisme : courant théorique comportementaliste fondé sur la prise de conscience par le patient de sa perception erronée des événements.

Complexe d'Œdipe : organisation affective de la personnalité rappelant l'historie de l'*Œdipe* de Sophocle, amour du parent de sexe opposé et rivalité hostile avec le parent de même sexe.

Cyclothymie : ancienne dénomination d'une forme maniaco-dépressive que nous nommons aujourd'hui trouble bipolaire de l'humeur. Alternance plus ou moins régulière de périodes d'euphorie et de tristesse, d'hyperactivité et d'abattement, sans relation directe avec les événements extérieurs.

Délire : construction mentale éloignée de la réalité caractérisée par une conviction erronée et inébranlable concernant le contenu du délire. Les thèmes et les modes délirants peuvent être extrêmement variés.

Délire de grandeur : idées délirantes de surestimation de soi, de sa personne physique, de sa situation sociale, de son origine, de sa parenté...

Démence : diminution le plus souvent irréversible des facultés intellectuelles, en général liée à une altération neurologique.

Déni : refus d'accepter consciemment une réalité dont le rappel est traumatisant.

Dépersonnalisation : conviction délirante de perte de l'identité et de la conscience de soi, accompagnée d'idées de transformation corporelle.

Dépression : état pathologique de la personnalité associant tristesse, douleur morale et ralentissement de l'activité intellectuelle et motrice.

Dépression récurrente : évolution dépressive chronique caractérisée par des accès dépressifs entrecoupés de périodes de rémission.

Dissociation : perte de la cohésion de la personnalité qui se traduit par l'incohérence des idées, une bizarrerie et l'ambivalence de l'affectivité. C'est le symptôme majeur de la schizophrénie, qui signifie littéralement la pensée *(phrénê)* dissociée *(schizein).*

Dysmorphophobie : préoccupation obsédante et erronée concernant le corps propre. Crainte de présenter un défaut physique (poids, taille, esthétique).

Electrochoc : méthode thérapeutique de la manie, de la mélancolie ou de la catatonie, provoquant une crise convulsive par électrothérapie.

Etat limite : personnalité fragile agressive et instable, à la limite entre névrose et psychose.

Fantasme : élaboration mentale d'une situation imaginaire représentant un désir inconscient.

Hallucination : perception sans objet particulier produite par une expérience et une désorganisation psychologique interne. La conduite hallucinatoire est une conduite délirante car elle est caractérisée par la conviction d'une perception réelle. Ces hallucinations peuvent se limiter à un appareil sensoriel – visuel, auditif, olfactif, tactile – ou concerner plusieurs sens.

Humeur : niveau émotionnel de la vie affective qui sous-tend l'évolution psychologique et varie entre la tristesse, la gaiété, l'indifférence...

Hyperesthésie : perception sensorielle exacerbée. Hypersensibilité.

Hypocondrie : préoccupation excessive et non justifiée portant sur la santé et le fonctionnement des organes. On distingue l'hypocondrie anxieuse, forme mineure, de l'hypocondrie délirante, véritable délire interprétatif et revendicatif.

Hypomanie : état d'hyperactivité et d'exaltation de l'humeur proche de la manie, dont elle est une forme mineure, mais conservant une part de contrôle réflexe de l'excitation. Le sujet hypomane est gai, vif, enjoué, communicatif...

Hystérie : névrose caractérisée par la survenue de symptômes physiques sur une personnalité suggestible, immature, mythomane, théâtrale.

Libido : énergie de la pulsion sexuelle. On parlera d'énergie libidinale.

Lithium (sels de) : médication utilisée dans la prévention des accès de la maladie maniaco-dépressive.

Lypémanie : ancien terme pour désigner la mélancolie.

Maniaco-dépressive (psychose, maladie) : alternance plus ou moins rapide d'accès maniaques et de phases dépressives, voire mélancoliques, ou encore d'états mixtes, mêlant excitation et dépression. Les grandes formes classiques connaissent des accès saisonniers au printemps et à l'automne et ont souvent un caractère familial qui laisse supposer un déterminisme génétique. Les classifications récentes (DSM IV) les dénomment « trouble bipolaire de l'humeur ».

Manie : dérèglement pathologique de l'humeur en excès, caractérisé par une expansion psychique et comportementale : excitation des idées (tachypsychie) que le sujet ne peut plus suivre ; excitation verbale (logorrhée), il parle vite et fort ; euphorie et libération des pulsions ; idées délirantes ; comportements excessifs, fugues, dépenses inconsidérées... La manie est l'antithèse de la dépression.

Masochisme : perversion sexuelle dans laquelle l'accès au plaisir est conditionné par la souffrance physique ou morale que vit le sujet. Par extension, le masochisme moral est caractérisé par la recherche permanente de la soumission et d'une position de victime.

Mécanisme de défense : les zones de faiblesse de la personnalité mettent en jeu des mécanismes de défense pour préserver la cohésion intérieure. Ces mécanismes psychologiques tendent à réduire les tensions internes à la personnalité.

Mégalomanie : tendance à la perception démesurée et à la surévaluation de soi, pouvant aboutir à un délire de grandeur.

Névrose : symptômes d'intensité variable exprimant l'angoisse sous une forme somatique ou psychique, phobique, obsessionnelle, souvent accompagnés d'inhibition ou d'agressivité. Pour la théorie psychanalytique, il s'agit du vécu conscient d'un conflit inconscient remontant à l'enfance.

Mélancolie : état dépressif majeur caractérisé par une profonde douleur morale, une inhibition des idées et des comportements, un ralentissement général de l'activité, une conviction pessimiste proche du délire (culpabilité, indignité..). Le risque de suicide est toujours présent.

Mixte (état) : état pathologique associant des éléments dépressifs et d'excitation maniaque au cours d'une évolution bipolaire.

Moi : le *moi* est l'une des trois instances freudiennes de la psychanalyse, avec le *ça* et le *surmoi*. Le moi tente de réaliser la cohésion de l'appareil psychique. Le *ça* est un réservoir énergétique, c'est le lieu des pulsions. Le *surmoi* est une conscience morale répressive qui correspond aux interdits parentaux intégrés à la personnalité.

Monoaminergique (système) : ensemble des hormones cérébrales (monoamines) qui assurent le fonctionnement du système nerveux : adrénaline, noradrénaline, sérotonine, acétylcholine...

Monomanie : délire partiel, c'est-à-dire ne touchant qu'un aspect particulier de la pensée ou du comportement.

Morphinique : substance proche ou de même action que la morphine.

Narcissisme : par référence au mythe de Narcisse, amoureux de son image dans l'eau d'une fontaine, le narcissisme qualifie l'amour porté à sa propre image, le surinvestissement de soi et l'autosatisfaction.

Néologisme : création d'un mot nouveau ou utilisation inhabituelle d'un mot dans un sens nouveau, caractéristique de certains états délirants, notamment schizophréniques.

Névrotique : qui présente les caractères d'une névrose ou qui est atteint de névrose.

Normothymique : médicament régulateur de l'humeur.

Nosographie : classification méthodique des maladies en fonction de leurs caractères cliniques distinctifs.

Obsession : idée pénible qui s'impose inlassablement à l'esprit, sans que le sujet puisse la repousser, et bien qu'il la tienne pour absurde. Le caractère lancinant d'une telle répétition permanente envahit la conscience et gêne les activités quotidiennes.

Opiacés : substances chimiques de la famille de l'opium : morphine, codéine, héroïne...

Paranoïa : trouble du caractère organisé autour de la méfiance, de l'orgueil et d'une certaine rigidité de la personnalité. Le délire paranoïaque est un système interprétatif centré sur les idées de persécution, de jalousie et de revendication, développant souvent une idée maîtresse, une idée de grandeur, conviction inébranlable qui oriente l'ensemble des activités vers un seul but.

Pathogène : qui peut provoquer un signe clinique ou une maladie.

Pathobiographie : genre particulier d'études psychiatriques qui analyse *a posteriori* la pathologie psychologique et mentale des hommes célèbres à partir de leur biographie. Nous faisons souvent référence au très intéressant travail intitulé *Psychoscopie* auquel nous avons participé, travail sous-titré *Regards de psychiatres sur des personnages hors du commun,* et qui emprunte cette méthode.

Personnalité : organisation dynamique des composantes affectives, psychologiques et intellectuelles de l'individu, c'est-à-dire des aspects qu'il présente pour autrui. Les pathologies de la personnalité sont des altérations de ces différentes composantes isolées ou associées.

Personnalité multiple : trouble dissociatif de la personnalité caractérisé par l'existence chez un même sujet de plusieurs personnalités différentes prenant alternativement le contrôle de la pensée et du comportement. Cela se rencontre dans le cadre des névroses hystériques et des personnalités limites.

Perversion : déviation des pulsions sexuelles par rapport à l'acte sexuel dit « normal », c'est-à-dire défini comme un coït visant à obtenir l'orgasme par pénétration génitale avec une personne de sexe opposé. Toutes les conduites déviantes (homosexualité, zoophilie, pédophilie, bestialité....) sont dites perverses. Par extension on qualifie de perversion toute déviation des pulsions, ou des comportements ou des idées.

Phobie : peur paroxystique injustifiée apparemment déclenchée, sans raison, par un objet précis ou une situation donnée. On distingue l'agoraphobie, crainte des lieux publics, et la claustrophobie, des lieux fermés, de phobies partielles ou focalisées, crainte des déplacements, de la maladie, des animaux... La névrose phobique est une organisation anormale de l'appareil psychique autour du système de défense que constitue l'évitement phobique.

Psychanalyse : méthode de connaissance de la vie psychique fondée sur l'écoute verbale spontanée et son interprétation, et utilisant le transfert (déplacement) des désirs inconscients sur le thérapeute dans un but thérapeutique. La théorie psychanalytique propose un modèle de fonctionnement de l'appareil psychique organisé autour des trois instances que sont le *ça, le moi et le surmoi.*

Psychasthénie : évolution pathologique de la personnalité, décrite par Janet en 1903, et associant une grande vulnérabilité, une tendance à la dépréciation, une profonde inhibition et indécision et des éléments obsessionnels. On parle plutôt aujourd'hui de névrose obsessionnelle ou phobo-obsessionnelle.

Psychopathie : personnalité asociale ou antisociale s'exprimant par des troubles chroniques du comportement à type d'impulsivité, d'agressivité, de délinquance, de violation des droits et des lois. Le psychopathe se confronte à l'interdit et le transgresse.

Psychopathologie : étude clinique des troubles psychologiques et mentaux.

Psychopharmacologie : étude des propriétés psychologiques des médicaments.

Psychose : trouble grave de la personnalité modifiant la perception de la réalité et sa compréhension, en l'absence d'autocritique. L'ensemble de la vie psychique est altéré : affectif, intellect, comportements... C'est l'équivalent moderne du terme traditionnel de « folie ». Les délires, hallucinations et interprétations de la réalité caractérisent la clinique des psychoses.

Psychose pubertaire : psychose se déclenchant à la période de la puberté. Généralement synonyme de schizophrénie.

Psychosomatique : partie de la médecine qui étudie les rapports des facteurs psychologiques et affectifs avec les affections somatiques.

Psychotique : patient atteint de psychose.

Psychotropes : médicaments ou substances naturelles dont l'action principale s'exerce sur l'appareil psychique.

Pulsion : tension interne visant à obtenir la satisfaction d'un besoin physique qui permettra ensuite de réduire le niveau d'excitation. Dans la théorie psychanalytique on oppose les pulsions de vie (pulsion sexuelle, pulsion de conservation) et les pulsions de mort dont le tout est de supprimer les tensions.

Psychoactive (drogue) : substance pharmacologique ayant des propriétés psychologiques.

Raptus : impulsion paroxystique dominée par un orage émotif ou un effondrement de l'humeur, réalisant un passage à l'acte explosif et soudain : fugue, meurtre, tentative de suicide, d'automutilation, alcoolisme...

Refoulement : mécanisme de défense inconscient qui maintient hors de la conscience des idées, des images, des souvenirs, dont la charge émotionnelle est trop forte. Ce contenu refoulé insupportable réapparaît dans les rêves, les actes manqués ou les symptômes névrotiques et psychologiques.

Sadisme : perversion sexuelle dans laquelle l'accès au plaisir est conditionné par la souffrance physique ou morale infligée à autrui.

Sado-masochisme : le masochisme ne peut s'organiser qu'en regard du sadisme et ces deux perversions animent habituellement des couples d'individus, sur le plan sexuel, ou tout simplement moral.

Schizoïde : tendance caractérielle à l'isolement, à la rêverie, à l'inadaptation sociale.

Schizophrénie : psychose chronique associant la dissociation de la personnalité, le repli sur soi, l'incohérence et la prépondérance de la vie intérieure, avec un délire peu systématisé et des hallucinations.

Sédatif : médicament diminuant l'anxiété mais aussi la vigilance et qui provoque une somnolence.

Sismothérapie : autre nom de l'électrochoc, méthode thérapeutique de la mélancolie délirante et de certaines psychoses, qui provoque une crise convulsive sous anesthésie.

Somatisation : processus de transformation de l'énergie psychique en symtôme corporel fonctionnel. L'angoisse peut être ainsi vécue sous la forme d'une maladie organique.

Sublimation : dérivation de l'énergie sexuelle vers une activité sociale ou intellectuelle.

Suicide : meurtre de soi-même *(sui-caedere)*, conduite auto-agressive survenant soit sous forme d'un raptus, c'est-à-dire soudainement, soit de façon chronique par l'envahissement progressif de la conscience par la conviction délirante du suicide.

Symptôme : signe clinique de l'altération pathologique d'un organe ou d'une fonction.

Tachypsychie : accélération des idées se traduisant, dans un épisode maniaque, par une véritable « fuite des idées », irrégulières et insaisissables.

Toxicomanie : abus d'une substance toxique, ou drogue, entraînant un état de dépendance physique et mental.

Trouble bipolaire de l'humeur : dénomination actuelle de la psychose maniaco-dépressive selon le DSM IV, c'est-à-dire d'un trouble de l'humeur qui alterne entre le pôle dépressif et le pôle maniaque, à l'opposé de certaines évolutions qui ne se font que sur l'un de ces deux modes et que l'on nomme unipolaires. On distingue le trouble bipolaire 1 (alternant une manie franche et une dépression majeure) du trouble bipolaire 2 (alternant une hypomanie et une dépression majeure) et des variations unipolaires.

Troubles de l'humeur : concept clinique actuel pour décrire les variations du moral, de la dépression à l'excitation maniaque. On décrit des troubles unipolaires (uniquement dépressif ou maniaque) et bipolaires (alternant manie et dépression).

INDEX

Cet ouvrage a été composé et réalisé par la
SOCIÉTÉ NOUVELLE FIRMIN-DIDOT (Mesnil-sur-l'Estrée)
pour le compte de LA LIBRAIRIE PLON

Achevé d'imprimer en janvier 1997

Imprimé en France
Dépôt légal : janvier 1997
N° d'édition : 12717 – N° d'impression : 36864